本书受西北农林科技大学经济管理学院资助出版

参与电商对猕猴桃种植户绿色生产行为的影响研究

李晓静　夏显力　著

中国农业出版社

北　京

图书在版编目（CIP）数据

参与电商对猕猴桃种植户绿色生产行为的影响研究 /
李晓静，夏显力著. —北京：中国农业出版社，2023.4
（中国"三农"问题前沿丛书）
ISBN 978-7-109-30601-1

Ⅰ.①参…　Ⅱ.①李…②夏…　Ⅲ.①电子商务—影
响—猕猴桃—产业发展—中国　Ⅳ.①F326.13

中国国家版本馆 CIP 数据核字（2023）第 062420 号

中国农业出版社出版

地址：北京市朝阳区麦子店街 18 号楼
邮编：100125
责任编辑：闫保荣　　文字编辑：何　玮
责任校对：张雯婷
印刷：北京中兴印刷有限公司
版次：2023 年 4 月第 1 版
印次：2023 年 4 月北京第 1 次印刷
发行：新华书店北京发行所
开本：700mm×1000mm　1/16
印张：14.5
字数：260 千字
定价：68.00 元

本研究得到国家社会科学基金"贫困地区农户农地流转减贫效应研究"（编号：17BJY137）、陕西省软科学联合重点项目"关于实施乡村振兴战略中促进农民增收的研究"（编号：2018KRLZ04）、山东省重点研发计划（软科学项目）"农村电商对山东省农民家庭韧性的影响机制及对策研究"（编号：2022RKY06010）以及中国人民大学中国扶贫研究院"扶贫研究博士论文奖学金"的资助。

绿色高效生产是农业高质量发展的重要内涵之一。然而，当前农户家庭绿色生产面临产品"优质不优价"、绿色技术采纳积极性不高、制度激励明显不足等现实困境，由此造成农户进行绿色生产的动力不足，也阻碍了绿色生产的应用与推广。因此，破解农户家庭农业绿色生产现实难题，成为实现农业绿色高效发展的重要举措。随着互联网的普及和农村物流体系等基础设施的完善，农村电商成为引导绿色消费的重要引擎，不仅实现了绿色生产和绿色消费的有效衔接，有效提升了绿色农产品的贸易效率；而且，来自消费端的绿色需求和农产品质量信息，通过数据共享机制反馈到生产端，倒逼农户进行农业生产方式的绿色变革，实现绿色生产与绿色需求的良性循环，以消费需求侧反哺生产供给侧，促进产业绿色转型，从而助力农业高质量发展目标的实现。但就现实而言，我国农村电商依旧处于初步发展阶段，电子商务渗透到农村地区仍需一定的时间和过程，且受农户电商意识不足、销售经验匮乏等因素制约，部分农户参与电商难度较大、参与积极性不高。因此，在互联网快速发展的背景下，电商作为连接生产者和消费者的重要媒介，探究消费者的绿色消费需求能否通过电商渠道传递给生产者，从而促进农户实现绿色生产转型，对于激发农村消费活力、引导农户绿色生产具有重要的理论与现实意义。

本书共分为五篇八章。第一篇为背景篇，介绍了研究背景及意义、国内外研究综述以及本书的研究思路。第二篇为理论篇，介绍了相关概念与理论基础，并对参与电商影响猕猴桃种植户绿色生产行为的机理进行理论探讨。第三篇为现状篇，以陕西省、四川省1 036户猕猴桃种植户的调研数据为基础，对样本区域内猕猴桃种植户参与电商现状及绿色生产过程中存在的问题进行梳理归纳，并对调研区域猕猴桃种植户参与电商行为决策的影响因素进行探究。第四篇为分析篇，采用多种数理模型和实证分析的方法分别考察参与电商对猕猴桃种植户绿色农产品价值感知、绿色生产技术采纳、绿色生产转型、绿色生产绩效的影响效应和路径，并剖析了不同参与电商模式、不同参与电商程度下绿色生产行为的差异。最后为对策篇，提出了提升猕猴桃种植户绿色生产行为的政策建议。本书得到的主要研究结论有：

（1）样本区域中，参与电商的猕猴桃种植户有398户，未参与电商的猕猴桃种植户有638户。在参与电商的猕猴桃种植户中，有70户参与平台电商模式，有328户参与社交电商模式；在638户未参与电商的猕猴桃种植户中，有494户希望能够通过电商渠道销售猕猴桃，可见猕猴桃种植户普遍参与电商销售的意愿较高，但实际参与电商销售行为的总体水平较低。不同猕猴桃种植户的绿色生产技术认知存在明显差异，且政府对推动种植户采纳不同绿色生产技术的支持力度也存在明显差异。此外，有机肥施用技术、套袋技术、无公害农药使用技术在猕猴桃种植户样本中均得到了较高程度的采纳，但物理防治技术和测土配方施肥技术在猕猴桃种植户中的采纳率较低。从参与电商决策、参与电商模式及参与电商程度三个维度挖掘猕猴桃种植户参与电商的内在动力。研究结果显示，加入合作社、接受农技培训次数较多、家中有村干部、互联网获取信息频繁能够促进猕猴桃种植户参与平台电商模式；户主年龄越小、户主受教育程度越高、家中劳动力人数越多、经营规模越小、种植专业化程度越高、人情往来支出较大、亲戚好友数量较多、对电商政策感知高、有网购经历、村庄有快递点能够促进猕猴桃种植户参与社交电商模式。

（2）从绿色农产品价格感知、销量感知、消费者认可感知、政府支持感知、风险感知五个维度分析参与电商决策对猕猴桃种植户绿色农产品价值感知的影响。研究发现，参与电商决策能够提升猕猴桃种植户绿色农产品价值感知，且五个分维度均通过显著性检验；从参与电商模式来看，平台电商模式和社交电商模式均能促进猕猴桃种植户绿色农产品价值感知，而分维度中部分变量不显著；在398户参与电商的猕猴桃种植户中，随着参与电商程度的加深，猕猴桃种植户对绿色农产品价值感知有所提升，从分维度看，参与电商程度越高，猕猴桃种植户对销量、消费者认可、政府支持的信心越强。

（3）实证检验参与电商对猕猴桃种植户绿色生产技术采纳的影响发

现，对猕猴桃种植户而言，绿色生产技术的重要性程度由高到低依次为测土配方施肥技术、物理防治技术、套袋技术、无公害农药使用技术和有机肥施用技术。参与电商对猕猴桃种植户绿色生产技术采纳有显著促进作用，未参与电商时，其绿色生产技术采纳程度为 62.07%；参与电商后，其绿色生产技术采纳程度增加到 65.99%，增长率为 6.32%。参与不同电商模式的猕猴桃种植户，其绿色生产技术采纳程度有差异，采纳程度由高到低依次为社交电商模式＞平台电商模式＞传统销售模式。参与电商程度对猕猴桃种植户绿色生产技术采纳程度也具有显著正向影响。从机理分析看，参与电商通过提升价格预期、提升经济收益、推动产品标准化、追求口碑效应四条传导机制促进猕猴桃种植户绿色生产技术采纳。另外，经济资本、人力资本、社会资本、信息资本等资源禀赋均影响参与电商的猕猴桃种植户对绿色生产技术采纳的程度。

（4）根据猕猴桃种植户的生产指标特性，可以将猕猴桃种植户生产方式划分为绿色生产方式和传统生产方式两类，绿色生产方式的有机肥施用率、生物农药使用率、节水灌溉设备使用率、物理防治技术投入、包装物回收率均显著高于传统生产方式。就参与电商促进猕猴桃种植户转变生产方式而言，参与平台电商模式的转变概率大于参与社交电商模式的转变概率，且两者均大于参与传统销售模式的转变概率。参与电商程度对不同生产方式下猕猴桃种植户绿色生产转型的影响程度具有差异。

（5）通过检验参与电商对猕猴桃种植户绿色生产绩效的影响发现，参与电商对猕猴桃种植户绿色生产效益和绿色生产效率均有显著提升作用。就绿色生产效益而言，在控制绿色生产技术采纳异质性后，参与电商对猕猴桃种植户家庭年收入、猕猴桃年收入、家庭人均收入、猕猴桃每亩收入均有重要的提升作用，平台电商模式的收入效应大于社交电商模式的收入效应，且两者均大于传统销售模式的收入效应。绿色生产技术采纳在参与电商与猕猴桃种植户收入之间发挥重要中介作用，中介效应大小介于 9.62%～11.18% 之间，绿色生产技术采纳在参与电商与猕猴桃种植户年收入之间的中介作用最大。就绿色生产效率而言，猕猴桃种植户绿色生产效率普遍偏低，平均值仅为 66.28%，参与电商会提高猕猴桃种植户的生产技术效率，且平台电商模式下猕猴桃种植户生产技术效率更高。绿色生产技术采纳在参与电商与猕猴桃种植户生产技术效率之间发挥重要的中介作用。

基于理论分析与实证结果，本书提出以下建议：树立绿色发展理念，促进绿色生产转型；增强电商政策宣传，提高电商参与意识；适度引导电商参与，注重电商多元发展；优化平台监督机制，打通信息披露机制；完善绿色生产管理，优化产品交易环境；增强服务体系建设，培育市场竞争能力。

本书可以为农业经济管理、区域经济学、资源环境学及其他相关学科的工作者提供理论依据和现实支撑，也能够为进行农村电商相关研究的学者、研究生提供研究思路，还可以为政府相关部门提供决策参考。

本书在编写过程中，引用或参考了国内外许多专家学者的文献、研究成果，在此对文献的作者表示崇高的敬意和衷心的感谢。西北农林科技大学的博士、硕士研究生刘斐、陈哲、张慧利、叶子、李华、毕梦琳、陈瑷、程娟娟、李林霏、徐科、崔民、郭晨浩、谢艳琦、郭鹏宇、张济舟、张世诚、弓泽宇、施紫苑、帅景之等参与了本书数据的收集和录入工作；西北农林科技大学的陆迁教授、郑少锋教授、罗剑朝教授、朱玉春教授、赵凯教授、孔荣教授、姜志德教授、李录堂教授、李世平教授、李桦教授，西安交通大学杨秀云教授对书稿研究思路、研究框架提出的宝贵建议，作者谨致谢忱。

李晓静

2022 年 6 月 17 日

目 录

第五篇　对　策　篇

第一篇　背　景　篇

第一章 导 论

一、研究背景

农药、化肥等农业资源在农业生产中的长期过量和低效使用，带来了一系列食品安全与环境污染问题（米建伟等，2012；王常伟、顾海英，2013；张复宏等，2017）。坚持农业绿色发展理念，深入推进农业供给侧结构性改革已经成为农业高质量发展的有效举措，而生产者对绿色生产技术采纳与否以及采纳程度将成为影响农业高质量发展的关键因素之一。农业农村部发布的《农业绿色发展技术导则（2018—2030 年）》指出，绿色生产技术包括"耕地质量提升与保育技术、农业控水与雨养旱作技术、化肥农药减施增效技术、农业废弃物循环利用技术……草畜配套绿色高效生产技术等"。目前绿色生产技术已比较先进（陈新忠、李芳芳，2014），但农户通常难以突破常规农业的发展定势，表现为绿色生产技术采纳的积极性不高、采用比例较低（褚彩虹等，2012；罗小娟等，2013）。尽管政府通过设置补贴或惩罚促进了农户对绿色生产技术的采纳，但难以形成长效机制（耿宇宁等，2017）。因此，如何促进农户的农业生产方式从常规生产向绿色生产转型，尤其是形成绿色生产技术采纳的长效机制是一个亟待解决的课题。

依据现有文献，国内外学者按照传统经济学观点，从理论层面和实证层面检验了影响农户绿色生产技术采纳的因素，可以总结为以下三个方面。一是政府在技术推广中具有重要作用。绿色生产技术是具有正外部性的公益型技术，其对环境的正向影响通常难以用市场价格方式补偿（耿宇宁等，2017），政府在此背景下的农业环境管制、农业财政支出及农业补贴政策实施在很大程度上影响着农户的农业绿色生产行为（Espinosa - Goded et al.，2010；高雪萍，2013；Chatzimichasel et al.，2014）。二是资源禀赋是制约农户采纳新技术的重要原因。家庭的资本、劳动、土地等生产要素是农户可以利用的资源，影响着农户的实践活动和行为选择（曾亿武等，2018；郑旭媛等，2018）。社会网络、信息传递等作为非实物资源也在农户行为选择中发挥重要作用（陈欢等，2017；张童朝等，2017）。三是市场需求是决定农户技术采纳的重要诱导因素（黄季焜、Scott Rozelle，1993）。市场需求决定着产品的价值实现，从而成为影响农户技术选择行为的关键因素（林毅夫、沈明高，1991）。例如，市场作用下的农产品质量认证不仅是解决食品质量信息不对称的有效方式，还能通过市场溢价促进农户选择绿色生产技术（耿宇宁等，2017），某种农产品市场的需求规模和某类资源的相对稀缺程度都会影响农户的技术选择（黄季焜、Scott Rozelle，1993），市场预期销售价格和市场预期收入对农户采纳先进技术具有促进作用（贺梅英、庄丽娟，2014）。

当前，在"互联网＋"的推动下，农产品电商这一销售模式应运而生，在颠覆传统农产品销售模式的同时，对农户收益层面和农业产业链、农产品价值链层面均有较大改善。查金祥和黎东升（2006）认为，农产品电商对农产品流通具有重要影响，农产品网络营销在降低流通成本、交易成本和交易风险等方面发挥重要作用。汪旭晖和张其林（2016）研究表明，农产品电商对于突破时空限制、解决生鲜农产品销售难的问题有重要作用。曾亿武等（2018）的研究表明，参与电商对农户增收具有重要作用。据《中国农村电子商务发展报告（2017—2018）》显示，中国农村网络销售额2018年突破1.3万亿元（其中，农产品网络销售额达3 000亿元），越来越多的农民在农产品电商发展中获益。农户绿色生产技术采纳行为是对关键经济变量变动的一种内生反应，必然会受到农产品电商发展的影响。农产品电商是市场化的有力手段，在影响农户销售方式和经济收入的同时，是否会顺着生产链向上延伸传导到生产端从而倒逼农产品生产安全？这是一个值得研究的问题。那么，在农产品电商推广进程中，猕猴桃种植户参与电商的现状如何？参与电商是否会影响猕猴桃种植户对绿色农产品的价值感知？是否会影响猕猴桃种植户绿色生产技术采纳？是否会成为猕猴桃种植户绿色生产转型的推动力？其对绿色生产绩效又会有何种影响？其作用机理是什么？参与不同电商模式及不同参与电商程度是否会有所差异？以上问题我们很难从现有文献或案例中找到直接答案。

鉴于问题的复杂性，本书在现有文献基础上，以农户行为理论、交易成本理论、信息不对称理论和农业技术采用理论等相关理论为基础，通过文献梳理与理论分析推演参与电商影响猕猴桃种植户绿色生产行为的作用机理，利用猕猴桃主产区实地调研数据，实证研究参与电商对猕猴桃种植户绿色农产品价值感知、绿色生产技术采纳、绿色生产转型、绿色生产绩效的影响，提出通过参与电商促进猕猴桃种植户绿色生产、提质增效的实现路径、干预机制和政策建议。

二、研究目的及意义

（一）研究目的

本研究以农户行为理论、交易成本理论、信息不对称理论和农业技术采用行为理论等为基础，以猕猴桃种植户为研究对象，研究参与电商对农户绿色生产行为的影响效果及其作用机理，进而为参与电商促进猕猴桃种植户绿色生产行为提供理论支撑与实践依据。本书的研究目的聚焦如下几个方面：

（1）对目前国内外相关文献进行梳理，对参与电商以及农户绿色生产行为的内涵和外延进行界定，并根据文献梳理和理论分析推演参与电商影响农户绿色生产行为的作用机理。

（2）细化农户参与电商的内涵及个体异质性，从农户参与电商决策、参与电商模式、参与电商程度等方面，通过实证模型探讨其对猕猴桃种植户绿色生产行为的影响。

（3）实证检验参与电商对猕猴桃种植户的绿色农产品价值感知、绿色生产技术采纳、绿色生产转型、绿色生产绩效的影响，衡量参与电商对猕猴桃种植户绿色生产行为影响的平均影响作用，并据此对参与不同电商模式、不同参与电商程度的猕猴桃种植户分类解析。

（4）针对理论框架与实证分析结论，提出通过参与电商提升猕猴桃种植户绿色农产品价值感知、促进其绿色生产技术采纳、加快其绿色生产转型、提高其绿色生产绩效的实现路径、干预机制和政策建议。

（二）研究意义

1. 理论意义

（1）根据对猕猴桃主产区的实地考察调研并结合已有研究成果，构建参与电商对猕猴桃种植户绿色生产行为作用机理的理论分析框架，有助于补充和完善农户绿色生产行为演化机理。

（2）在细化参与电商响应的基础上，实证检验其对农户绿色农产品价值感知、绿色生产技术采纳、绿色生产转型及绿色生产绩效的影响，为厘清参与电商对农户绿色生产行为的作用提供实证依据。

2. 现实意义

（1）从绿色农产品价值感知、绿色生产技术采纳、绿色生产转型及绿色生产绩效四个维度阐释了参与电商对猕猴桃种植户绿色生产行为产生影响的作用机理，分析与比较了参与不同电商模式、不同参与电商程度下猕猴桃种植户绿色生产行为的差异，为猕猴桃产业绿色发展提供现实依据。

（2）运用微观调研数据，实证探究参与电商在猕猴桃种植户绿色生产行为中的激励作用，结合猕猴桃产业发展实践，提出以参与电商促进猕猴桃种植户绿色生产行为的对策建议，为政府相关部门及其他机构组织的决策提供参考依据。

三、国内外研究动态

（一）涉农电商的相关研究

1. 涉农电商的概念与内涵

（1）农村电商的概念。对于农村电商的概念界定主要从以下角度出发：一是从表现形式来看，有学者认为农村电商是一种经济贸易形式，与以往贸易形式最大的不同是其利用互联网或电子化工具进行农村商务活动（刘可，2008），也有学者认为农村电商是一种新的服务业态和新的销售模式（张喜才，2015）。二是从涵盖内容来看，区别于一般电商，农村电商的涵盖范围是广大农村地区，其交易主体包括农业企业、农户、合作社和新型经营主体。伴随着互联网的快速发展和物流基础设施建设的稳步推进，中国目前在农村电子商务领域处于世界领先地位（杜永红，2019）。有学者指出农村电商是近年来互联网进农村战略实施下的产物，为生活在偏远地区的贫困农民创造了就业机会，也给他们带来了思维观念和生产生活方式的挑战。一般而言，农村电子商务被视为一种有用的工具，如果对其应用得当，可以解决许多社会和经济问题，且能够帮助农户融入互联网经济活动并获得较高的收益（穆燕鸿等，2016）。首先，农村电商彻底改变了农村居民的购物方式。低廉的业务进入成本使农村消费者可以轻松访问庞大的产品目录，而无需考虑所购产品的地理位置，提高了农村消费市场的活跃度（段禄峰、唐文文，2017）。其次，农村电商多涉及农村社会经济流通的众多环节，其交易产品主要是农业生产所需的各种农资以及农民日常生活的消费品。最后，近几十年来，农村居民在网上购物和销售物品的数量急剧增加，农村电子商务的爆炸式增长及其对经济发展和扶贫开发的潜在作用极大地推动了中国农村经济的发展，提高了中国农民的综合素质（董坤祥等，

2016；唐跃桓，2020）。

（2）农产品电子商务的概念。电子商务的定义在已有文献中得到了大量研讨，部分学者认为电子商务是指通过计算机网络（Internet）买卖和交换产品、服务及信息的过程，电子商务活动可以为组织和个人提供大量的机会，以改善许多关键业务活动（如贸易关系、交换信息等）的流程（King and Chung，2019）。就农产品电子商务的概念而言，学术界和业界均未形成较为一致的概念，但学者们普遍认为农产品电子商务是指部分经济主体利用互联网电商平台、互联网信息化技术及互联网电子交易工具销售农产品和农业加工产品的经济贸易活动（王胜、丁忠兵，2015）。有学者指出农产品电子商务可以帮助农民解决价格和技术方面的信息不对称问题，消除中间商的紧缩价格和市场信息的不对称性，使农民能够以更高的价格出售农产品（曾亿武等，2017）。Wen（2007）指出通过农产品电子商务，农产品生产商和供给者可以绕过中间分销商直接将产品销售给客户，大大降低了交易成本，农民可以在收取消费者较低价格的同时获得更高的利润。此外，农产品电子商务能够为农产品销售带来良好的发展前景，在电商平台上具有竞争力的农产品价格和具有国际可比性的标准化要求为农业产业创造了贸易机会。也有学者指出农产品电商的概念在狭义层面和广义层面是有差异的。在狭义层面，凡是个人或者其他经济主体采用电商工具进行农产品销售的活动都可以称为农产品电商。而广义层面的农产品电商则是指通过农产品电子商务交易将产供销三位一体的产业链环节紧密联合起来，最终实现农业产业链各环节均获益的过程（鲁钊阳、廖杉杉，2016）。

2. 涉农电商的作用研究

不同于传统销售方式，涉农电子商务的发展可以促进市场信息流动和提高市场透明度，从根本上改变农产品的销售方式（杨会全，2014）。另外，已有学者指出由于去中介化的特性，农产品供应链效率得以提升，交易成本有效降低，农户可以从农产品供应链中获取更高的收益，农产品流通模式日渐升级（王胜、丁忠兵，2015；梅燕、蒋雨清，2020）。程欣炜和林乐芬（2020）认为主动参与农产品电商活动能够有效提升小农户与新渠道、新技术、新服务的对接能力，并在一定程度上帮助小农户获得市场认可，进而提升小农户的市场收益。刘辉和刘瑾（2012）研究发现农产品电商能够通过供应链追溯、可视化服务为消费者打通了解农产品的渠道，在降低交易成本的同时，能够有效提高服务质量，大大改善原有销售模式中消费者与生产者沟通不畅的问题，有效提升生产者与消费者的信任关系。另外，大多学者普遍认为发展涉农电子商务的根本目的是促进小农户与大市场对接，农村电商不仅能够打破生产者与消费者的空间距离、节省流通环节，而且能够有效弥补小农户原有的信息弱势，促进小农户与大市场对接，这对我国农业产业化具有极大的促进作用（汪向东，2011；邱淑英、纪晓萃，2012）。此外，在精准脱贫的攻坚期，涉农电商扶贫也是实现贫困地区脱贫致富的有效途径。白永秀和宁启（2020）指出贫困地区可以利用自身的产业资源优势，借助农村电商的发展势头，打破原有市场条件的限制及分散经营的制约，以电商发展作为脱贫攻坚的内生发展动力。现今，农村电商真正成了连接千家万户的小生产与千变万化的大市场之间的重要桥梁（李异菲、张德亮，2007）。

3. 涉农电商发展的影响因素研究

影响农村电商发展的因素主要有以下两个方面：一是在宏观层面，学者们认为人力资本、基础设施建设、资源禀赋、外部环境、政府支撑、电商平台以及市场供需交易是影响农村电商的重要因素（穆燕鸿，2016；周冬、叶睿，2019；万媛媛等，2020）。二是在微观层面，学者们认为户主个体特征、农户家庭经营特征、社会网络等是影响农户参与电商销售的重要因素。其中，户主个体特征包括户主年龄、受教育程度、兼业情况等（乌云花等，2009；罗万纯，2013；路征、宋丽敏，2015；白懿玮等，2016）；农户家庭经营特征包括农户经营规模、家庭年收入、交易所需时间和运输费用、接受电商培训经历、网购经验、加入农民合作社等（黄祖辉等，2008；张益丰，2016；李晓静，2019）；社会网络包括邻里示范、组织参与等（崔丽丽等，2014）。

（二）农户绿色生产技术采纳的研究

1. 绿色生产技术采纳的概念与内涵

自 Griliches（1957）开创了农业技术采纳研究的先河以来，农业技术采纳引起了学术界的广泛关注并逐步成为学术界研究的热点。从概念界定来看，接受者了解、思考、认识、掌握并决定采纳该项农业技术的过程称之为农业生产技术采纳行为，也即，农户选择和接受某种生产技术的行为（张兵、周彬，2006）。关于绿色生产技术的具体界定，联合国环境署将其总结为三类：一是恢复并提高土壤肥力的技术。该技术是通过多样化作物轮作、增加养分投入以及种植业和畜牧业一体化来实现。二是减少土壤侵蚀、提高水资源利用效率的技术。该技术是通过采用覆盖作物耕作技术和免耕法来实现土壤侵蚀的减少，并采用杂草管理和生物防治相结合的方法减少使用化学药品，达到提高水资源利用率的目的。三是减少食物浪费和变质的技术。该技术是在农作物收获后，增加储存和加工设备来保持食物的新鲜度，以减少食物的腐坏和浪费。绿色生产技术的基本原理是使用天然方法和有机肥料预防昆虫和杂草，但在传统的石化农业向绿色农业转变过程中，采用绿色生产技术并不意味着反对高效地使用农药和化肥（UNEP，2011）。已有学者认为绿色生产技术主要包括深耕深松、秸秆还田、测土配方、免耕免播、施用有机肥等（杨志海，2018）。也有学者基于生产过程将绿色生产技术分为产前、产中和产后三种技术（李芬妮等，2019）。其中，产前技术主要包括抗病虫害技术和保护性耕作技术；产中技术主要包括节能型、节肥型及节药型技术，具体而言，节能型技术主要包含节油、节电及节水灌溉技术，节肥型技术包括科学施肥技术、测土配方技术、缓控释肥技术等，节药型技术包括机械节药技术、科学施药技术以及病虫害绿色防控技术等；产后技术包括绿色运输技术、绿色加工技术和秸秆还田技术等（吴雪莲等，2017）。

2. 农户绿色生产技术采纳动机与需求研究

研究农户绿色生产技术采纳行为需厘清其内在的动力机制，也即动因。从经济学视角看，经济主体的动力机制就在于实现利益最大化。百年来，关于农户行为动因的学术辩论从未间断，梳理并总结现有研究发现，农户行为动因主要集中在风险规避、利润最大化、劳役规避三个方面（马志雄、丁士军，2013）。然而，在一簇约束条件下，农户总是通过投入不同生产要素来获得最大化的预期效用（贺梅英、庄丽娟，2014），即在本质上农户行为决策目标是具有一致性的。基于已有的关于新技术采纳诱因的研究，孔祥智等（2004）指出农户是否采纳一项新技术取决于新旧两种技术净收益的比较，即农户做出采纳新技术决策的前提是与采纳现有技术的净收益相比，采纳新技术的净收益更大。从技术诱导理论来看，农户是否做出采纳新技术决策取决于其所拥有或可获得要素的稀缺程度，即技术采纳行为是对关键经济变量变动的一种内生反应（速水佑次郎、拉坦，2000）。张海霞等（2020）则认为本质上农户农业技术的采纳属于一种经济行为，其动机是多方面因素综合权衡的结果，包括减少劳动力使用、实现利益最大化以及规避风险等。也有学者指出，在经验探索范式下，不同学科亦表现出不同的侧重点，在农户人口统计学特征和社会经济特征框架下，经济学认为农户农业技术采纳的核心动机是生产成本与收益的比较，心理学则强调外部动机（经济激励）和内部动机在农户农业技术采纳中的重要作用（李昊，2020）。农户的技术需求取决于内部和外部因素，这些因素可以概括为农户自身特征、市场信息、政策环境、风险偏好等多个方面。具体而言，在农户特征方面，影响农户技术采纳需求的主要因素包括农户对技术重要性及技术使用难易程度的认知、农户的务农年限、经营规模、生计资本的异质性及从众心理等心理因素（吴丽丽等，2017；李荣荣等，2017；赵丹丹等，2020）。在市场因素方面，市场具有营利性，市场决定了新技术所需资源的配置，而这种资源配置也遵循经济行为理论。由于农产品处于买方市场，其产品价值的实现取决于市场需求。而市场需求是由产品销售额决定的，销售额的多少决定了产品的预期收益，进而决定了农户的技术采纳行为（Griliches，1957；Schmookler，1966）。在政策环境方面，农户的技术采纳行为因政府在新技术推广的宣传引导、奖励惩罚、监督管制等方面的政策实施效果而异，因地制宜地调整政策标准和实施方式对提高农户技术采纳率具有重要现实意义（孙小龙等，2021；杨兴杰等，2020）。在风险偏好方面，农业具有天然的弱质性，面临来自自然灾害、市场变化等多重风险的冲击，进而造成农业收益的不确定，因此农户在采纳一项新技术时，除了考虑成本收益外，势必要充分考虑可能面临的风险因素，进而高效配置现有的资本禀赋（谭永风、陆迁，2021）。

3. 农户绿色生产技术采纳的影响因素研究

20 世纪 60 年代，农户技术采纳行为的相关研究开始兴起。相关研究聚焦在一些不可控的外部因素方面，如农户的学习能力、学习速度等（Miracle et al.，1969）。农户做出技术采纳行为的决策要经过技术认知、技术选择、技术认可等一系列复杂过程，该阶段称为技术确认阶段（Rogers，1983）。而不同属性技术的影响因素不同，进而导致农户做出不同的采纳决策，因此，学者们在研究农户技术采纳行为时往往区分单一属性技术和多属性技术（张舰、韩纪江，2002；刘红梅等，2008；孔祥智等，2004；唐博文等，2010）。但值得注意的是，技术的可用性并不等同于可行性，这两者有着本质上的区分。多种绿色生产技术（如精准农业技术、测土配方技术、病虫害绿色防控技术、保护性耕作技术以及土壤养分管理技术等）的推广经验表明，即使一项技术具有可用性，但在实际应用中也会存在多种限制性因素。具体来讲，这些限制性因素包括：①个人特征的影响。学者们通过大量的研究发现，农户的性别、年龄、政治面貌、婚姻状况和受教育状况对农业绿色生产技术采纳均产生了显著的影响。其中，已有部分学者证实在生物农药施用知识方面存在性别和年龄上的差异。一般来说，相比女性，男性对生物农药施用知识有更深的了解和认知，在实践中也具有更高的安全性（李昊等，2018）。年龄越大的农户，其实践经验越丰富，对生物农药施用相关知识有更多的了解，也越有利于生物农药施用的减少（Jallow et al.，2017；任重等，2016）。农民普遍缺乏教育、技术知识和财富，导致农民对生物农药获取的需求不足，大多农户依旧采用毒性高、效果差的化学农药，最终对农产品和个人身体健康产生不良影响（朱利群等，

2018）。Lansink 等（2003）发现农户的年龄对农业绿色生产技术采纳有显著影响，一般而言，农民的年龄与技术采纳呈负相关关系，而农民的经验和教育水平却对技术采纳有积极影响。②家庭特征的影响。一般而言，家庭人口的多少决定农户生计压力的大小，家庭人口多的农户，迫于生计压力，为提高农业收入会积极采纳绿色生产技术（李昊等，2018）。而 Tey 等（2014）的研究却发现马来西亚农户的家庭规模对其采纳绿色农业生产技术产生了负向影响，原因在于马来西亚的农业劳动力较为短缺，劳动力规模越大带来的成本越高，更多家庭希望将资源用于家庭生计，而不愿意采纳成本较高和劳动力投入较大的农业绿色生产技术。农业收入占比反映了农业在一个家庭中的重要程度，农业收入占比越高，农户越倾向于农业方面的投资，对农业产量也有着更高的要求，越会积极采纳对产量有提升作用的农业绿色生产技术（黄炎忠等，2018）。此外，有学者指出，越是拥有较大经营面积和较高种植强度的农户家庭，越会倾向于采纳农业绿色生产技术，因为种植计划较为密集的农户对农业收益的期望度更高，更愿意对耕地投入拥有较高生产潜力的绿色生产技术，进而提高农地产出率（杨志海、王洁，2020；Caswell et al. ，2001）。③信息获取的影响。很多学者的研究表明，社交影响力、社交学习和同伴压力不仅会影响农业绿色生产技术的最终采用决策，而且还会影响对农业绿色生产技术属性的评估（杨志海，2018）。Awuni 等（2018）发现通过广播传播技术信息对研究区域内农民采用的农业绿色生产技术的数量产生了重大而积极的影响。夏雯雯等（2019）说明信息通信技术的应用可以为农业领域所面临的诸多问题找出一条解决之道，从而缓解交易成本高、信息不对称等难题，农户可通过信息技术向技术推广人员传递绿色生产技术的难点和现场经验，从而帮助研究人员采取适当措施，解决技术采用过程中的问题，提高农户绿色生产技术采用的积极性。Joyous 和 Paul（2016）注意到信息通信技术不仅能够获得关于绿色农业技术的最新信息，而且能够促进农业价值链主要参与者之间的技术信息交流，帮助农户学习收集先进技术群体的技术经验，与此同时，农户利用信息通信技术可减少推广人员的工作量，并可提高绿色农业生产技术的采用质量。④认知特征的影响。李芬妮等（2019）、Wang 和 Watanabe（2016）指出，农户在采用技术创新活动时应首先考虑在参与技术之前和之后的收益对比，农户对经济利益的期望（如节省劳动力、提高生产率和获得高回报）越高，就越有可能促使他们采用绿色生产技术。农户作为理性经济人，总是在预测行为选择结果的基础上做出行为决策，并以承担最小风险实现利润最大化为目标，提高农户的价值感知和降低风险感知有助于提高农户采用绿色生产技术的积极性（郭利京、王少飞，2016）。是否采用绿色农业生产技术是农户根据自己过去的经验或特定的家庭经营目标所做出的决策行为，当农户对绿色农业技术缺乏适当的信息，又不了解过去的绿色生产技术经验时，农户采纳该技术的积极性将明显下降（张聪颖等，2017）。Barham 等（2015）认为拥有较高认知能力的农民善于"边做边学"和"从建议中学习"，且认知能力可以加速农业绿色生产技术的采用。农户作为理性经济人，通常在做出行为决策前要评估行为决策所带来的经济、生态和社会上的成本与收益，农户对绿色农业技术所带来的经济和社会效益的认识程度越高，其接受这种技术的意愿就越强（魏欣、李世平，2012）。

（三）农户绿色生产转型的研究

近年来，学者们关于农户绿色生产转型的研究主要集中在以下两个方面：一是基于生产端视角，部分学者遵循了新古典经济学中关于行为主体是"理性经济人"的假设，认为农户的生产决策是在"成本最小化和效益最大化"原则下进行的，经济收益是影响农户绿色生产转型决策的重要因素（Pietola and Lansink，2001）。同时，政策补贴、产出价格等因素也会对农户绿色生产转型产生影响（Lohr and Salomonsson，2015）。也有学者基于新制度理论，认为农户是制度环境下的个体，农户处于制度环境之中，进行决策需要服从"合法性机制"（杜运伟、景杰，2019）。较好的制度环境能够促进农户生物农药施用行为（黄炎忠等，2020）。二是基于消费端视角，张社梅等（2020）认为绿色农产品的"优质不优价"及消费端信任关系缺失是农业绿色生产转型困难的重要原因。王定祥和谭进鹏（2015）指出随着消费者对农产品安全关注程度的提高，其对农产品的质量安全将产生更高的需求，同时，绿色、有机农产品也将受到广大消费者的青睐，农业经营者为了获得更大经济利益，会积极实施绿色生产转型以满足消费者的绿色需求偏好。有学者表明信息技术的发展颠覆了传统产业的发展方式，对于优化生产要素、改革销售方式等具有重要意义，还能通过改变传统农业的经营模式和盈利点等重塑农业生产，助推农业绿色生产转型（张在一、毛学峰，2020）。

（四）农户绿色生产绩效的研究

1. 绿色生产技术的增产效应

关于农业绿色生产技术的增产效应，学者们已经开展了广泛的研究，但是由于绿色生产技术是多元化技术的集成，包含多个子技术，技术间的异质性对农户的增产效应存在明显的差异。①病虫害防控技术（IPM）。部分学者认为采用 IPM 技术可以改进传统生产方法，有效保护作物免受病虫害，提高农产品产量并保证产品的安全性，还可以减少购买农药的支出，降低农业生产成本，为农户带来更高的利润，进而改善农户生计，提高农业生产的可持续性（Daku et al.，2002；刘道贵，2005；郭亮、杨勇，2014）。但部分学者认为病虫害防控技术并不能提高农产品的产量，赵连阁和蔡书凯（2013）研究安徽省晚稻种植农户的 IPM 技术采纳效果发现，仅有化学防治型和生物防治型 IPM 技术能显著提升农产品产量，物理防治型 IPM 技术仅能够降低农业生产成本，并不能带来农产品产量的提升。②测土配方施肥技术。学者们指出测土配方施肥技术可以帮助农户进行精准的施肥管理，实现土壤肥力的可持续管理，减少施肥成本，增加施肥的有效性，提高农产品单位面积的产出潜力，使农业生产效率最大化，进而帮助农户生产更高产量和更高价值的农产品（张成玉、肖海峰，2009；罗小娟等，2013；李莎莎等，2015）。③保护性耕作技术。保护性耕作技术包括秸秆覆盖、减少耕作或者不耕作，有学者认为适当地采纳保护性耕作技术一方面可以提高土壤性质，改善土壤肥力；另一方面能够提高土壤水分养护和水分利用效率，降低季节性蒸散量，增加农作物的可用水量，大大提升了农产品的产量（Botha et al.，2015；Hou et al.，2012；He et al.，2007）。但也有学者发现保护性耕作技术并不能提升农产品产量。保护性耕作技术通常会增加土壤中的容重表层，这种密度会导致空气孔隙的减少，这对作物产量并没有显著提升作用（Václav et al.，2013）。同时，也有学者认为传统耕作技术下作物产量超过了免耕技术下的产量（Martin et al.，1991）。此外，还有学者认为保护性耕作技术不是显著影响农作物产量的重要因素（王金霞、张丽娟，2010）。

2. 农户绿色生产技术的节本增收效应

大量研究表明，推行农业绿色生产技术不仅是实现现代农业绿色转型的重要手段，也是提高农民收入的现实需要。在农业生产成本方面，有研究发现，使用绿色防控技术能够有效提升农作物的抗虫害能力，降低用药频率及剂量，从而降低农业生产成本（陈欢等，2017；赵连阁、蔡书凯，2013）；也有研究表明，生物防治技术的采纳带来了病虫害防治成本的上升（黄炎忠等，2020）；还有学者认为绿色生产技术对生产成本没有显著影响（McNamara et al.，1985）。在绿色生产技术的收入效应方面，Tambo 和 Mockshell（2018）研究了三种绿色生产技术单独采纳和联合采纳带来的影响效应，研究发现在小农户中同时采纳三种绿色生产技术的农户非常少，与仅单一采用某种绿色生产技术相比，组合采纳这三种绿色生产技术能够获得更高的收入效应。Zheng 等（2020）通过对小麦种植户的研究发现，采纳有机土壤改良剂能够增加 24% 的净收益。但是也有研究认为，农户实施绿色生产技术并不能带来收入的增长，甚至可能并无显著影响。王秀丽和王士海（2018）分析了测土配方施肥这种绿色生产技术对马铃薯种植户经济收入的影响，研究发现即使测土配方施肥能够带来农户产量的增长，但是高昂的生产成本投资最终会抵消绿色生产技术带来的增收效应，导致农户收入并未显著提高。

3. 农户绿色生产技术的社会生态效应

绿色生产技术被视作提高生产效率、促进经济增长的关键因素。同时，绿色生产技术所带来的社会生态效应也得到了广泛的认可。①绿色生产技术的社会效应。Mok 等（2020）研究指出长期的农业污染导致了自然资源的枯竭，而在新加坡采纳鱼菜共生这一绿色生产技术能够缓解气候变化对粮食产量不稳定的影响，对实现新加坡地区的粮食安全发挥了重要作用。Jvdg 等（2020）指出农业绿色技术成为作物单产大幅增加的主要驱动力，不仅极大地改善了粮食供应，还可能成为经济发展和经济结构转型的重要引擎。另外，也有学者对绿色杀虫剂的社会影响进行了研究，发现采用高毒性化学杀虫剂会对农药使用者和食品消费者造成重大危害（蔡键，2014），而采用低毒性绿色杀虫剂则能保障食品安全，创造一个健康的生产生活环境。有学者研究发现农户对土壤养分管理实践技术的接受程度不断提高，使用生物肥料既可以实现生态友好发展还可以保证农业生产的可持续性，最终对提升食品安全具有重要作用。②绿色生产技术的生态效应。Rezaei 等（2021）指出病虫害综合防治技术是在以生态学为基础的有害生物管理下发展起来的农业绿色生产技术，能够保障农作物的生长环境，降低对农业生态系统的破坏，对公共卫生具有显著正向影响。此外，有学者发现农业绿色生产技术能够明显降低农业生产的碳排放，保障农业生态环境。张灿强等（2016）发现采用土壤测试、配方施肥及秸秆还田等农业绿色生产技术可以减少农药和化肥的使用，大幅减轻农业对环境的影响，最终能够明显削减温室气体排放并维持农业生产持续增长。

（五）农村电商对农户行为决策的影响研究

农村电商是传统农业经济的颠覆性变革，不仅能够打破销售渠道和销售地域的限制，而且能创造更多的商业机会，进而影响农户的行为决策（侯振兴，2018）。具体表现在农户销售行为和农户生产行为两个方面。

1. 农村电商对农户销售行为影响研究

作为一种新型的营销方式和服务模式，电子商务给农产品销售带来了新的发展思路，它不仅创新了农民的销售方式，也拓宽了农民的销售渠道。具体而言：①农村电商改变了农民的销售方式。电子商务可以有效缓解传统农产品流通模式中存在的流通环节多、成本高、效率低等一系列问题，实现农产品追溯，进而实现农户和消费者之间的一对一互动（何飞等，2009；綦方中等，2012；沈小静、王燕，2013）。②农村电商提升农民的销售规模。农村电商发展拓宽了农产品的销售范围，销售对象已不再局限于地理空间距离，而是通过互联网将农产品销往全国各地甚至全世界，潜在消费者的挖掘大大提升了销售规模。另外，农村电商实现了农民与消费者的互动与沟通，通过实时的信息互馈，能够增强消费者的回购率，促进消费者的互相推介，进一步扩大销售规模（曾亿武等，2018）。③农村电商降低流通成本。相对于传统的销售反馈体系，电商销售去除了中间经销商的信息传递，直接面对客户并根据其需求迅速反应，双方信息反馈更加完整，互动效果更好，销售速度更快（魏然，2015）。电商销售大大改善了传统农产品产业链的冗余关系，有效促进了农产品供应链流通成本的降低（魏来、陈宏，2007；Parker et al.，2016）。

2. 农村电商对农户安全生产行为的影响研究

流通环节中农产品的质量安全在很大程度上取决于生产环节的品质要求，因此从生产源头控制农产品质量安全，对于提升生产环节质量水平具有重要意义（Ray et al.，2011；陈幼红，2011）。现有研究多集中于电商平台对农产品的质量要求，从农户生产行为层面进行研究的较少。如美国市场上生鲜电商网站的成功经验表示农村电商能缩短生鲜农产品电子供应链长度，提升农产品供应质量（伏佳敏、王明宇，2014）。另外，有研究指出农村电商发展带来的信息可追溯体系能够促进农产品质量监管，从而有效提升农产品供给质量（Bosona and Gebresenbet，2010；Cui et al.，2011）。但以上研究多是从农产品销售环节的质量监管与把控方面进行分析，较少涉及生产端农产品安全供给问题（徐静等，2016）。李晓静等（2020）指出在农产品电商发展推动下的有效市场使绿色农产品较之普通农产品有较高的价格，为绿色农产品"优质优价"提供了可能，这将显著提高农户绿色生产意愿，助推农业绿色生产技术采纳。

（六）文献评述

通过文献回顾与梳理发现，目前国内外的学者对农村电商的概念、模式、发展状况以及农户绿色生产行为的概念、绩效等均进行了一定的研究，并取得较为丰富的研究成果，但仍存在部分问题需进一步考量，具体包括以下几个方面：

（1）关于农户参与电商的效应方面，现有研究多从农户参与电商的增收效应、创业效应及消费效应展开分析，鲜有研究涉及参与电商对农户绿色生产行为的影响，偶有研究也多以理论分析为主，从微观层面展开分析的相对较少，更缺乏对参与电商不同模式、不同程度的对比研究。

（2）现有研究普遍将农户采纳绿色生产技术行为置于生产端检视，强调采纳绿色生产技术带来的节本增效、保护生态的作用，但却对消费端的绿色消费需求、绿色消费观念和绿色消费方式等缺乏关注。伴随着农产品上行，消费端积累的市场需求和产品信息通过数据共享机制直接传递到生产端，会影响"生产端"发展方式的转变。此时，从消费端分析影响农户绿色生产方式转变的因素变得尤为重要，但现有研究却较少关注这一点。

（3）关于参与电商对农户绿色生产行为的影响，仅有部分国内外学者验证了参与电商对绿色生产技术采纳的影响，但参与电商是否会影响农户绿色农产品价值感知？是否会促进农户绿色生产转型？是否能提升农户绿色生产绩效？这其中的作用路径和影响效果如何？这些问题的回答是推进农业绿色发展的关键，但尚未得到充分的重视。

（4）关于绿色生产转型，国内外学者展开了广泛研究，但对绿色生产转型的测度尚未形成科学、标准的研究体系。现有文献多从是否采纳绿色生产技术进行度量，即使部分学者尝试从程度的视角对绿色生产转型进行测度，但也局限于使用简单的代理变量来表达，不足以表征绿色生产转型的全部内涵。

四、研究思路与技术路线

（一）研究思路

本书以相关理论为指导，按照农户"参与电商对绿色农产品价值感知的影响—参与电商对绿色生产技术采纳的影响—参与电商对绿色生产转型的影响—参与电商对绿色生产绩效的影响"的逻辑展开。通过相关文献梳理和理论分析，阐述参与电商对猕猴桃种植户绿色生产行为影响的作用机理，利用调研数据，在采用变异系数法构建猕猴桃种植户绿色生产技术采纳水平测度体系的基础上，分别考察参与电商决策、参与电商模式、参与电商程度对猕猴桃种植户绿色生产技术采纳水平的影响，并对参与电商决策影响猕猴桃种植户绿色生产技术采纳的作用机理进行验证，进而在测度猕猴桃种植户绿色生产转型、绿色生产绩效的基础上，分别考察参与电商行为对猕猴桃种植户绿色生产转型及绿色生产绩效的影响。基于研究结论，提出促进猕猴桃种植户参与电商、提升绿色生产行为的路径安排和政策建议。

（二）研究路线

根据以上研究思路，本书的技术路线图如图 1-1 所示。

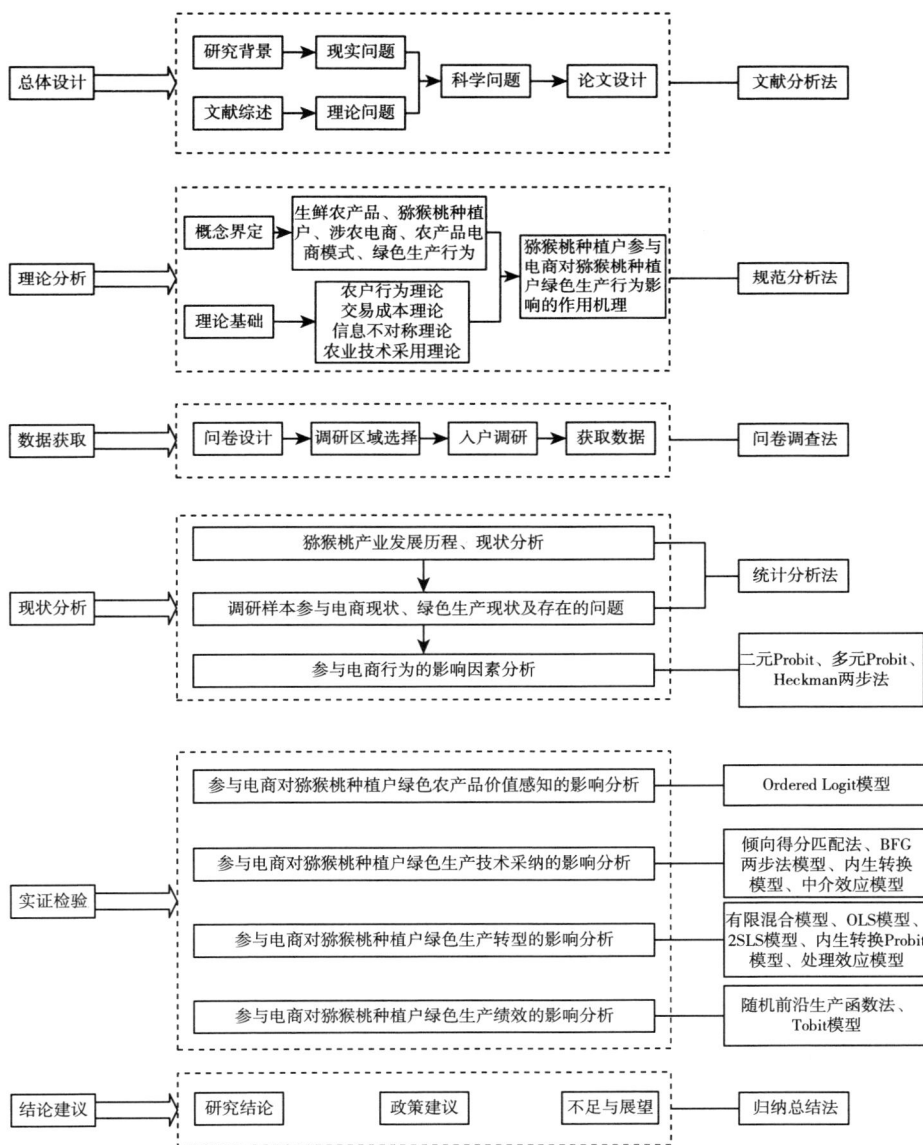

图 1-1 技术路线图

（三）研究方法

1. 规范分析方法

首先，通过查阅国内外有关涉农电商、农户绿色生产技术采纳、农户绿色生产转型、农户绿色生产绩效等方面的研究资料，运用文献阅读法对生鲜农产品、猕猴桃种植户、涉农电商、农产品电商模式、绿色生产行为等概念进行界定；其次，使用宏观统计数据对世界及中国猕猴桃产业生产与贸易的发展状况进行介绍与说明，并结合实地调研数据资料，对调研区域猕猴桃种植户家庭特征、生产经营状况、电商发展情况、绿色生产行为进行描述性统计分析，总结与归纳猕猴桃种植户参与电商发展的现状及绿色生产过程中存在的问题；最后，在对猕猴桃种植户参与电商情况、绿色生产发展现状及问题进行分析的基础上，结合农户行为理论、交易成本理论、信息不对称理论及农业技术采用理论，从提升价格预期、提升经济收益、推动产品标准化、追求口碑效应等方面构建参与电商对猕猴桃种植户绿色生产行为影响的理论分析框架。

2. 计量分析方法

本书采用的计量分析方法主要包括：Probit 模型、Heckman 两阶段模型、倾向得分匹配模型、BFG 两步法模型、内生转换模型、中介效应检验方法、随机前沿生产函数、Tobit 模型、分位数回归等。

（1）二元 Probit 模型、多元 Logit 模型和有序 Logit 模型。在研究猕猴桃种植户参与电商决策的影响因素中，以参与电商决策为因变量，参与电商的猕猴桃种植户赋值为 1，未参与电商的赋值为 0，因此参与电商决策属于二元分类变量，适合采用二元 Probit 模型进行估计。由于猕猴桃种植户参与电商模式分为传统销售模式、平台电商模式、社交电商模式三种类型，属于典型的多元分类变量，因此适合采用多元 Logit 模型进行估计。由于猕猴桃种植户农产品价值感知均为五级量表，属于典型的有序分类变量，因此适合采用有序 Logit 模型进行分析。

（2）Heckman 两阶段模型。农户参与电商程度包含"是否参与"（离散型二值选择问题）和"参与程度"（连续变量问题），故建立 Heckman 两阶段模型，第一阶段为农户是否参与电商，第二阶段为猕猴桃种植户参与电商程度。

（3）倾向得分匹配模型（PSM）。在测度参与电商对猕猴桃种植户绿色生产技术采纳效应时，由于猕猴桃种植户参与电商决策并不是随机的，而是由猕猴桃种植户综合多方面因素做出的决定，因此存在样本自选择问题。通常可采用匹配法找到两种状态下特征相似的两组人群，再比较实验组和对照组的绿色生产技术采纳行为，从而降低由样本自选择导致的估计偏差。对此，本书采用 PSM 进行估计，具体而言，首先使用 Probit 模型估计样本进入实验组或对照组的概率（即倾向得分值），然后根据概率值的大小对样本进行匹配，最后通过计算得到实验组的平均处理效应值（Average Treatment Effect for the Treated，简称 ATT）。

（4）BFG 两步法模型。BFG 两步法模型用以检验参与电商模式对猕猴桃种植户绿色生产技术采纳水平的影响是否存在不可观测因素引起的选择性偏差。若存在，则选择 ESR 估计不同参与电商模式对猕猴桃种植户绿色生产技术采纳水平的影响，若不存在不可观测因素引起的选择性偏差，则使用 PSM 模型进行分析。

（5）内生转换模型（ESR）。在评估参与电商模式对猕猴桃种植户绿色生产技术采纳程度的影响中，不能将参与电商决策作为外生变量，因为猕猴桃种植户的销售决策是在充分考虑了家庭所拥有的资源而做出的自选择。另外，在估计方程中可能会存在不可观测变量同时影响猕猴桃种植户的销售决策及其绿色生产技术采纳。鉴于此，采用 ESR 对猕猴桃种植户参与电商模式的绿色生产技术采纳程度进行评估。

（6）中介效应检验方法。参与电商对猕猴桃种植户绿色生产技术采纳程度的影响，可能会通过经济激励、交易成本、标准化生产、反馈机制等中间传导变量产生影响。对此，本书采取 Baron 和 Kenny（1986）提出的中介效应检验方法检验参与电商决策是否会通过中间传导机制对猕猴桃种植户绿色生产技术采纳产生影响。

（7）随机前沿生产函数。生产技术效率是衡量农业生产者生产经营情况的重要指标，考虑到猕猴桃种植户生产过程中会受到自然因素的随机影响，本书采用随机前沿生产函数（SFA）方法对猕猴桃种植户的绿色生产绩效进行测算，为探索参与电商决策、参与电商模式、参与电商程度对猕猴桃种植户绿色生产绩效的影响奠定基础。

（8）Tobit 模型。由于超越对数形式的随机前沿生产函数得到的猕猴桃种植户绿色生产效率值取值范围介于 0 到 1 之间，属于截断数据，在分析参与电商决策、参与电商模式、参与电商程度对猕猴桃种植户绿色生产效率的影响时，本书采用 Tobit 模型进行估计。

（9）分位数回归。为了更好地分析个体异质性下参与电商程度对猕猴桃种植户绿色生产转型及绿色生产效率的影响，本书采用分位数回归模型进行估计。与传统最小二乘估计（OLS）相比，分位数回归的优势在于：一是分位数回归的估计结果不会受到极端值的影响，结果较为稳健；二是分位数回归能提供有关条件部分的全部信息，便于测度。

五、创新之处

本研究以陕西省、四川省猕猴桃种植户的微观调研数据为例，研究参与电商对猕猴桃种植户绿色生产行为的影响，主要创新体现在以下几个方面：

（1）通过实地调研并结合猕猴桃的生长实际，选择能够反映猕猴桃绿色生产的五种绿色生产技术，采用主客观综合赋权法，测度猕猴桃种植户绿色生产技术采纳程度，有效避免了因常规二分法无法展现技术采纳程度和采纳结构的弊端，增强了该指标测度的科学性。

（2）参与电商模式是猕猴桃种植户面对多种销售方式进行"自选择"的结果，为了纠正样本选择偏误，本书使用 BFG 两步法模型检验并证实了猕猴桃种植户选择电商模式存在不可观测因素导致的选择性偏差。基于此，本书使用内生转换模型在纠正样本选择性偏差基础上评估了参与电商模式对绿色生产技术采纳的平均处理效应。

（3）创新性地构建测度猕猴桃种植户绿色生产转型的指标体系，并结合有限混合模型对猕猴桃种植户的绿色生产转型程度进行测度，进而实证研究了参与电商对猕猴桃种植户绿色生产转型的影响。本书发现研究区域猕猴桃种植户绿色生产转型程度普遍偏低，参与电商能够促进猕猴桃种植户绿色生产转型。

（4）通过分析参与电商对猕猴桃种植户绿色生产技术采纳水平产生影响的具体路径，发现经济激励、交易成本、标准化生产以及口碑效应在其中均存在中介效应，且经济资本、人力资本、社会资本、信息资本等资源禀赋在参与电商对猕猴桃种植户绿色生产技术采纳的影响中均发挥了重要作用。

第二篇　理　论　篇

第二章　相关概念与影响机理分析

一、相关概念

(一) 生鲜农产品

生鲜农产品指未经过深加工的初级农产品,大多只经过清洗、分拣、分割等环节的处理,其种类主要包括蔬菜、水果、肉类和水产品等。生鲜农产品具有的寿命较短且易腐烂的特性明显增加了其销售的难度(昝梦莹等,2020)。一般来讲,生鲜农产品具有以下四个显著特征:一是生鲜农产品多是采摘后不经处理直接进行销售,多具备含水率高、贮藏周期长、保鲜难度大、腐烂率高的特点;二是生鲜农产品不易压缩和难以处理,在贮藏和运输过程中多因其体积大和占用空间多,造成运输和贮藏成本较高,且贮藏和运输过程中还极易受天气条件的影响;三是生鲜农产品的生产过程和产品质量受制于生产者的生产意识和能力水平,生产过程难以得到有效的管理和控制;四是生鲜农产品价格的形成主要受流通环节的影响,由于消费者对生鲜农产品的安全性和鲜度等特性要求较高,流通环节中保障生鲜农产品的质量是实现其高价交易的重要保障(Donis - Gonzalez et al.,2014;Yan et al.,2017)。猕猴桃是一种典型的生鲜农产品,具有保鲜难、容易腐烂的特性,因此对运输环境要求非常高。但是猕猴桃属于晚熟型水果,与草莓、葡萄等水果不同的是猕猴桃后期拥有一个糖化过程,即猕猴桃从采摘到食用需要一到两周的时间,这为猕猴桃实现电商销售赢得了运输优势和储藏优势,最终为猕猴桃电商发展提供了更大的发展空间。

(二) 猕猴桃种植户

在明确猕猴桃种植户的概念前,必须准确地界定"农户"这一概念。就现实状况而言,中国现行法律法规并未对农户进行准确的界定,但学界对这一概念形成了一定共识，学者们普遍认为农户具有以下两个特征：一是与农村集体经济组织具有从属关系，这是农户与其他家庭类型（例如城市家庭、工矿区家庭）相区别的本质属性和根本标志；二是农户主要以从事农业生产经营活动为重心，这是农户与其他家庭类型（例如工人家庭、畜牧户）相区别的行为属性和外在标志（赵建英，2019）。基于以上研究，本书将猕猴桃种植户界定为居住在农村地区，以家庭为单位，通过汇集家庭劳动力、自有土地、自有资金、种植技术等生产要素，从事猕猴桃生产经营，最终能够获取猕猴桃销售利润的组织或个人。

（三）涉农电商

1. 电商

电商是电子商务（E－commerce）的简称，从广义层面上来讲，凡是使用电子工具（电脑、手机和平台）进行的商务活动均可以称为电商；但从狭义层面来讲，电商主要指利用互联网从事的商业贸易和商务活动。由于电商具备突破时空限制、缩短物品流通渠道、降低交易成本、动态展示产品价格和方便快捷筛选产品的特点，大量消费者逐步降低线下购买产品的频率，转为利用电商平台在线购买其所需产品。随着电商消费群体数量的逐渐上涨，大量线下实体店也逐步开辟了线上销售渠道，开发了线下体验和线上销售相结合的消费模式。目前，利用电商销售产品已逐渐成为实体店销售产品的主流经营方式。根据上述研究，本书认为涉农电商主要指经营主体利用信息技术和互联网平台与农村资源相连接，围绕农产品生产和经营开展的系列化的电子商务贸易活动（汪向东、梁春晓，2014），通常包含了农村电商、农业电商、农产品电商等概念。

2. 参与电商

从猕猴桃种植户的角度看，参与电商是指猕猴桃种植户在对农村电商政策了解、思考、评价的基础上，形成的参与电商销售意向及做出行为响应的过程，即猕猴桃种植户在经过反复思考和充分评估的基础上，做出是否经过电商渠道将农产品销售给消费者的决策过程。一般而言，猕猴桃种植户"参与电商"是猕猴桃种植户根据其具备的资源禀赋和认知水平，结合自身未来发展的规划，选择是否采用电子商务渠道将农产品直接销售给个体消费者的过程，其自身的销售策略决定了潜在消费者的购买策略，最终会直接影响销售数量及销售额。

（四）农产品电商模式

根据不同的研究目的，学者们对农产品电商模式的分类具有不同的标准，大体上形成了以下三种分类方式。一是按照交易主体划分。郭娜和刘东英（2009）将农产品电商模式划分为四种类型：B2B 模式（企业＋企业）、B2C 模式（企业＋消费者）、C2C 模式（消费者＋消费者）和 C2B 模式（消费者＋企业）。程红莉（2014）将农产品电商模式划分为 F2B 模式（农户＋企业）、F2M2B 模式（农户＋中介组织＋企业）、F2C 模式（农户＋消费者）、F2M2C 模式（农户＋中介组织＋消费者）四种类型。唐立强（2017）将农产品电商模式划分为网商模式（入驻第三方电商交易平台和开发独立网站交易平台）和微商模式（借助微信朋友圈和 QQ 空间等社交工具）两类。唐红涛和郭凯歌（2020）将农产品电商模式划分为农户＋电商市场、农户＋采购商、农户＋电商企业、农户＋政府委托采购商四类模式。二是根据生态学研究中对共生结构的划分方式，部分学者将其应用于农产品电商模式的划分。郭承龙（2015）将农产品电商模式划分为寄生模式（主要指寄生于已有成熟的电商平台和其他电商主体进行的电子商务活动）、非对称模式（电商主体通过与其他电商主体以契约等不对称分配利益进行的电子商务活动）、偏利模式（电商主体通过开辟线上线下协调销售的电子商务活动）、对称模式（电商主体基于协同合作实现利益最大化的电子商务活动）和一体化模式（电商主体实现产业链前后演进的一体化电子商务交易模式）。三是根据比较优势理论进行划分。叶秀敏和汪向东（2016）主要将农产品电商模式划分为以资源为核心的资源型农产品电商模式、以依靠有利的地理位置为核心的区位型农产品电商模式、以依靠传统产业和特色产业为核心的产业型农产品电商模式，还有依靠主体驱动的农产品电商模式。综上所述，学者们对农产品电商模式的划分更多基于电商交易中参与主体的特征差异进行划分。基于此，本书在充分借鉴已有电商模式划分的基础上，结合陕西省、四川省猕猴桃种植户参与电商的实际情况，将猕猴桃种植户的参与电商模式分为两类：一是平台电商模式，二是社交电商模式。

平台电商模式主要包括第三方网上交易和采用独立网站交易。第三方网上交易主要是指猕猴桃种植户在阿里巴巴、京东、拼多多等电商平台上开设网店销售猕猴桃。在此模式下，猕猴桃种植户通常与电商平台签订合作合同，依靠个人经验和能力生产质量高、品质好的猕猴桃产品，然后分拣挑选符合电商平台销售的优质猕猴桃进行平台售卖，而电商平台主要为猕猴桃种植户提供平台优势和专业化的电商运营服务，帮助其吸引顾客，实现猕猴桃的销售。在平台电商模式中，农户主要依靠电商平台集聚的潜在消费者群体，通过技术手段获得潜在消费群体的高频率无意识浏览，进而增加猕猴桃销售页面的访问量，实现猕猴桃交易量的提升。但是，由于电商平台中存在产品同质性严重、品牌知名度较低、消费者覆盖面窄的特点，加之电商平台的猕猴桃销售市场竞争力度逐年加大，猕猴桃种植户在平台电商模式中大多难以拥有销售的价格优势和信息优势。

社交电商模式是随着一些新的电子商务交流工具和手机 App 流量软件的出现而逐渐衍生出的新电商交易模式，它主要依靠大规模的流量吸引和集聚等方式，推动一大批社交软件或手机 App 的使用者进行网络消费。社交电商模式主要借助于广泛的社交网络进行宣传和转发交易链接，通过社会互动和传递带动等手段辅助消费者购买商品[①]。雅虎在实践中首次正式引入了社交电子商务模式，并以其开创性的互动功能支持消费者之间的产品社交反馈、信息共享和品质评价，从而受到电商消费者的赞誉。随着我国网购的逐步升温及消费者个性化需求的升级，以主流社交媒体（微信、微博、抖音、快手等）为代表的"社交电商"模式正在成为一种崭新的电商交易模式[②]。通过社交电商模式，部分农产品生产者利用社会化工具将自己生产的农产品的相关信息通过社会互动和社交工具直接传递给消费者，使消费者能更加直观地感受农产品从田间到销售的流通过程，并且在这一过程中，农产品生产者可以直接与消费者进行实时动态互动，既可以获得消费者的产品忠诚度，还能够显著提高农产品的信息曝光率，进而促进农产品电商销售的实现（唐红涛、郭凯歌，2020）。社交电商模式具有操作简单、个性化、成本低、门槛低等特点，其主要以粉丝对农产品的关注程度、忠诚度和依赖程度为核心，农产品销售者仅利用手机软件就可随时直播和及时销售，通过社交工具既可以展示农产品的生产动态，也可以与消费者随时互动，对消费者的个性化需求更加关注。因此，在社交电商模式下，猕猴桃生产者只有保持良好的产品质量才能获得消费者更高的回购量，这对其生产经营方式及猕猴桃的标准化、高质化提出了更高的要求。不同销售渠道下生产者与消费者的互动机制如图 2-1 所示。

---

① 资料来源：《2017 年中国社交电子商务发展分析报告》，https：//www. askci. com/news/ch-anye/20170707/085459102385_2. shtml.

② 资料来源：《艾瑞咨询：2016 年中国电商生命力报告》，http：//www. 199it. com/archives/550787. html.

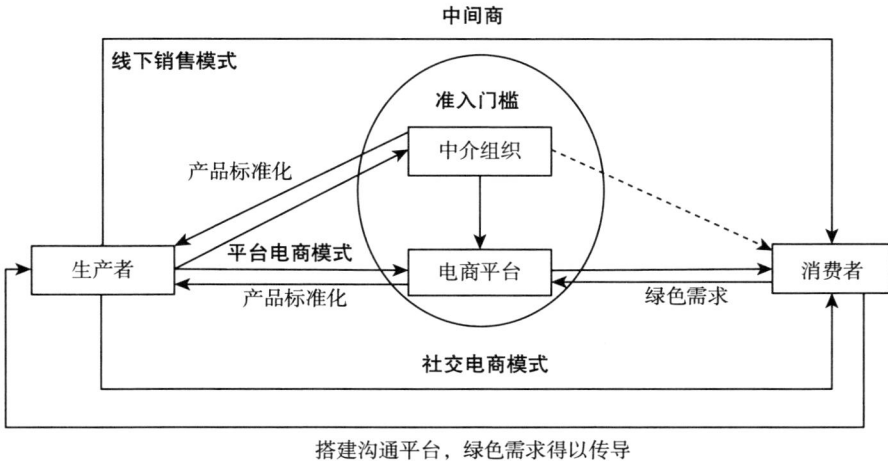

图 2-1　不同销售渠道下生产者与消费者互动机制

（五）绿色生产行为

农户生产行为主要是指农户为了达到一定的目的，在农业生产过程中合理配置其所拥有的各项资源，对生产种类、生产模式和生产方式等进行选取的行为（何蒲明、魏君英，2003）。具体而言，包含选择种植作物的类型、种植的品种，土地、劳动力、资本等资源的配置，农业技术选择及农业投入品的种类及数量等。而农业绿色生产行为是指农户为了实现农业可持续发展实施的一种生产行为，能够在提高农业生产效率、减少环境污染和资源浪费、维持农业竞争力和经济活力方面发挥积极作用（余威震等，2017）。农业绿色生产行为主要包含改进的农业技术和可持续的农业生产实践，例如少耕或免耕、使用有机农药和有机肥料、实施土壤保护措施、进行轮作或间作以及废物资源利用等。

1. 绿色农产品价值感知

价值感知由 Zeitham（1988）提出，最早应用于产品营销领域，主要指消费者在获取产品或服务时，综合产品本身特性和服务等系列相关因素而产生的主观性评价。由于对产品或服务的价值感知对消费者当下及未来的购买行为具有关键影响，因此人们对产品或服务的价值感知受到了广泛关注。个体价值感知受利益和成本的双重影响，若个体对某项物品和服务的价值感知水平越高，个体行为趋向性越强（胡银根等，2020）。结合价值感知在各领域的应用与定义，本书将绿色农产品价值感知定义为农户对发展绿色生产所能感知到的利益与风险进行权衡后得出的整体评价。

2. 绿色生产技术采纳

对于绿色生产技术采纳的定义，大多学者遵循农业生产的自然规律，按照产前、产中、产后环节选取绿色生产方式或技术作为绿色生产行为的表征进行研究，例如少耕免耕、有机肥使用、秸秆还田、生物防治技术采纳、农药废弃物处置等（耿宇宁等，2017；杨志海，2018；黄炎忠等，2018；李芬妮等，2019）。本书参考已有研究并结合农业农村部"一控两减三基本"的防治目标，根据猕猴桃生产过程，从猕猴桃套袋、病虫害防治、施药、施肥、土壤管理5个生产环节中分别选取1种绿色生产行为进行研究，分别选取套袋技术、物理防治技术、无公害农药使用技术、有机肥施用技术、测土配方施肥技术作为猕猴桃种植户绿色生产技术采纳的表征。

3. 绿色生产转型

猕猴桃种植户绿色生产转型是指促进猕猴桃种植户生产方式由传统生产方式向绿色生产方式转变，实质上是使用绿色化生产理念与绿色化生产技术改造传统农业，具体表现为猕猴桃生产者具有绿色化发展理念，采用先进科技和绿色技术应用于猕猴桃生产，使资源配置效率和农产品质量得以提高。

4. 绿色生产绩效

农业领域对生产绩效的研究主要有两类指标：一是收入或产值，在宏观上主要用产值来衡量生产绩效，但在微观研究中，由于农户较少做生产记录，平均单产数据往往缺乏准确性，因此对于农业生产绩效多从经济绩效角度出发，以收入进行测度。二是效率，包括单一指标效率（劳动生产率、土地生产率等）和全要素生产率。绿色生产绩效作为绿色生产水平的重要测度，既考察种植户的经济发展水平，又反映生态环境保护和资源节约利用程度，着重考察种植户在绿色发展等领域所取得的实际绩效。

二、理论基础

（一）农户行为理论

农户行为理论是研究农户参与电商行为和农户绿色生产行为的重要理论基础。已有学者根据研究问题的不同，大致将农户行为分为生存小农学派、理性小农学派及历史学派。不同学派从不同角度回答和解释了农户的行为动机与逻辑，对于本书所研究的农户行为有一定的借鉴意义。

1. 生存小农学派

生存小农学派的主要代表人物是恰亚诺夫、波兰尼和斯科特。恰亚诺夫指出普通小农从事农业生产活动与企业生产是存在明显差异的，小农对家庭资源进行配置不是为了获取更高收益，而是为了满足家庭消费需求。当农业生产能够满足家庭消费需求后，小农户将不愿意继续从事农业生产。波兰尼（Karl Polanyi）赞同这一观点，对那些用利润至上的资本主义经济学思维方式研究小农经济的理念进行批判。斯科特（James Scott）在延续二者思路的基础上，提出小农经济在生产过程中更加追求低风险、高保障，并非收入最大化。

2. 理性小农学派

理性小农学派的代表人物是舒尔茨和波普金。舒尔茨在《改造传统农业》一书中指出，在传统环境下，农户在生产中有效分配土地、水、自己的劳动和他人的劳动、肥料、种子和其他投入，在市场交易的环境下，农户变成了商业计算器，根据收到的市场信号及时调整资源结构，使资源与自身行为保持一致。无论是在传统经济还是现代经济中，农户都是资源的合理配置者，以实现家庭利润最大化为目标，其行为决策是经济理性的。他还指出小农经济的生产要素配置已经实现帕累托最优，重新配置生产要素并不会带来较多的产出增加。在传统农业中，小农经济的低效率是由于生产要素边际产出的递减，只有通过现代生产要素的导入才能改变现状，实现由传统农业向现代农业的转型。理智小农学派的另一位代表人物波普金于 1979 年首次在其著作中提出了"理性小农"的概念，他指出农户会根据自身的资源禀赋和价值偏好来预先判断其行为决策的后果，在权衡自身成本、风险和利益的基础上，根据最终家庭效用最大化原则做出家庭行为决策。

3. 历史学派

历史学派的代表人物黄宗智从农民的农业收入和非农收入两个角度，提出了"拐杖逻辑"，即农民在从事生产决策活动时，既不是单纯追求家庭消费或利润最大化的理性小农，也不是完全从生活保障角度出发的生产者，而是两者的有机结合（黄宗智，2008）。他认为农业收入是小农的主要收入来源，非农收入是辅助家庭收入增长的"拐杖"，两者在家庭经济结构中发挥不同的作用。而随着社会经济的快速发展，小农经济逐渐成为"资本和劳动双密集型"的经营模式，小农不仅能够满足自身消费需求，还能向市场销售多余农产品获取更多利润。

随着社会经济的发展，农户行为理论不断深化，从生存小农学派到理性小农学派再到历史学派，通过现代生产要素的引入，农户行为理论不断优化，尝试构建更能解释现实的理论框架。在本研究中，无论是参与电商行为还是绿色生产行为均涉及农户行为研究范畴，在进行相关研究时以上理论均能提供支撑。在研究农户参与电商行为时，成本收益、学习成本、外部条件均是影响农户行为的重要因素，农户需要结合自身条件综合考虑做出最优选择。而对于农户绿色生产行为决策，农户需要评估原有生产技术与现有生产技术的优劣、技术效果、应用难度等以及采用绿色生产行为后的价格趋势、市场前景等，此时农户做出的决策更加理性。

（二）交易成本理论

Coase（1937）提出了经典的交易成本理论，试图解释为什么存在企业以及如何确定企业边界。随着交易成本理论的发展，该理论逐步应用到分析组织和市场之间的契约关系，其基础是建立与采购决策相关的关系或治理结构的成本。交易成本是指生产者由于信息和资源缺乏而产生的成本的大小受到交易频率、交易资产专用性、信息完整性、沟通通畅性、合同完整性、不确定性等多因素的影响。交易成本理论中包含三个交易特征直接影响经济交换的交易成本：资产专用性、交易频率和不确定性（Williamson，1975）。资产专用性在特定的交换关系之外几乎没有价值，当资产在交易环境中具有价值而在交易外部具有相对较小的价值时，资产是特定的；交易频率是指交易发生的次数；不确定性是指"交易周围环境的意外变化"（Grover and Malhotra，2003）。交易成本理论规定了在给定的外部条件下将成本最小化的治理结构，即上述三个交易特征（资产专用性、交易频率和不确定性）决定了选择最有效的合同安排来管理交易（即支配经济活动）。

根据上述对交易成本定义的梳理可知，在市场运行过程中会产生交易成本（Arrow，1969）。交易成本贯穿猕猴桃生产、经营和销售的全过程。猕猴桃生产过程中最常见的交易成本包括信息成本、谈判成本和监管成本（Hobbs，1997），对交易成本的分析为猕猴桃种植户行为决策的多样性提供了理论依据。在传统农产品交易过程中，产销交易次数的增加使交易总成本增加。与传统销售模式相比，电商销售可以通过降低信息不对称性，控制机会主义行为，从而降低交易成本。随着互联网的发展，农产品生产者与消费者在线互动，有效提高了交易成功率。另外，互联网使得搜索信息更便捷、在线讨价还价成为可能、售后监控更方便，这有效降低了信息成本。本书基于交易成本理论，分析猕猴桃种植户在不同电商销售模式下的销售特性，并以此为基础对猕猴桃种植户销售行为决策及其效应进行分析。

（三）信息不对称理论

在合同或契约关系中，一方可能拥有与合同相关的私人信息，从而造成信息不对称。Akerlof 在《柠檬市场》中对"信息不对称"这一概念进行了详细的阐述（Akerlof，1970）。他考虑了信息不对称对市场的影响，即卖者比买者掌握更多交易商品的信息。在此基础上，他检验了信息不对称对二手车市场的影响。在交易市场上，卖家掌握更多关于商品质量的信息，买家对商品质量的不确定性使其只愿意根据商品平均质量进行讨价还价，可能会使市场价格下降。因此，越来越少的高品质商品拥有者愿意以低价出售，从而导致市场上高品质商品越来越少，劣质商品越来越多，这就反过来降低了买家在市场上找到高质量商品的可能性，商品价格被进一步压低，直至把所有剩余的高品质商品驱赶出市场，卖主利用自己对买主的信息优势，只会提供质量低于市场价的商品，从而造成市场失败，这一过程被称为"逆向选择"。20 世纪 70—80 年代，Michael（1976）和 Stiglitz（1974）等人对信息不对称理论进行完善，指出信息不对称理论被认为是市场失灵的一种合理解释，这一理论认为，买方和卖方的信息失衡将导致市场失灵。信息不对称理论有三个重点：第一，卖主可能比买主拥有更多的信息，这会扭曲所售商品的价格；第二，由于买主方面缺乏信息，低质量和高质量的产品可以趋于同样的价格；第三，由于谨慎的买主可以根据需要获得信息，因此其对交易事实并非一无所知。信息不对称的存在可能带来以下问题：第一，信息不对称造成了劣质产品淘汰优质产品。在消费者难以分辨货物优劣的时候，劣质产品的价格与优质产品的价格趋于相同，但优质产品的成本却比劣质产品要高得多，优质产品会逐渐减少或退出市场。第二，信息不对称造成了市场的萎缩或消失。为保护自身利益不受损失，消费者在对消费物品的真假辨别存在困难时将终止消费或减少购买，造成市场上物品囤积，市场规模逐渐萎缩。第三，信息不对称造成了需求不足与供给过剩并存。双方交易信息的缺失使其均面临道德风险，为了防止机会主义的存在，双方将会终止交易，从而导致有效需求难以得到满足，而产品供给大量过剩，无法实现销售增值。第四，信息不对称造成了贸易不公平和竞争不公平。占据信息优势的一方为了获得更高的利益，对敌方的信息和情报系统进行欺骗攻击，以获取信息优势，夺取信息的控制权，导致下级群体的利益受损。第五，信息不对称造成消费者和生产者的行为失真或决策失误。由于无法准确判别市场的实际需求和实际价格，生产者将会盲目跟从他人定价造成生产损失，而消费者由于无法获取货物的真实品质，大多选择购买较高价格的产品，然而最终却得到低质量产品，造成效用受损，最终供需平衡被打破，市场效率逐渐走低。

在农民绿色生产过程中，也存在着农产品的信息不对称问题，即使在原有技术生产规程和标准化规范的指导下进行农产品生产，这一问题仍未得到有效解决。主要原因是：一是农产品市场上普遍存在着信息严重不对称的问题。对于生产者而言，他们希望生产的农产品能以销售的方式获得经济效益，在获得农产品高产量的同时，往往会忽略农产品质量；对于消费者而言，他们希望能够在农产品市场以较低价格获得绿色、高质量的农产品。但由于地域空间隔离的存在，消费者不能直接了解和监督其购买的农产品的生产环节，这为生产者降低农产品质量提供了便利，部分农户基于经济收益最大化，利用化肥和农药提高农产品产量，导致农产品绿色生产存在道德风险。二是与一般销售渠道相比，农户参与电商销售必须满足市场准入的基本条件。电商平台对农产品质量的要求相对较高，但在农业生产中，农户分散经营、无序销售给农产品质量监管带来了巨大挑战。在网络销售过程中，消费者只能通过农产品生产者提供的有限信息来判断农产品质量，而此时处于信息优势的农产品生产者通过"以次充好"等手段获取较高收益，严重破坏了电商市场的正常交易秩序。

(四) 农业技术采用行为理论

1. 农业技术采纳理论

传统经济理论假定农户是理性的，他们会选择能使其利润或效用最大化的农业生产技术（Li，2021）。有限理性理论认为个人通过认识到新技术和新知识存在的局限性，会寻求满意的选择或者做出"足够好"的决策，而非最优决策。所以，在分析农户农业技术采纳决策的时候，大多会考虑农户能够获取信息的机会及其自身的认知水平。而康利和乌德里（2010）提出的学习模型指出，如果邻里农户采用绿色生产技术取得了好收成，农户就会根据邻里的信息调整生产决策，因此社会资本和社会网络可能是解释采用决定的重要因素。期望效用理论认为，决策者通过比较期望效用的最大值来对风险或不确定的前景之间的关系做出决策，建议农户根据自己的幸福预期变化做出农业技术采用的决策（Edwards‐Jones，2006）。孔祥智等（2004）指出农业技术采纳是依据采纳预期收益与当前收益间的对比做出决策的，当采纳农业技术后带来的预期收益高于采纳前农户的净收益时，农户会做出采纳农业技术的决策。当然，在现实生活中农户的农业技术采纳决策行为不仅受到经济因素的影响，也会受其他因素（如环境、政策等）的影响。

2. 技术接受理论

农户绿色生产技术采纳实际上是获取信息、形成态度、获得认同、达成意向、付诸实施的一个连续化过程。技术接受理论是基于"理性行为理论"的扩展，它主要分析目标系统的感知易用性、感知有用性、态度和行为意图之间的关系。感知有用性是指人们认为使用某一系统可以改善其工作表现的程度，感知易用性则是指人们认为使用某一系统的容易程度。已有研究表明，如果人们认为新技术易于使用，则他们更有可能使用新技术（Davis et al.，1989），且感知易用性直接影响感知有用性。技术接受模型（图2-2）表明，农户越容易理解绿色生产技术的使用，则在使用该技术时越会认为此项技术的有用性更高。另外，如果农户认为绿色生产技术易于操作，而且使用绿色生产技术所产生的效果是显而易见的，那么，农户将对绿色生产技术形成一种有利的态度。农户对某一绿色生产技术的态度越积极，其行为意向和行为表现会越强。

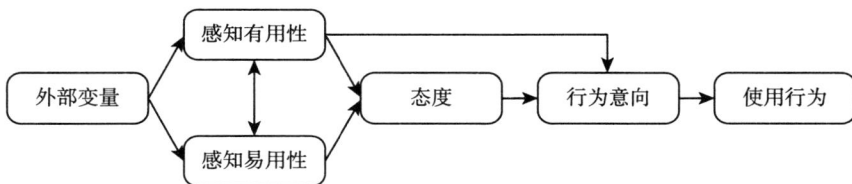

图2-2　技术接受模型（TAM）

农户对绿色生产技术持续采纳的动力来源于内化或认同的心理过程。一方面，农户会接收到外界环境中的绿色生产技术相关的技术知识和技术推广信息，农户通过整合和甄别后会将其融入个人认知系统中，随后转变为农户对该技术的看法和理解；另一方面，农户会根据自身采纳农业绿色生产技术的实际效果和带来的价值收益，决定是否更愿意持续采纳该绿色生产技术，最终做出是否再次采纳的决策判断。

3. 农业技术扩散理论

扩散是指社会系统成员在一定时间范围内，通过一定渠道相互沟通交流的过程。罗杰斯（1983）用社会学、心理学和传播学等公认的理论发展了一种研究创新扩散的方法，他指出，当潜在用户参与接受或拒绝技术创新的活动时，他们需要经历一个五步的创新决策过程：知识、说服力、决策、执行和确认。

知识性阶段包括潜在的采用者认识到创新并逐渐理解创新的作用。同时，为了响应技术变革与创新，罗杰斯（1983）确定了五种响应或采用者类别的模式：创新者、早期采用者、早期多数、后期多数和落后者。变革通常始于创新者的响应，然后是早期采用者，随后是早期多数和后期多数，最后是落后者，每个人的响应方式可能会根据创新过程而有所不同。该理论指出技术创新往往从创新发源地向周边逐渐扩散和传播，传播的过程会受到社会经济等多种因素的影响。就猕猴桃农业技术扩散而言，猕猴桃主产区建有现代农业示范园，在技术水平上具有的较高"位势能"必然促使其农业技术创新向周边地区扩散，对周边地区的技术创新起到示范带动作用。但是，由于经营主体间存在异质性，其对农业新技术的态度和表现会有所差异，因此，农业技术的扩散效果在不同地区表现出明显的异质性（侯胜鹏，2013）。

Utterback 和 Abernathy（1975）及罗杰斯（1983）指出技术创新并不是线性的，创新的扩散过程表现为从左到右的 S 形曲线（图 2-3），左曲线的斜率表示创新采用开始时较低，随着时间推移，创新被迅速采用，采用率迅速增加。随着创新技术采纳群体数量的逐步扩大，技术采纳容量趋于饱和，此时技术采纳的速率开始呈现递减趋势，直至几乎没有创新者再采用该技术。一项创新技术采用往往源自于主体对某项创新技术活动的认知程度较高和技术知识了解较为丰富，通过衡量技术采用带来的效益与采用成本，再做出是否采纳的决定（高启杰，2008）。

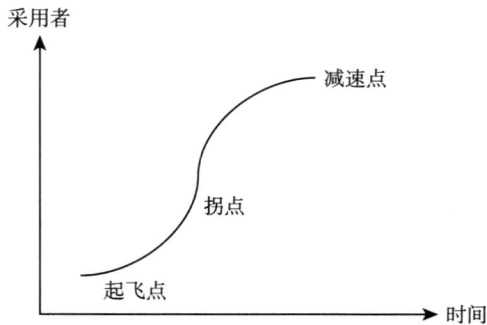

图 2-3　技术扩散曲线

农业绿色生产技术不仅能够增加农户农产品产量和品质，而且是实现农业绿色转型的重要举措，其核心目标是既能够保障消费者食品安全也能够实现环境友好型发展。农业绿色生产技术的扩散也是农业绿色新技术、新科技和新成果传播的过程，其起源于农业科研工作者的精心研发或者广大农户在实践过程中对传统技术的改进，通过社会传播渠道和多元化的技术培训渠道传递给广大农户，最终被农户不断实验和主动接受（刘笑明、李同升，2006）。当然，农业绿色生产技术也具有典型的周期性，最新的绿色生产技术往往被农业基础能力强、技术认知水平高和眼界思维宽广的种养大户、新型经营主体和合作社等采纳，伴随着这些群体收益的上升，普通小农户会逐渐模仿和主动获取农业绿色生产技术，更多的农户群体能够享受绿色生产技术带来的收益。但伴随着群体的逐步扩大，农业绿色生产技术逐渐被多数人采纳，采纳速率也会逐渐下降，最终被更高水平的其他农业绿色生产技术所替代。农户对技术采纳的动力机制分为推动力和牵引力，推动力主要源于政府或经济组织，牵引力主要源于经济激励。

三、参与电商对猕猴桃种植户绿色生产行为的影响机理分析

（一）参与电商对猕猴桃种植户绿色农产品价值感知的影响分析

猕猴桃种植户的绿色农产品价值感知是指猕猴桃种植户对经营绿色农产品预期净收益的感知，决定了其绿色生产意愿。在传统市场上，小农户在对接大市场过程中，由于存在信息不对称和销售不通畅问题，小农户生产出的绿色农产品往往难以获取高收益，这容易削弱小农户生产绿色农产品的信心。而随着互联网的发展，农村电商革新了农产品的市场交易方式，生产者与消费者对绿色农产品的价值感知也发生了变化：第一，电商市场下的消费者定制化生产日趋流行，绿色农产品需求者会直接与农户对接，绿色农产品价格与销路的稳定有效提升了农户绿色农产品价值感知（汪旭晖等，2020）；第二，电商平台不断加大对农产品质量的把控，农药残留检测、农产品质量追溯等体系日趋完善，绿色农产品的市场溢价能力逐步提高、产业链条得以延伸、附加值逐步提高，绿色农产品市场的优质优价将提升农户绿色农产品的生产意识（李晓静等，2020）；第三，传统小农经济根植于老一代农户心中，而在数字时代下猕猴桃种植户通过参与电商有更多的机会接触社会、更频繁地使用网络，能够通过互联网以较低成本、较少时间学习新知识和新技能，使得农户思想观念更加开放，更易准确评估绿色农产品的市场潜力（马俊龙、宁光杰，2017）。

（二）参与电商对猕猴桃种植户绿色生产技术采纳的影响分析

参与电商影响猕猴桃种植户生产行为的作用机制是多方面的，主要通过倒逼机制、激励机制发挥作用。

一是参与电商通过倒逼机制影响猕猴桃种植户绿色生产技术采纳。在传统销售模式中，农产品生产者与消费者在产销活动达成前在空间上相对分离，农产品生产者主要通过直接销售的方式销售给在田间地头收货的客商或销售给批发市场，而消费者主要通过上述渠道购买农产品，农产品生产者和消费者缺乏直接的互动、沟通和信息反馈机制，消费者对农产品的直接评价难以传递给生产者。但是，在电商销售模式下，农产品生产者通过微信、淘宝等平台销售绿色农产品给消费者，消费者可以借助平台聊天框实现与生产者的直接对话，消费者在交易前、交易中及交易后任何时间均可以与农产品生产者保持沟通交流。尤其是在交易完成后，消费者能够行使评价权利对农产品的品质进行文字和图片评价，并公开至农产品的销售平台，这些公开的评价信息最终会转化为电商主体的声誉，能够对其他消费者的购买决策产生重要影响，较好的评价信息能够促使消费者形成品牌忠诚度，并会带动更多的消费者光顾和回购，而较差的评价信息会严重影响农产品的销售，并最终影响到农产品生产者后续的收益。潘勇和乔晓东（2012）指出电商卖家的信誉分数对其商品的成交价格和交易量有正向影响，而负面评价对其会产生显著的负面影响。当前，在消费者维权更便捷的电商环境下，一方面，农产品电商为了获得更高的收益和更高的品质评级，电商经营者会为自己制定较高的行为预期框架，会主动要求参与电商的猕猴桃种植户采用绿色生产技术来提升农产品的质量，进而获得市场竞争力和消费者的青睐。另一方面，参与电商可以促使农产品生产者利用社会媒体、视频等手段与消费者密切互动，拉近与消费者之间的心理距离，而消费者通过网络不仅可以追溯农产品质量，降低对农产品质量的担忧，也减少了因信息不对称造成的道德风险。且参与电商必须遵守更为严格的食品安全法律监管，这要求农产品生产者更加积极地采用绿色生产技术提高产品质量，以满足消费者的高质量需求。

二是参与电商通过激励机制影响猕猴桃种植户绿色生产技术采纳。有学者指出农产品质量提升能够增加农产品的市场销售价格，最终形成的溢价激励能够显著促进农户采纳更高水平的生产方式，若市场形成的溢价越高，则对农户采纳高水平生产行为的激励作用越大（Goodhue et al.，2010；Saenger et al.，2013）。参与电商不仅可以降低农产品生产者和消费者的信息不对称，降低农产品销售者对市场信息的搜寻成本，还可以帮助消费者快速搜寻不同区域的高质、优质和绿色有机的农产品（Aker et al.，2011）。同时，相较于普通的农产品而言，优质、绿色、有机农产品在电商销售过程中更具有市场竞争力，其电商市场销售价格远高于普通市场的平均收购价，高昂的溢价激励将会在一定程度上促进农户更积极地将优质农产品投入电商渠道进行销售。对于农产品销售者而言，其为了增加农产品的销售数量和获得更多的经济利润，会更为主动的销售用绿色生产技术生产出的绿色农产品，并会对农产品进行分级分拣，将高质、绿色农产品销售至电商渠道以获得更高的收入。

（三）参与电商对猕猴桃种植户绿色生产转型的影响分析

农户绿色生产方式转型困难的主要原因是正向激励机制难以发挥效果，即农产品缺乏有效质量评级和绿色认证，难以获得市场竞争优势，使得高效的经济收益回报被割断，农户绿色生产方式转型意愿被削弱（薛宝飞、郑少锋，2019）。从生产端来看，首先，由传统农业生产方式向绿色有机化生产方式转变的过程中往往需要投入大量的人力物力，倘若实现绿色生产转型无法获得合理的经济回报，反而需要承担高昂的投入成本，则会导致农户绿色生产方式动力不足。其次，使用绿色生产方式经营的小农户受规模限制，单个农户不仅难以承担产品质量认证费用和维护费用，分散认证的绿色农产品在市场上认可度并不高，绿色认证农产品带来的溢价能力有限，农户难以获取较高的利润（李昊等，2017）。张云华等（2004）指出即使农产品品质和绿色化程度会因为使用无公害、低残留的农药获得提高，从而拥有更高的市场价值，但由于农产品市场发育不完全和质量检测体系不健全，绿色农产品的优质优价机制难以发挥作用，绿色农产品的经济效益的附加值并不能得到实现，此时缺乏经济激励的农户向绿色生产方式转变的意愿并不强烈。再次，在传统农产品销售中，农产品从生产到消费存在着流通环节冗余、交易主体过多、信息不对称等问题，农产品通常难以充分竞价（樊根耀、张襄英，2005）；加之受生产规模限制，小农户难以打造农产品品牌和实施产品认证，无法精准对接市场实际需求，面对极具不稳定性的市场，"增产不增收"现象时有存在，致使小农户对需要更高资本投入的绿色生产方式望而却步。然而，作为"互联网"主要表现形式的农产品电商发展对打破上述现实约束有了实质性突破（张在一、毛学峰，2020）。农户参与农产品电商销售不仅能够缩短生产者与消费者的空间距离和购买时间，减少中间商参与环节，降低交易成本，提升农户经济收益（鲁钊阳、廖杉杉，2016），而且农产品电商的持续发展要求农产品逐步向规模化、集约化、标准化靠近，即农产品质量安全需要达到电商销售平台的准入门槛才能从中获得相应收益，这会引导猕猴桃种植户及时调整投资策略，选择优质高产的种植品种和使用节本增效的绿色生产技术，实现农业绿色生产转型（李晓静等，2020）。综上所述，参与电商带来的溢价效果有助于激励农户绿色生产转型。

从消费端来看，随着经济增长和收入水平的提升，城乡居民的消费观念已经从吃得饱向吃得好、吃得安全转变。然而，在传统销售渠道中，农产品从生产者传递至消费者的过程中存在过多信息失真的问题，且由于农业生产者与消费者存在空间分离的特性，二者缺乏有效的互动沟通机制和有效的信息反馈机制，导致消费者并不能有效分辨农产品的品质优劣，而农户也不能及时获取消费者的真实需求，最终产生供需矛盾（许竹青等，2013）。然而，互联网等信息技术的快速发展为居民消费升级和农户农产品销售扩张提供了新的契机，互联网具备的开放共享和快速便捷特性正逐步更新居民的消费理念，拓宽居民的消费边界，使消费者的消费能力逐步增强、消费结构向更高层次转化（冉建宇、童洪志，2021）。就农产品消费而言，消费者对农产品的需求从追求数量满足型转向品质、绿色安全满足型，消费者对消费需求的绿色转型有助于引导和倒逼农产品生产者由传统生产方式向绿色生产方式转型，保障更加优质的绿色农产品供给来满足市场提档升级的消费需求（王可山等，2020）。长期以来，广大农村形成了两种具有代表性的农产品电商销售模式，一种是农户在淘宝、京东等电商平台上开设网店销售农产品的平台电商模式，另一种是农户借助微信、微博和直播平台等社交工具销售农产品的社交电商模式。在平台电商模式下，电商平台的在线留言、产品评论等信息披露和反馈评级机制，能够引导农业生产者积极采纳绿色生产方式提供更高质的农产品，从而获得良好的声誉溢价（张在一、毛学峰，2020）；而在社交电商模式下，农业生产者与消费者可以实现直接对话和实时动态互动，消费者可以深入了解产品的形态与属性，在交易前后均可以与农业生产者随时沟通和交流，更易建立生产者与消费者间的亲密关系链，且通过客户间和亲友间的分享推广，更容易实现农产品的口碑宣传（戴国良，2019）。社交电商模式更为依赖关系网络衍生的社会信任机制，不仅可以规范生产者的生产行为，激励生产者主动按照绿色的理念进行绿色化生产，且社交网络间交流互动实现了绿色技术和生产方式的快速扩散，能够缩小技术采用的交易成本，进而有效提升农户绿色生产转型的意愿（Lai and Li，2002）。

（四）参与电商对猕猴桃种植户绿色生产绩效的影响分析

首先，参与电商会提升猕猴桃种植户绿色农产品价格，从而提升猕猴桃种植户绿色生产绩效。在传统销售模式下，农产品价格话语权的形成主要依靠在田间地头和交易集市同收货商的讨价还价，基本难以直接同消费者面对面协商形成最终成交价格（陈秀兰等，2019）。绿色农产品从田间收获后进入流通市场最终到消费者的餐桌会经历多个流通环节，此时农产品的成交价格经过流通主体的多层加价，会远高于初次销售的价格（潘建伟等，2018），而农产品生产者依旧处于价格形成的最底层，成为价格的接受者，其收益并未发生明显变化，消费者还需要支付更高的价格购买优质绿色农产品。但是，在电商销售模式下，农户参与电商实现了其与消费者的直接对接，显著提高了市场交易效率和降低了农产品的交易成本，农产品生产者不仅能够直接掌握产品需求和市场价格信息，避免因为信息不对称带来的收益损失（Yang et al.，2009），而且能够减少由于流通环节过多带来的利益剥削，最终会以较高的市场价格成交，这会明显增加农民的收益水平（郭美荣等，2017；王瑜，2019）。因此，农户参与电商可以通过去中间商的功能，使更多经济利润回流至农产品生产者手中，进而有效提升农业生产者的生产绩效。

其次，参与电商会降低市场风险，保障猕猴桃种植户绿色农产品销量，从而提升猕猴桃种植户绿色生产绩效。在传统销售渠道下，由于农户受教育水平较低，信息搜集能力较弱，其获取农产品价格及产量等信息比较滞后，大多根据过往经验以及别人的经验进行交易，在整个市场交易过程中往往处于被动地位，受市场风险的冲击较大，收益并不高。但在电商发展驱动下，农户转向"线上＋线下"相结合的多元销售模式，能够有效降低市场不确定性风险，实现销售渠道的多元化，提升猕猴桃种植户绿色生产绩效。

最后，参与电商会促使猕猴桃种植户调整生产策略，优化资源配置，提升生产技术效率。与传统销售模式相比，参与电商能够及时反馈消费者多样化的需求信息，还可以通过预售方式有效评估市场需求，农业生产者可以根据市场需求及时调整生产策略，优化种植规模与品种，进而提升猕猴桃种植户绿色生产绩效。

四、本章小结

本章首先在厘清生鲜农产品、猕猴桃种植户、农产品电商、农产品电商模式及绿色生产技术采纳等相关概念内涵和外延的基础上，明确本书的研究对象；其次在农户行为理论、交易成本理论、信息不对称理论、农业技术采用理论等理论体系分析基础上，对参与电商对猕猴桃种植户绿色农产品价值感知、绿色生产技术采纳、绿色生产转型、绿色生产绩效的影响机理进行剖析，为后续实证检验奠定了坚实的理论基础（图 2 - 4）。

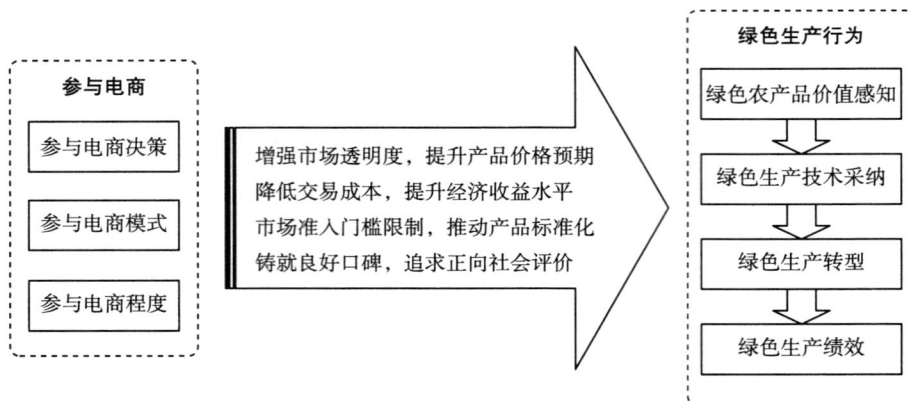

图 2 - 4　参与电商对猕猴桃种植户绿色生产行为影响的机理

第三篇　现　状　篇

第三章 样本区猕猴桃种植户参与电商现状及影响因素分析

一、猕猴桃种植户参与电商现状分析

（一）全球及中国猕猴桃产业发展现状

1. 全球猕猴桃产业发展现状

21 世纪以来，全球猕猴桃产业进入快速发展阶段，世界范围内生产及贸易规模均得到显著提升，全球猕猴桃产业发展状况主要呈现以下特征：

（1）全球猕猴桃生产规模稳步提升。据统计，到 2018 年底，全球猕猴桃总种植面积在 26 万公顷以上。根据联合国粮食及农业组织（FAO）对猕猴桃种植面积的统计数据进行分析（图 3－1），全球猕猴桃总种植面积由 2009 年的 168.66 千公顷扩大至 2018 年的 247.11 千公顷，平均增长率为 4.65%，种植面积整体呈现上升趋势。伴随着种植面积的增长，全球猕猴桃总产量也在同步攀升，由 2009 年的 2 792.54 千吨上涨至 2018 年的 4 022.15 千吨，上涨绝对量为 1 229.61 千吨。从单位面积产量来看，2009 年以来，猕猴桃单位面积产量经历了先波动上升、再下降、又持续上升的趋势，其中单位面积产量最高出现在 2009 年的 16.56 吨/公顷，最低出现在 2013 年的 14.43 吨/公顷，近 10 年来猕猴桃的单位面积产量稳定在 16.00 吨/公顷左右。从猕猴桃种植面积和产量数据来看，猕猴桃产业在全球范围内的生产规模整体上均得到迅速发展和提升。

（2）全球猕猴桃产业空间布局优势突显。猕猴桃主产国有 20 余个，从全球猕猴桃种植分布来看，中国作为猕猴桃最主要的生产国家，其种植面积远远超过意大利、新西兰、智利、法国等国家种植面积总和。意大利是除中国外第二大猕猴桃主产国，其种植面积约占全球总种植面积的 10% 以上。另外，排名较前的四个国家分别是新西兰、智利、希腊和伊朗，其猕猴桃的种植面积均占全球总种植面积的 3% 以上（表 3－1）。同时，世界上猕猴桃种植面积排名

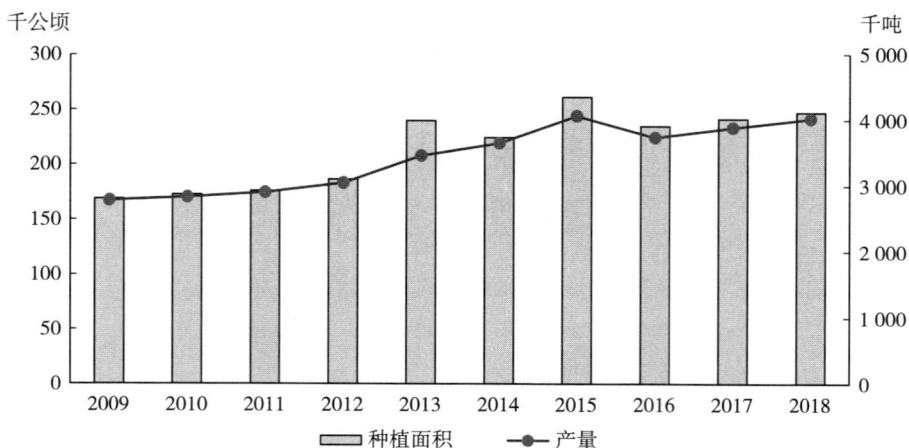

图 3-1　2009—2018 年全球猕猴桃种植面积及产量

数据来源：联合国粮食及农业组织（FAO）。

前十位的国家，其猕猴桃种植面积之和占全球总种植面积的比重维持在 97%以上，且从 2009 年至 2018 年呈现明显的波动上升趋势，表明这些国家对猕猴桃种植规模的主导作用进一步加强。从猕猴桃产量而言，除中国以外，世界上猕猴桃产量最高的国家是意大利，其产量占世界总产量的比重维持在 13% 左右，其次是新西兰，维持在 10% 左右。同样地，猕猴桃种植面积排名前十位的国家，其猕猴桃产量之和占全球总产量的比重也均维持在 97% 以上，这些国家也基本引领了世界猕猴桃产业发展的趋势，在世界猕猴桃果品市场起着重要的主导作用。

（3）全球猕猴桃进出口贸易总额持续上涨。由于全球范围内猕猴桃栽培较为广泛，不同国家间猕猴桃产品具有互补性和替代性。南半球猕猴桃主要成熟期集中在 4—6 月份，而北半球集中在 9—11 月份，地理位置和品种结构的差异造成猕猴桃国际贸易较为发达。如图 3-2 所示，自 2000 年以来，全球范围内猕猴桃进口总量和出口总量均呈现良好的波动增长态势，进口总量由 2000 年的 59.31 万吨上涨至 2017 年的 128.58 万吨，增长近 2.17 倍；出口总量由 2000 年的 75.75 万吨上涨至 2017 年的 147.61 万吨，增长近 1.95 倍。2000 年至 2017 年，全球猕猴桃总进口量均显著低于全球猕猴桃总出口量，从 2008 年起，全球猕猴桃总进口量和总出口量均开始高于各自均值。这表明，现今全球猕猴桃贸易正处于蓬勃发展阶段，贸易发展潜力还在持续增大。

表 3-1 2009—2018 年全球猕猴桃主产国种植面积和产量全球占比状况（%）

国家	类别	2009 年	2010 年	2011 年	2012 年	2013 年	2014 年	2015 年	2016 年	2017 年	2018 年
中国		56.32	56.86	56.87	59.03	67.38	64.70	69.59	67.04	67.56	67.99
新西兰		7.88	7.57	7.43	6.85	5.20	5.39	4.53	5.06	4.85	4.68
意大利		14.60	14.32	14.18	13.06	10.73	11.08	10.45	10.33	10.20	10.06
智利	猕猴桃种植面积占全球种植面积比重	6.40	6.34	6.21	6.39	4.63	4.74	3.72	3.78	3.61	3.51
希腊		2.74	2.85	2.92	2.82	2.30	3.01	2.89	3.44	3.48	3.86
法国		2.39	2.35	2.26	2.11	1.60	1.71	1.45	1.61	1.58	1.54
美国		1.01	0.99	0.97	0.80	0.66	0.74	0.60	0.64	0.74	0.64
伊朗		3.79	4.02	4.56	4.36	3.77	4.54	3.23	3.96	3.92	3.69
日本		1.41	1.33	1.28	1.20	0.91	0.96	0.80	0.87	0.83	0.71
葡萄牙		0.91	0.92	0.90	0.91	0.89	1.01	0.88	1.01	1.10	1.11
总计		97.45	97.54	97.58	97.53	98.06	97.88	98.14	97.76	97.86	97.80
中国		44.76	44.06	43.17	47.60	51.04	50.42	53.81	51.64	51.11	50.60
新西兰		13.84	15.30	14.45	12.33	11.48	11.05	9.97	10.91	10.57	10.30
意大利		16.03	14.66	14.84	12.61	13.11	13.89	14.72	14.00	13.92	13.98
智利	猕猴桃产量占全球产量比重	8.13	8.62	8.86	9.22	7.71	7.16	6.12	6.09	5.86	5.72
希腊		3.15	3.17	3.62	3.87	3.09	3.66	3.68	4.37	5.21	6.60
法国		2.69	2.54	2.57	2.20	1.80	1.65	1.65	1.75	1.40	1.32
美国		0.83	1.05	1.18	0.97	0.72	0.71	0.47	0.69	0.78	0.85
伊朗		5.84	6.33	7.15	7.12	7.26	8.19	6.29	7.18	7.06	6.62
日本		1.25	0.93	0.90	0.98	0.88	0.87	0.68	0.68	0.77	0.63
葡萄牙		0.96	0.84	0.81	0.67	0.62	0.50	0.70	0.56	0.91	0.85
总计		97.49	97.50	97.54	97.56	97.71	98.10	98.08	97.87	97.61	97.47

数据来源：联合国粮食及农业组织（FAO）。

2. 中国猕猴桃产业生产与贸易状况

中国猕猴桃产业的发展可追溯到 20 世纪 70 年代末，产业规模由原有的小规模分散经营逐步发展为标准化、产业化、规模化经营。伴随着消费需求的逐渐升级、消费结构不断调整，我国水果市场经营规模不断扩大，市场空间广阔，猕猴桃具有的营养价值高、健康安全的特性逐渐得到市场认可，销量也不断扩大，致使猕猴桃生产规模持续提升。中国猕猴桃产业生产与贸易状况主要呈现以下特征：

（1）中国猕猴桃生产规模稳步提升。据统计，2018 年中国猕猴桃种植面

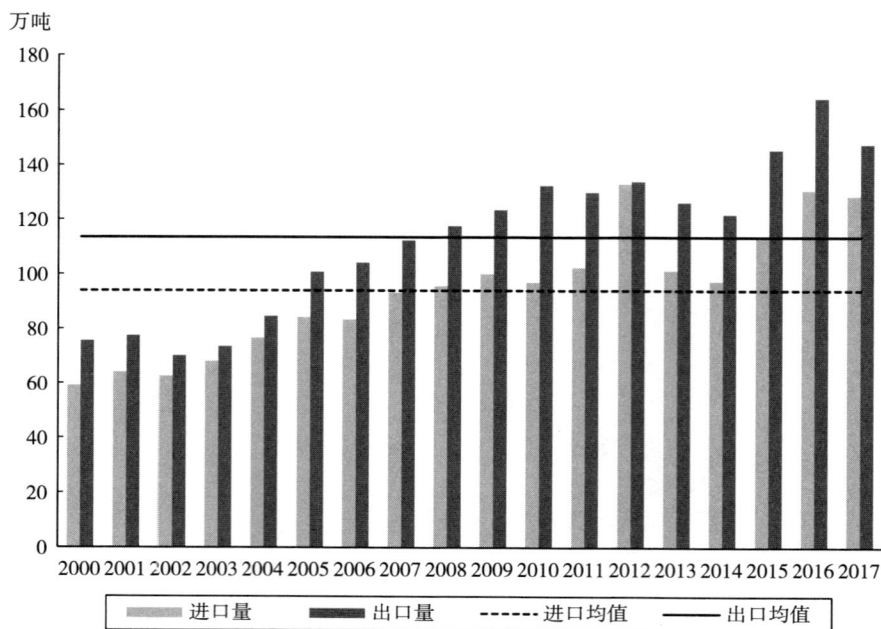

图 3 - 2 2000—2017 年全球猕猴桃进出口贸易总量

数据来源：联合国粮食及农业组织（FAO）。

积达到 17.60 万公顷，同比增长 6.22%（图 3 - 3）。同时，2006 年至 2018 年，中国猕猴桃种植面积增长了 3 倍，成为世界上猕猴桃种植面积最大的国家。从猕猴桃产量来看（图 3 - 4），从 2011 年到 2018 年的近 10 年间，中国猕猴桃产量整体保持较高水平的增长。2018 年，中国猕猴桃总产量达 215.50 万吨，约占全球猕猴桃总产量的 50%，可见中国猕猴桃播种面积大、产量维持稳态，变化幅度相对较小，领先于其他猕猴桃种植国家。但是，从 2011 年至 2018 年，中国猕猴桃单位面积产量维持在 12 吨/公顷左右，远远低于新西兰和意大利的单位面积产量，这表明中国猕猴桃生产规模依旧存在较大的提升空间。

（2）中国猕猴桃主产区已逐步形成。图 3 - 5 显示，猕猴桃种植面积较高的省份依次为陕西省（111.7 万亩*）、四川省（55 万亩）、重庆市（20 万亩）、贵州省（16 万亩）、湖南省（16 万亩）、湖北省（15 万亩）、河南省（12 万亩）。根据省份的地理分布状况可将中国猕猴桃产业布局划分为如下几类：陕西秦岭北麓山区；四川大巴山南麓山区及龙门山区；贵州苗岭乌蒙山区；湖

---

* 亩为非法定计量单位，1 亩=1/15 公顷。——编者注

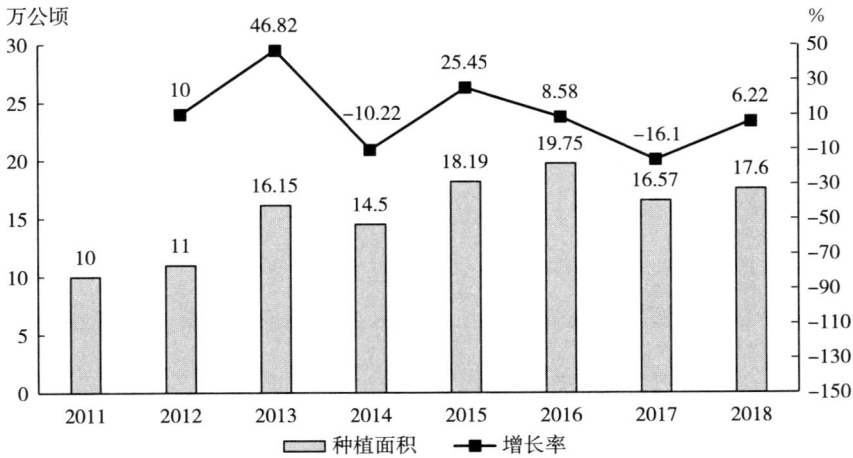

图 3-3　2011—2018 年中国猕猴桃种植面积及其增长率
数据来源：联合国粮食及农业组织（FAO）。

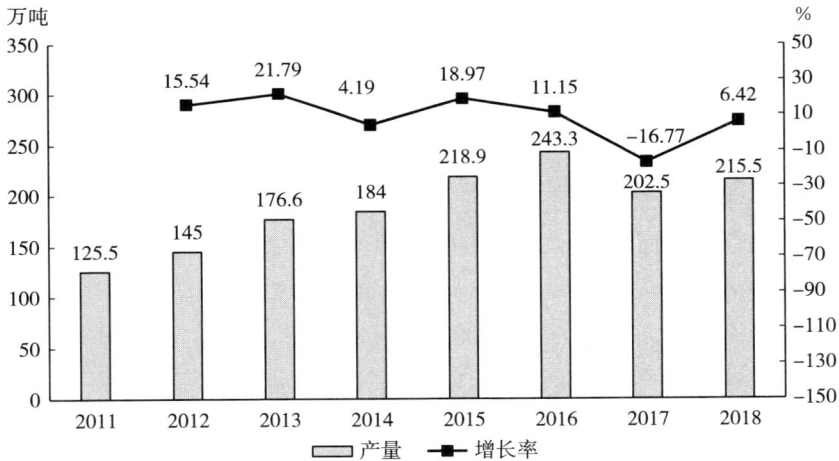

图 3-4　2011—2018 年中国猕猴桃产量及其增长率
数据来源：联合国粮食及农业组织（FAO）。

南、湖北交界武陵山区；河南的伏牛山、桐柏山等大别山区。另外，在浙江、广东、江西、福建等地区也有小部分种植（吴永红、李辰 2013；郭耀辉等 2020）。

（3）中国猕猴桃贸易规模持续扩大。根据海关数据显示（图 3-6），出口方面，2009—2019 年的 11 年间，中国猕猴桃出口总量不断增加，呈上升的趋

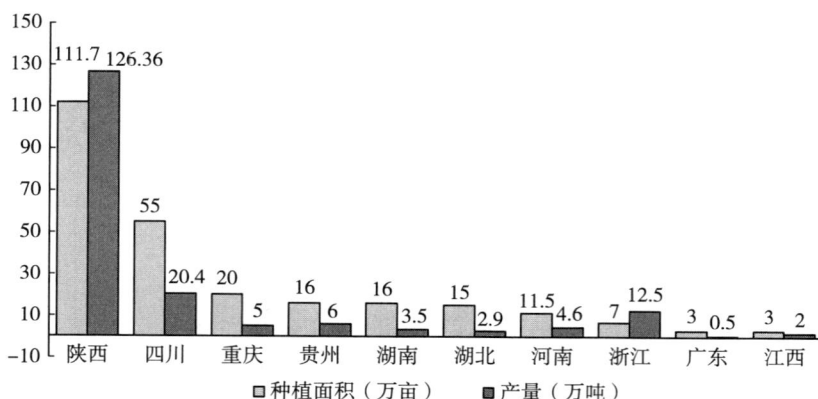

图 3-5　2018 年中国猕猴桃主产区种植面积及产量

数据来源：联合国粮食及农业组织（FAO）。

势。其中，2019 年的出口量为 0.89 万吨，相较于上年增长 0.24 万吨。但就实际而言，中国是世界最大的猕猴桃主产地，产量约占全球总产量的 50%，而猕猴桃出口总量却年均不到 1 万吨，年出口规模虽然扩大，但距成为猕猴桃出口强国还有很大的差距。主要原因在于中国猕猴桃生产质量良莠不齐，高端、优质果品占比较小，与之相对应的冷链物流能力不足，致使猕猴桃在流通过程中存在较大损耗。此外还存在着品牌创建以及影响力不足等问题，例如现有品牌中的"佳沃""悠然"等，其综合影响力与新西兰品牌"佳沛"无法匹敌。进口方面，近年来中国猕猴桃的进口总量呈现急速上升的态势，2009 年猕猴桃进口总量仅为 2.68 万吨，到 2019 年已增长至 12.91 万吨，增长近 3 倍有余。这表明国内猕猴桃市场缺口依旧较大，居民对国内猕猴桃认知水平普遍较低，对国外高质量猕猴桃的需求量在持续扩张。因此，随着全球化进程的加快，我国猕猴桃企业不仅需要加强科技创新，打造国际知名品牌，拓宽海外市场，也要充分重视国内消费市场的需求，提升居民对国内猕猴桃品牌的认知，从而满足国内消费者对多样化、高品质猕猴桃的需求。

（二）中国电子商务和农村电商的发展历程分析

1. 中国电子商务的发展历程

（1）萌芽期（1998—2002 年）。此阶段主要是中国电子商务发展的萌芽阶段，电子商务在此阶段主要用于商业信息推广、客户沟通交流甚至用于商业宣

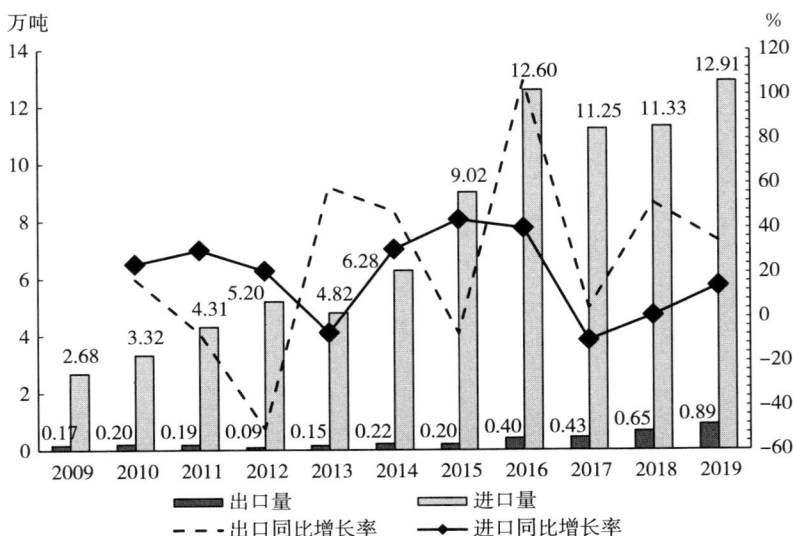

图 3-6 2009—2019 年中国猕猴桃贸易数据

数据来源：基于中国海关数据整理得来。

传等方面，此时电子商务的发展并未形成固定的发展模式，以小规模电商企业和网站电商零星分布为主，这些电商企业业务方式单一，技术管理手段较为落后，主要采纳宽带网络和搜索引擎作为关键技术，其受众并不是广大居民，而是生活水平好、学历水平高的小范围民众和部分商业精英人士。但是，此阶段也是电商发展的交汇阶段，既伴随部分电商蓬勃发展，也伴随着许多小微电商消亡。在激烈的碰撞中，部分电商在艰难中存活下来，但部分电商也由于技术有限、资本匮乏和思路较窄走向死亡。此阶段出现了许多标志性的事件：1998年浙江电视台播送中心王轲平与世纪互联通信技术有限公司完成中国第一笔互联网电子交易；同年 10 月，国家经贸委和国家信息产业联合部为了建立具有中国特色的电商贸易体系，推动企业发展电子商务交易，联合启动了著名的"金贸工程"，力争 5 年实现全国大部分企业能够开展电子业务；同年 11 月，目前中国最大的互联网综合服务提供商之一的腾讯企业成立。1999 年 5 月，中国第一个从事 B2C 电子商务的标志性企业 8848 网应运而生；同年 8—11月，中国首届国际电子商务应用博览会成功举办，全球批发贸易市场阿里巴巴成立；同年 10—11 月，中国著名的旅游网站和购物网站携程和当当成立，许多小微企业仿佛看到了商机纷纷加入电子商务发展的快车道，1999 年国内创建 370 多家 B2C 电商企业，到 2000 年数量扩展一倍，拥有近 700 余家 B2C 电商企业，2001 年 13 所大学试办电子商务专业。然而，好景不长，伴随美国互联网泡沫的破灭，中国电商开始迈入寒冰时期，2002 年网易公司被停牌，8848 网拖欠供应商货款濒临倒闭，资本再次远离和逃离互联网，或许正是在冷热交汇阶段，也促使部分电子商务企业在困境中突破自我、寻找机遇，也为电子商务的发展探明了方向。

（2）成长期（2003—2007 年）。此阶段是中国电商的成长期，经过萌芽期的发展，电子商务业务开始呈现由企业服务向个人服务的拓展，受众开始由小规模企业和高学历商务人士逐步向全国范围的居民普及，电商产业的发展不再是无序零星发展，开始向部分电商大企业集聚，大量资本涌入中国电商。更为重要的是，此阶段电商发展技术由搜索式引擎技术向在线支付等关键技术转变，大量物流配套设施的兴建也为电商发展奠定坚实基础，中国互联网发展开始找到适合自己的发展路径和盈利发展模式，大量基于互联网开发的电子网络游戏、购物网站和社交娱乐应运而生。据中国互联网信息中心公布的数据显示，截至 2007 年 12 月，我国网络零售交易规模 561 亿元，电商网站数量占网站总数的 30% 左右，应用电子商务的企业会员数量开始明显增加，且不少电子商务网站开始出现收支平衡。在此阶段出现了许多标志性事件：2003 年，中国目前电商史上最为重要的两家电商企业淘宝网和京东相继成立；同年 6 月中国最大的 C2C 平台易趣网被 eBay 全盘收购；10 月阿里巴巴推出了现在最火的交易工具之一支付宝；12 月份慧聪网在香港创业板成功上市。2005 年阿里巴巴将雅虎收购，腾讯依托其 5.9 亿客户推出了拍拍网，形成了 eBay、拍拍和淘宝三足鼎立的形势。与此同时，国务院也多次下发文件，支持电子商务的发展，商务部也发布文件促进电商交易的规范发展，从政策层面为电子商务的发展提供了有力保障。

（3）爆发期（2008—2012 年）。此阶段是电商发展的大爆发时期，我国电子商务发展引发的经济变革和产业变革极大地改变了商业形态、产业业态和消费方式，我国开始形成了具有中国特色的网络交易方式，网民数量和快递行业开始呈现爆破式增长，电商企业争夺消费者的方式呈现多元化，且企业间的竞争呈现白热化的态势，电子商务生态系统开始逐步完善，平台化趋势也愈加明显。当然，在此阶段金融危机席卷全世界，电子商务对外贸易受到严重干扰，许多小微电商企业逐步关闭并退出电商行列。在外部环境趋紧的情况下，国内销售市场成为电商发展的主战场，C2C、B2C 和 B2B 开始成为我国电商购物交易市场的主流商业模式。根据中国互联网信息中心公布的数据显示，截至 2008 年 6 月，中国网民规模首次超越美国，达到 2.5 亿人左右，成为世界上

"互联网人口"最多的国家。同时，根据中国 B2B 的数据显示，中国 2008 年电子商务市场交易额高达 3.1 万亿元左右，2009 年上半年网购在线交易额突破千亿元，同比 2008 年上半年增长 95％左右。此阶段，电子商务真正成为中国现代服务业的重要组成部分，已经开始逐步迈向跨国电子商务大市场，电子商务迈入高速发展的序列。在此阶段出现了许多标志性的事件：2008 年 7 月，在陕西西安举办了首次以电子商务生态为主题的学术研讨会，电子商务开始成为学界探讨的热议话题；同年，世界第一款安卓手机和支持 3G 的 iPhone 发布，为居民实现网购提供了更加便捷的方式和渠道；电商"领头羊"淘宝依然保持高速增长，至 2009 年交易额达到 2 083 亿元，成为中国最大的综合卖场。2009 年，中国当当网公开宣布其企业平均毛利率高达 20％，成为国内首家能够全面盈利的电商企业；同年 8 月，浙江省金华市被中国电子商务协会授予"中国电子商务应用示范市"。2010 年，一直以自营电商为主的京东也逐步更改电商经营策略，开始运营第三方卖家平台。一年以后，著名的电商手机企业小米应运而生，智能手机的广泛应用将卖家与买家的距离拉近，为电子商务平台提供了广阔的市场。此时，中国电商行业已经初步超越欧盟、日本和韩国等发达经济体和国家，甚至开始在部分领域超越美国。

（4）整合期（2013 年至今）。此阶段电商已成长壮大，电子商务发展真正成为国家经济发展的重要助推器，不再是出现爆发式增长和毁灭式消亡的状态，开始呈现整合发展的特征。电子商务的发展开始逐步向工业、服务业和农业渗透，受众规模从国内居民突破到全球居民，以手机 App 和二维码等关键技术为支撑的内容电商、社交电商成为主流业态，多元化和生活化的交易内容成为主流消费形式，跨境电商和农村电商此时也逐渐壮大，综合电商格局已经初步形成。根据国家统计局数据显示，2013 年中国电子商务交易额高达 10.4 万亿元，2018 年增长至 31.63 亿元，电子商务交易额增长近 3 倍。同时，2018 年全国网上零售额高达 9 万亿元，跨境电商出口额高达 561.2 亿元，带动近 4 700 万人从事电子商务行业。电子商务的竞争在深度和广度上进一步拓展，电商服务业开始出现，大数据、云计算、人工智能和虚拟现实等数字技术开始重塑电商业态结构和电商生态圈，为电子商务产业创新提供强有力的技术支撑，电子商务也逐渐走向规范发展和转型升级阶段。在此阶段也出现了许多标志性的事件：2013 年，微信支付与财付通推出了与支付宝竞争的微信支付，在不到 5 年的时间里，交易额从 1 000 亿元增长到 8.5 万亿元。2014 年腾讯入股京东，京东和阿里巴巴先后上市，整个中国电商领域的马太效应进一步加剧。2018 年，今日头条用户达到 7 亿，抖音日均播放量达 10 亿。2019 年《电子商务"十三五"发展规划》和《中华人民共和国电子商务法》颁布，电子商务发展有法可依，有规可循。

2. 农村电商的发展现状

目前国内农村电商在政策层面和市场层面逐步加码，呈现出较好发展态势，具体而言主要表现为：

（1）政府支持力度持续加大，引导农村电商规范发展。农村电商的快速发展离不开政府政策的有序引导。2014 年中央 1 号文件首次提出"加强农产品电子商务平台建设"，奠定了发展农村电商的基础。2015 年中央 1 号文件指出支持电商、物流、商贸、金融等企业参与涉农电子商务平台建设。2016 年中央 1 号文件重点提出鼓励大型平台开展农村电商服务，健全农村电商服务体系。2017 年中央 1 号文件将农村电商单独列出并予以强调，提出推进农村电商发展，促进新型农业经营主体、加工流通企业与电商企业全面对接融合，推动线上线下互动发展。2018 年中央 1 号文件指出大力建设促进农村电商发展的基础设施，创新发展新型农业产业模式，实施电子商务进农村综合示范，加快推进农村流通现代化。2019 年中央 1 号文件提出实施数字乡村战略，继续开展电子商务进农村综合示范，实施"互联网＋"农产品出村进城工程，并将县乡村物流网络和冷链物流体系等作为村庄基础设施建设的重要内容加以推动。2020 年中央 1 号文件再次强调加强发展农村电商，做好农产品冷链物流统筹规划，做好乡村物流服务网络延伸。扩大电子商务进农村覆盖面，加强村级电商服务站点建设，推动农产品进城、工业品下乡双向流通。2016 年阿里巴巴推出"盒马鲜生"，象征着农产品电商与新流通、新零售业态的进一步融合。当前，农产品电商已呈现出全面融合发展的趋势。从政策上来看，自 2014 年起中央开始关注农村电子商务，此后在历年中央 1 号文件中多次强调并要求推进其发展。在此背景下，许多企业加大在农资电商、农业信息化、农村互联网金融等领域的投资。农业产业化龙头企业作为连接农民和市场的纽带，作为小农户与现代农业有机衔接的实现形式，作为推动农业发展的重要部分，对促进农业产业体系、生产体系、经营体系发展完善都起着至关重要的作用。

（2）电商巨头进驻农村市场，农村电商发展质量提档升级。在电商政策不断推进过程中，各大电商巨头开始进驻农村市场。2014 年 11 月，京东启动了农村电商项目，并创建了"京东帮服务店"模式。2016 年 1 月，京东与国务院扶贫办签署了《电商精准扶贫战略合作框架协议》，对农村电商展开新的部署。阿里巴巴启动千县万村计划，预计建设 1 000 个县级运营中心和

10 万个村级服务站，阿里巴巴还推出"农村淘宝"栏目，助推农资、汽摩配件等农村电商的发展。2014 年，苏宁云商集团建立苏宁易购服务站，计划建立 1 万家覆盖全国 1/4 的乡镇服务站。电商巨头的加入，为农村电商发展注入新的活力。截至 2016 年 11 月，京东已经拥有 1 700 余家县级服务中心，覆盖全国 1 700 多个区县；开设 1 600 多家"京东帮服务店"，服务覆盖 44 万个行政村。

（3）农村网民规模持续增加，农村居民参与度日渐上升。据统计，我国农村地区互联网普及率逐步上升，2006 年为 3.1％，2011 年为 20.7％，2016 年为 33.1％，2019 年增长到 46.2％，可以发现每个阶段均增长 10％以上（图 3-7）。

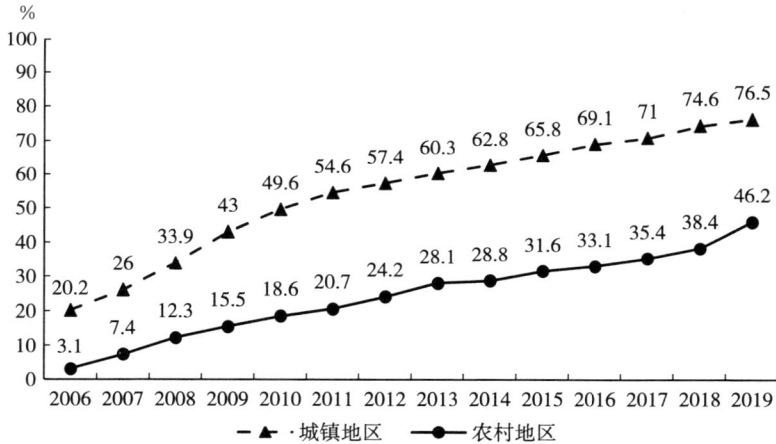

图 3-7 2006—2019 年城乡地区互联网普及率
数据来源：中国互联网络信息中心。

随着政策的推进、电商巨头的进驻，农村电商逐渐渗透到农村居民生产生活中，农村网民规模持续增加，农村居民电商参与度日渐上升。据国家网信办统计数据显示，截至 2018 年底，中国农村网民规模为 2.2 亿，占整体网民的 26.7％，较 2017 年底增加 1 291 万人，增长率为 6.2％，可见农村网民规模持续增加（图 3-8）。此外，根据《中国农村电子商务发展报告》统计数据显示，2018 年中国农村网络零售额达到 1.37 万亿元，同比增长 30.4％（图 3-9），比全国网络零售额增速高 6.5 个百分点，占全国网络零售额的 15.2％。农产品网络零售额达到 2 305 亿元人民币，同比增长 33.8％。可见，农村电商规模稳步提升。

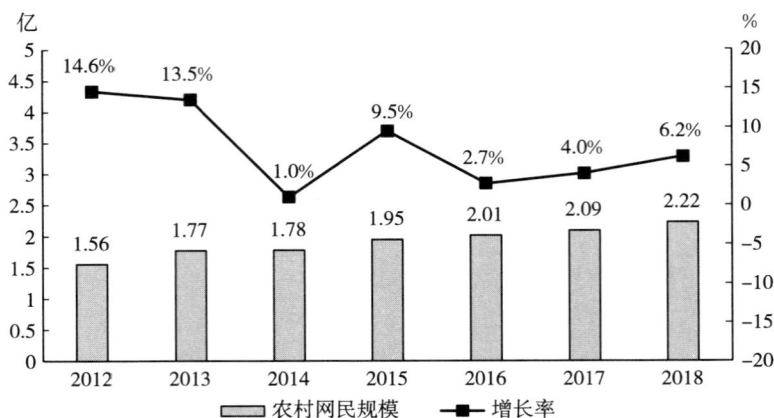

图 3-8 2012—2018 年中国农村网民规模及增速

数据来源：中国互联网络信息中心。

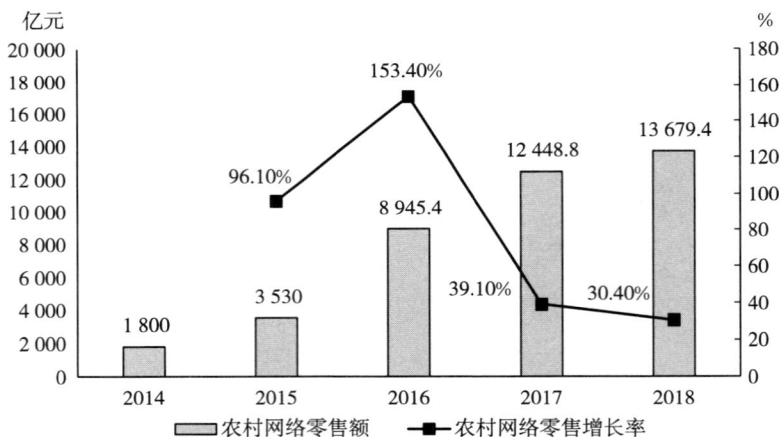

图 3-9 2014—2018 年中国农村网络零售额

数据来源：商务部。

（三）数据来源与样本描述

1. 数据来源

本书数据来源于"陕西省猕猴桃产业体系"课题组 2018 年 9—10 月对四川、陕西两省猕猴桃主产区农户开展的实地调研。从中国猕猴桃主产区种植面积及产量（图 3-5）可以看出陕西、四川的种植面积和产量较高，两者种植面积约占全国猕猴桃主产区总种植面积的 60%，两省的产量约占全国猕猴桃主产区总产量的 80%，是我国重要的猕猴桃主产区。陕西省猕猴桃大面积推广种植始于 20 世纪 80 年代，主要分布在西安市周至县、宝鸡市眉县、咸阳市武功县，以徐香、海沃德、翠香、亚特、秦美为主要品种，在全国范围内种植面积与产量历年来稳居第一。四川省猕猴桃大面积推广也开始于 20 世纪 80 年代，主要产区为广元市苍溪县、成都市的都江堰市和蒲江县，主要经营品种为红阳、金艳、东红等，种植面积及产量位居全国第二。基于此，以这两省为研究区域，能反映中国猕猴桃产业的基本发展状况。调查过程遵循分层逐级抽样和随机抽样相结合的原则，具体抽样过程是：首先，按照县（市）的猕猴桃产业规模抽取 3～5 个乡镇；其次，在每个乡镇中随机选取 3～5 个村；第三，在每个村随机抽取 8～12 户猕猴桃种植户；最后，在每个抽中的农户家庭选择一名熟悉家庭情况的成员进行一对一面访调查。本项目共调查 110 个村，收回有效问卷 1 036 份，区域样本分布状况如表 3－2 所示。农户层面调查内容包括农户家庭人口结构、收支状况、农业生产状况及农户电商销售状况等，村级层面调查涉及村庄人口结构、经济发展状况、绿色生产状况及电商推广现状。

表 3－2　区域样本分布概况

项目	陕西省			四川省			合计
	眉县	周至县	武功县	蒲江县	都江堰市	苍溪县	
农户样本数（户）	291	299	145	91	110	100	1 036
占比（%）	28.09	28.86	14.00	8.78	10.62	9.65	100

2. 样本描述

为了准确刻画样本猕猴桃种植户的基本分布状况，本部分从户主的年龄、受教育程度、经营规模、家庭年收入、种植专业化、家庭劳动力数量、家中是否有村干部、是否加入合作社等方面对样本猕猴桃种植户的基本特征进行描述性统计分析（表 3－3）。

（1）户主年龄方面，户主年龄普遍偏高。其中，户主年龄在 51～60 岁的家庭最多，有 440 户，占比为 42.47%；户主年龄在 61～70 岁的家庭次之，占比为 28.38%；户主年龄在 41～50 岁的家庭占比为 21.04%；户主年龄在 70 岁以上的家庭占比为 6.18%；户主年龄在 31～40 岁的家庭占比为 1.83%；户主年龄在 30 岁以下的占比仅为 0.10%。

（2）户主受教育程度方面，户主的受教育程度多以小学和初中为主。初中层次（7～9 年）的家庭有 446 户，占有效样本的 43.05%；其次是小学层次（1～6 年），占比为 36.78%；高中层次（10～12 年）占比为 13.80%；未上过学（0 年）的占比 4.83%；仅有 1.54% 的户主受教育程度达到大专及以上水平（12 年以上）。

（3）家庭年收入方面，样本农户的家庭年收入较低。从收入分布来看，年收入在 5 万～10 万元的家庭占比较高，为 37.07%；家庭年收入在 0～5 万元与 10 万～15 万元的家庭占比相当，分别占总样本的 23.17% 和 23.65%；而收入达到 15 万元以上的占比较低，仅占有效样本的 16.12%。可见猕猴桃种植户之间家庭年收入差别较大。

（4）种植专业化方面，猕猴桃种植户对猕猴桃种植收入的依赖度较高。本书使用猕猴桃种植收入占家庭年收入的比重来刻画种植专业化，从数据分布看，种植专业化在 50%～75% 的有 508 户，占比为 49.03%。可见有接近半数的猕猴桃种植户家庭收入的主要来源是猕猴桃种植收入。

（5）经营规模方面，猕猴桃种植户经营规模普遍较低。猕猴桃种植户经营规模以 4～8 亩居多，占有效样本的 47.97%；其次是经营规模在 4 亩以下的，占比为 38.90%；经营规模在 8～12 亩的占比为 10.71%；仅有 2.41% 的猕猴桃种植户经营规模在 12 亩以上。可见调研区域猕猴桃种植户种植猕猴桃以小规模种植为主。

（6）村干部方面，有 118 户猕猴桃种植户家中有村干部，占有效样本的 11.39%，而家中没有村干部的占 88.61%。

（7）从劳动力数量来看，样本农户家庭劳动力为 2 人的占比最大，约占有效样本的一半左右；劳动力为 4 人的占比为 24.32%；劳动力为 3 人的占比为 16.99%；而样本农户家庭劳动力数量为 1 人和 5 人以上的均占比较低，分别为 5.98% 和 3.76%。

（8）农技培训方面，猕猴桃种植户参与农技培训次数普遍偏低。有 67.47% 的猕猴桃种植户家庭一年参加农业技术培训总次数在 2 次以下；有 34.07% 的猕猴桃种植户家庭一年内未参加过农业技术培训；仅有 22.30% 的猕猴桃种植户一年参加 3～4 次农业技术培训；而一年参加农业技术培训四次以上的仅有 10.23%。

（9）人情往来支出方面，猕猴桃种植户家庭人情往来支出较低。家庭人情往来支出在 2 000～4 000 元的家庭占比较高，占有效样本的 43.34%；其次是 2 000 元以下的占 31.27%；有 17.76% 的猕猴桃种植户家庭人情往来支出为 4 000～6 000 元；人情往来支出超过 6 000 元的有 7.63%。

（10）亲戚好友数量方面，以 20 个以内亲戚好友的家庭居多。亲戚好友数量在 10 人以下的最多，占有效样本的 37.26%；其次是 11～20 人，占有效样本的 29.92%；再次是 21～30 人，占有效样本的 17.47%；而亲戚好友数量在

30 人以上的占比较低，仅占到 15.54％。

（11）加入合作社方面，加入合作社的猕猴桃种植户比例较低。有 232 户猕猴桃种植户加入合作社，占有效样本的 22.39％；有 804 户猕猴桃种植户未加入合作社，占有效样本的 77.61％。

表 3－3 样本猕猴桃种植户基本统计特征描述

分组变量	类别	样本量（户）	比例（％）	分组变量	类别	样本量（户）	比例（％）
户主年龄（岁）	30 以下	1	0.10	劳动力数量（人）	1	62	5.98
	31～40	19	1.83		2	507	48.94
	41～50	218	21.04		3	176	16.99
	51～60	440	42.47		4	252	24.32
	61～70	294	28.38		5 以上	39	3.76
	70 以上	64	6.18	农技培训次数（次）	0	353	34.07
户主受教育程度（年）	0	50	4.83		1～2	346	33.40
	1～6	381	36.78		3～4	231	22.30
	7～9	446	43.05		4 以上	106	10.23
	10～12	143	13.80	人情往来支出（万元）	小于 0.2	324	31.27
	12 以上	16	1.54		[0.2，0.4)	449	43.34
家庭年收入（万元）	[0，5)	240	23.17		[0.4，0.6)	184	17.76
	[5，10)	384	37.07		0.6 以上	797	7.63
	[10，15)	245	23.65	亲戚好友数量（人）	0～10	386	37.26
	15 及以上	167	16.12		11～20	310	29.92
种植专业化（％）	[0，25)	216	20.85		21～30	181	17.47
	[25，50)	300	28.96		30 以上	161	15.54
	[50，75)	508	49.03	是否加入合作社	是	232	22.39
	[75，100)	12	1.16		否	804	77.61
经营规模（亩）	[0，4)	403	38.90	通信支出占比（％）	[0，5)	332	32.05
	[4，8)	497	47.97		[5，10)	464	44.79
	[8，12)	111	10.71		10 及以上	240	23.17
	12 以上	25	2.41	种植年限（年）	0～5	207	19.98
家中是否有村干部	是	118	11.39		6～10	377	36.39
	否	918	88.61		11～15	339	32.72
					15 以上	113	10.91

（12）通信支出占比方面，猕猴桃种植户家庭通信支出占比在5％～10％的较多，占有效样本的44.79％；其次是5％以下的，占有效样本的32.05％；而10％以上的占有效样本的23.17％。

（13）种植年限方面，以6～15年种植经验为主。猕猴桃种植户家庭种植年限在6～10年的占比最高，占有效样本的36.39％；11～15年的占比次之，占有效样本的32.72％；有19.98％的猕猴桃种植户种植年限在5年以下，还有10.91％的猕猴桃种植户已经经营猕猴桃超过15年。

（四）样本区猕猴桃种植户参与电商现状

1. 猕猴桃种植户参与电商决策及参与电商模式现状

猕猴桃种植户参与电商决策及参与电商模式的分布情况如图3-10所示。在1 036户有效样本中，参与电商的有398户，占有效样本的38.42％；未参与电商的有638户，占有效样本的61.58％。在参与电商的猕猴桃种植户中，有70户参与平台电商模式，占有效样本的6.76％；参与社交电商模式的有328户，占有效样本的31.66％。根据实际调查情况，猕猴桃种植户参与电商的形式并不是单一的，有可能既参与平台电商渠道又参与社交电商渠道，但为了样本分析的科学性，选取猕猴桃种植户最主要的参与模式。具体而言，以猕猴桃种植户参与电商销售模式的收入值大小对猕猴桃种植户参与电商类型进行划分，若猕猴桃种植户在平台电商渠道获得的销售收入大于在社交电商渠道获得的销售收入，本书将其归于平台电商模式，反之归于社交电商模式。实际而言，有33户猕猴桃种植户仅参与平台电商，269户仅参与社交电商，而有96户猕猴桃种植户既参与平台电商又参与社交电商，在这96户猕猴桃种植户中有37户猕猴桃种植户

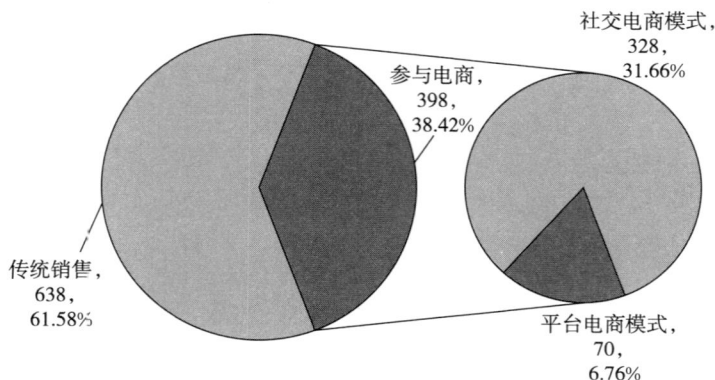

图3-10　猕猴桃种植户参与电商决策及参与电商模式分布状况

以平台电商为主，有59户猕猴桃种植户以社交电商为主。因此，参与平台电商模式的猕猴桃种植户有70户，参与社交电商模式的猕猴桃种植户有328户。

2. 猕猴桃种植户参与电商程度现状

本书以猕猴桃种植户通过电商渠道销售猕猴桃的销售额反映猕猴桃种植户参与电商程度，参与电商程度的分布如图3-11所示。从图中可以看出，一是猕猴桃种植户电商销售收入较低，以3万元以下居多。在398户参与电商的猕猴桃种植户中，1万元以下的猕猴桃种植户共有165户，占参与电商猕猴桃种植户的41.46%；1万～2万元的有81户，占20.35%；2万～3万元的有40户，占10.05%；3万～4万元的有17户，占比为4.27%；4万～5万元的有17户，占比为4.27%；5万～6万元的有11户，占比为2.76%；6万～7万元的有20户，占比为5.03%；7万～8万元的有9户，占比为2.26%；8万～9万元的有10户，占比为2.51%；9万～10万元的有5户，占比为1.26%；10万元以上的有23户，占比为5.78%。二是参与平台电商模式与社交电商模式的猕猴桃种植户销售收入有较大差别。在70户参与平台电商模式的猕猴桃种植户中，仅有26户的电商销售收入低于5万元，占比为37.14%；而另外44户的电商销售收入高于5万元，占比为62.86%。在328户参与社交电商模式的猕猴桃种植户中，有294户的电商销售收入低于5万元，占比为89.63%；仅有34户的电商销售收入高于5万元，占比为10.37%。可见，不同电商模式下，猕猴桃种植户的销售收入差距较大，平台电商模式下猕猴桃种植户电商销售收入水平相对较高，而社交电商模式下猕猴桃种植户电商销售收入水平较低。

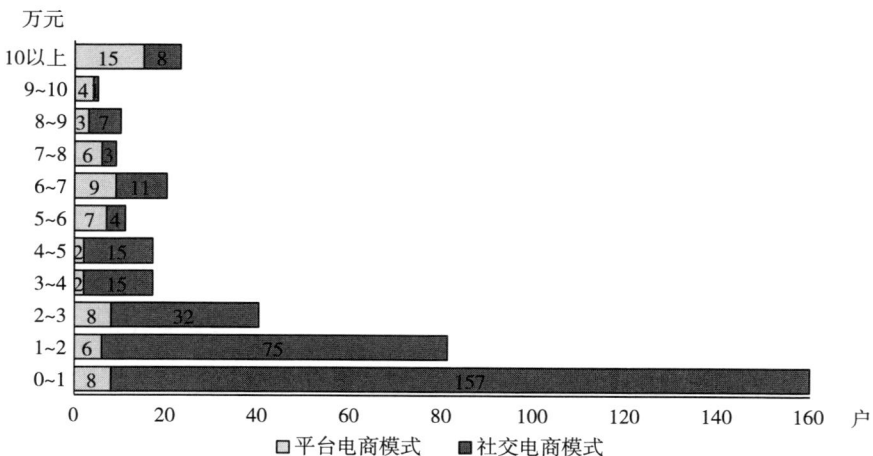

图3-11　猕猴桃种植户参与电商程度分组统计图

3. 猕猴桃种植户参与电商意愿

通过对猕猴桃种植户的深入访谈了解到，在 398 户参与电商的猕猴桃种植户中，有 389 户（占比为 97.74％）猕猴桃种植户愿意继续通过电商销售并期待扩大电商销售规模；在 638 户未参与电商的猕猴桃种植户中，有 494 户（占比为 77.43％）猕猴桃种植户希望能够通过电商销售猕猴桃，可见猕猴桃种植户参与电商意愿较高。造成猕猴桃种植户电商销售行为和意愿差异的原因是多方面的，本书对 494 户有电商销售意愿但是因主客观原因未参与电商的猕猴桃种植户进行分析（图 3-12），发现缺少人脉关系及缺乏电商发展领头人是阻碍猕猴桃种植户参与电商的重要原因，有 165 户表示人脉关系缺乏，占比为 31.38％；有 144 户猕猴桃种植户表示缺乏领头人，占比为 29.15％。另外，有 69 户表示没有时间发展电商，占比为 13.97％；有 62 户表示受到上网条件限制，占比为 12.55％；有 40 户猕猴桃种植户表示没有文化不会操作，占比为 8.10％；有 24 户猕猴桃种植户表示缺乏启动资金限制了其电商发展，占比为 4.86％。可见，制约猕猴桃种植户参与电商的因素是多方面的，社会资本缺乏、人力资本缺乏是限制猕猴桃种植户发展电商的重要原因。

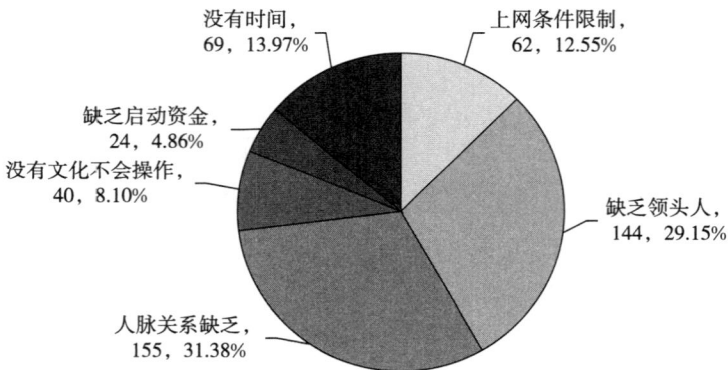

图 3-12　猕猴桃种植户参与电商存在障碍的原因

（五）参与电商与猕猴桃种植户绿色生产行为的相关关系推断

1. 参与电商与猕猴桃种植户绿色生产技术认知的相关关系分析

猕猴桃种植户对套袋技术、物理防治技术、无公害农药使用技术、有机肥施用技术以及测土配方施肥技术这五种绿色生产技术的价值认知情况见表 3-4。由表 3-4 可知，从套袋技术的认知情况看，有 75.29％的猕猴桃种植户认为套袋技术对技术经济收益的作用"非常大"或"比较大"；有 36.10％的猕猴桃种植户认为套袋技术对化肥农药减量作用"非常大"或"比较大";有 33.02％的猕猴桃种植户认为套袋技术对生态环境保护作用"非常大"或"比较大"。说明猕猴桃种植户对套袋技术在经济收益上的认知程度较高,而对于其化肥减量作用及生态环境保护的认知程度相对较低。

表3-4　猕猴桃种植户绿色生产技术认知情况（％）

技术种类	技术价值类型	非常小	比较小	一般	比较大	非常大
套袋技术	技术经济收益	4.15	8.40	12.16	31.85	43.44
	化肥农药减量	22.30	25.29	16.31	20.08	16.02
	生态环境保护	17.08	25.48	24.42	18.73	14.29
物理防治技术	技术经济收益	18.34	18.73	22.01	20.66	20.27
	化肥农药减量	21.33	18.53	14.48	22.49	23.17
	生态环境保护	14.00	13.03	14.86	24.42	33.69
无公害农药使用技术	技术经济收益	5.50	5.31	8.98	35.81	44.40
	化肥农药减量	10.71	24.42	20.95	25.00	18.92
	生态环境保护	5.31	9.27	11.20	34.27	39.96
有机肥施用技术	技术经济收益	2.12	3.38	9.56	35.62	49.32
	化肥农药减量	9.27	20.56	19.40	27.41	23.36
	生态环境保护	3.19	7.34	12.36	33.88	43.24
测土配方施肥技术	技术经济收益	16.31	23.07	13.13	25.87	21.62
	化肥农药减量	21.62	21.24	14.48	22.68	19.98
	生态环境保护	16.41	21.72	17.76	23.17	20.95

从物理防治技术的认知情况看,有 40.93％的猕猴桃种植户认为物理防治技术对技术经济收益的作用"非常大"或"比较大";有 45.66％的猕猴桃种植户认为物理防治技术对化肥农药减量作用"非常大"或"比较大";有 58.11％的猕猴桃种植户认为物理防治技术对生态环境保护作用"非常大"或"比较大"。说明猕猴桃种植户对物理防治技术在经济收益、化肥减量、生态环境保护方面的认知程度相对较低,尤其是对其经济收益性及化肥农药减量方面的认知程度有待提高,与政策设计理念相差较大,政府应进一步提升猕猴桃种植户对物理防治技术的认知。

从无公害农药使用技术的认知情况看,有 80.21％的猕猴桃种植户认为无公害农药使用技术对技术经济收益的作用"非常大"或"比较大";有 43.92％的猕猴桃种植户认为无公害农药使用技术对化肥农药减量作用"非常大"或"比较大";有74.23%的猕猴桃种植户认为无公害农药使用技术对生态环境保护作用"非常大"或"比较大"。说明猕猴桃种植户对无公害农药使用技术在经济收益及生态环境保护方面的认知程度较高,而在化肥农药减量方面的认知度相对较低。

从有机肥施用技术的认知情况看,有84.94%的猕猴桃种植户认为有机肥施用技术对技术经济收益的作用"非常大"或"比较大";有50.77%的猕猴桃种植户认为有机肥施用技术对化肥农药减量作用"非常大"或"比较大";有77.12%的猕猴桃种植户认为有机肥施用技术对生态环境保护作用"非常大"或"比较大"。说明猕猴桃种植户对有机肥施用技术在经济收益、化肥农药减量以及生态环境保护方面的认知程度较高,猕猴桃种植户尤其认可有机肥施用技术的经济收益性。

从测土配方施肥技术的认知情况看,有47.49%的猕猴桃种植户认为测土配方施肥技术对技术经济收益的作用"非常大"或"比较大";有42.66%的猕猴桃种植户认为测土配方施肥技术对化肥农药减量作用"非常大"或"比较大";有44.12%的猕猴桃种植户认为测土配方施肥技术对生态环境保护作用"非常大"或"比较大"。说明猕猴桃种植户对测土配方施肥技术在经济收益、化肥农药减量、生态环境保护方面的认知度相对较低,政府应加强测土配方施肥方面政策的推广,提高猕猴桃种植户的认知。

图3-13为参与电商与猕猴桃种植户绿色生产技术认知的相关关系分析。由图可知,在套袋技术方面,与未参与电商的猕猴桃种植户相比,参与电商的猕猴桃种植户对套袋技术在技术经济收益、化肥农药减量方面的认知度相对较高,在生态环境保护方面,参与电商的猕猴桃种植户与未参与电商的猕猴桃种植户的认知度相差较小。在物理防治技术上,与未参与电商的猕猴桃种植户相比,参与电商的猕猴桃种植户对物理防治技术在技术经济收益、化肥农药减量、生态环境保护方面的认知度相对较高。在无公害农药使用技术上,与未参与电商的猕猴桃种植户相比,参与电商的猕猴桃种植户对无公害农药使用技术在技术经济收益、化肥农药减量、生态环境保护方面的认知度相对较高。在有机肥施用技术上,与未参与电商的猕猴桃种植户相比,参与电商的猕猴桃种植户对有机肥施用技术在技术经济收益、化肥农药减量、生态环境保护方面的认知度相对较高。在测土配方施肥技术上,与未参与电商的猕猴桃种植户相比,参与电商的猕猴桃种植户对测土配方施肥技术在技术经济收益、化肥农药减量、生态环境保护方面的认知度相对较高。综上所述,参与电商的猕猴桃种植户可能具有较高的绿色生产技术认知。

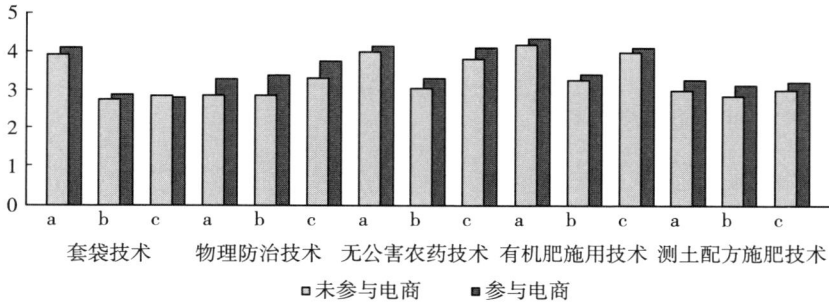

图 3-13　参与电商与猕猴桃种植户绿色生产技术认知的相关关系图

注：a 为技术经济收益；b 为化肥农药减量；c 为生态环境保护。

2. 参与电商与绿色生产技术采纳的交叉分析

图 3-14 反映了参与电商的猕猴桃种植户与未参与电商的猕猴桃种植户的绿色生产技术采纳状况对比。参与电商的 398 户猕猴桃种植户中，有 335 户采纳套袋技术，占比为 84.17%；未参与电商的 638 户猕猴桃种植户中，有 523 户采纳套袋技术，占比为 81.97%，可见与未参与电商的猕猴桃种植户相比，参与电商的猕猴桃种植户采纳套袋技术的比例较高。参与电商的 398 户猕猴桃种植户中，有 158 户采纳物理防治技术，占比为 39.70%；未参与电商的 638 户猕猴桃种植户中，有 151 户采纳物理防治技术，占比为 23.67%，可见与未参与电商的猕猴桃种植户相比，参与电商的猕猴桃种植户采纳物理防治技术的比例较高。参与电商的 398 户猕猴桃种植户中，有 318 户采纳无公害农药使用技术，占比为 79.90%；未参与电商的 638 户猕猴桃种植户中，有 485 户采纳无公害农药使用技术，占比为 76.02%，可见与未参与电商的猕猴桃种植户相比，参与电商的猕猴桃种植户采纳无公害农药使用技术的比例较高。参与电商的 398 户猕猴桃种植户中，有 346 户采纳有机肥施用技术，占比为 86.93%；未参与电商的 638 户猕猴桃种植户中，有 541 户采纳有机肥施用技术，占比为 84.80%，可见与未参与电商的猕猴桃种植户相比，参与电商的猕猴桃种植户采纳有机肥施用技术的比例较高。参与电商的 398 户猕猴桃种植户中，有 152 户采纳测土配方施肥技术，占比为 36.69%；未参与电商的 638 户猕猴桃种植户中，有 153 户采纳测土配方施肥技术，占比为 23.57%，可见与未参与电商的猕猴桃种植户相比，参与电商的猕猴桃种植户采纳测土配方施肥技术的比例较高。综上所述，有机肥施用技术、套袋技术、无公害农药使用技术均在样本猕猴桃种植户中得到了较好的应用，但物理防治技术、测土配方施肥技术采纳

率较低，有待加大推广力度，以促进猕猴桃种植户对物理防治技术及测土配方施肥技术的应用。与未参与电商的猕猴桃种植户相比，参与电商的猕猴桃种植户在套袋技术、物理防治技术、无公害农药使用技术、有机肥施用技术、测土配方技术方面的使用率均较高。

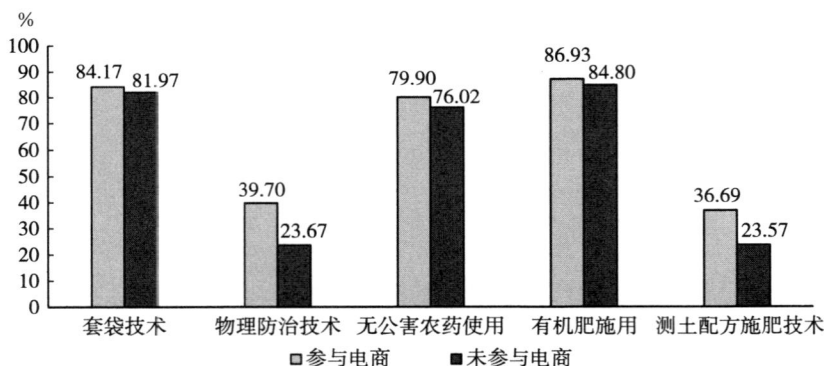

图 3-14　参与电商与猕猴桃种植户绿色生产技术采纳相关分析图

3. 猕猴桃种植户绿色生产技术政府支持状况

表 3-5 反映了猕猴桃种植户绿色生产技术政府推广状况。就套袋技术而言，有 268 户猕猴桃种植户表示政府对采纳套袋技术进行补贴，占比为 25.87%，768 户猕猴桃种植户表示政府未进行套袋技术方面的补贴；726 户猕猴桃种植户表示政府通过技术员来指导其采纳套袋技术，占比为 70.08%，310 户猕猴桃种植户表示并未接受指导员的技术指导；752 户猕猴桃种植户表示政府开展过套袋技术宣传，占比为 72.59%；631 户猕猴桃种植户表示政府开展过套袋技术咨询服务，占比为 60.91%；793 户猕猴桃种植户表示政府开展过套袋技术集中培训，占比为 76.54%。以上数据表明在套袋技术政府支持方面，除了技术采纳补贴占比较低以外，大多猕猴桃种植户认为政府在技术指导、咨询服务、宣传活动和集中培训上对套袋技术予以了较大的支持。就物理防治技术而言，728 户猕猴桃种植户表示政府对采纳物理防治技术进行了补贴，占比为 70.27%；659 户猕猴桃种植户表示政府通过技术员指导农户采纳物理防治技术，占比为 63.61%；735 户猕猴桃种植户表示政府开展过物理防治技术宣传活动，占比为 70.95%；483 户猕猴桃种植户表示政府开展过物理防治技术咨询服务，占比为 46.62%；627 户猕猴桃种植户表示政府开展过物理防治技术集中培训，占比为 60.52%。以上数据表明，大多数猕猴桃种植户认为政府在技术补贴、技术指导、宣传活动和集中培训方面对物理防治技术予

以较大支持，但在咨询服务上政府支持力度并不高。就无公害农药使用而言，357 户猕猴桃种植户表示政府对无公害农药使用进行了技术补贴，占比为34.46%；462 户猕猴桃种植户表示政府通过技术员指导农户采纳无公害农药使用，占比为44.59%；653 户猕猴桃种植户表示政府开展过无公害农药使用宣传活动，占比为63.03%；457 户猕猴桃种植户表示政府开展过无公害农药使用咨询服务，占比为44.11%；594 户猕猴桃种植户表示政府开展过无公害农药使用集中培训服务，占比为57.34%。以上数据表明，大多猕猴桃种植户认为政府仅在宣传活动上对无公害农药使用予以了较大支持，在其他方面对无公害农药使用的支持力度明显不足。就有机肥施用而言，274 户猕猴桃种植户表示政府在有机肥施用上进行了补贴，占比仅为26.45%；378 户猕猴桃种植户表示政府通过技术员指导农户采纳有机肥施用技术，占比为36.49%；527户猕猴桃种植户表示政府开展过有机肥施用技术宣传活动，占比为50.87%；503 户猕猴桃种植户和 355 户猕猴桃种植户分别表示政府开展过有机肥施用技术的咨询服务和集中培训服务，占比分别为48.55%和34.27%。以上数据表明，大多种植户认为政府仅在宣传活动上对有机肥施用技术上予以了较多支持，在其他方面的支持上明显不足。就测土配方施肥技术而言，245 户猕猴桃种植户表示政府对测土配方施肥技术进行了补贴，占比为23.65%；352 户猕猴桃种植户表示政府通过技术员指导测土配方施肥技术，占比为33.98%；263 户猕猴桃种植户表示政府开展过测土配方施肥技术的宣传活动，占比为25.39%；337 户猕猴桃种植户表示政府开展过测土配方施肥技术的咨询服务，占比为32.53%；262 户猕猴桃种植户表示政府开展过测土配方施肥技术的集中培训服务，占比为25.29%。以上数据表明，大多数猕猴桃种植户认为政府在技术补贴、技术指导、咨询服务、宣传活动和集中培训上对种植户采纳测土配方施肥技术的支持力度均处于较低水平。

表 3 - 5 猕猴桃种植户绿色生产技术政府支持状况

		套袋技术		物理防治技术		无公害农药使用		有机肥施用		测土配方施肥技术	
		是	否	是	否	是	否	是	否	是	否
政府是否对采纳绿色生产技术进行补贴?	人数	268	768	728	308	357	679	274	762	245	791
	比例（%）	25.87	74.13	70.27	29.73	34.46	65.54	26.45	73.55	23.65	76.35
政府是否通过技术员指导农户采纳绿色生产技术?	人数	726	310	659	377	462	574	378	658	352	684
	比例（%）	70.08	29.92	63.61	36.39	44.59	55.41	36.49	63.51	33.98	66.02

（续）

		套袋技术		物理防治技术		无公害农药使用		有机肥施用		测土配方施肥技术	
		是	否	是	否	是	否	是	否	是	否
政府是否开展过绿色生产技术的宣传活动？	人数	752	284	735	301	653	383	527	509	263	773
	比例（%）	72.59	27.41	70.95	29.05	63.03	36.97	50.87	49.13	25.39	74.61
政府是否开展过绿色生产技术的咨询服务？	人数	631	405	483	553	457	579	503	533	337	699
	比例（%）	60.91	39.09	46.62	53.38	44.11	55.89	48.55	51.45	32.53	67.47
政府是否开展过绿色生产技术集中培训服务？	人数	793	243	627	409	594	442	355	681	262	774
	比例（%）	76.54	23.46	60.52	39.48	57.34	42.66	34.27	65.73	25.29	74.71

图 3-15 为参与电商的猕猴桃种植户与未参与电商的猕猴种植户采纳五种绿色生产技术时的政府支持状况对比图。从图 3-15（a）可以看出，就套袋技术而言，政府对参与电商的猕猴桃种植户采纳套袋技术时的技术补贴、技术员指导、技术宣传、技术咨询、技术培训几方面的支持力度均显著优于未参与电商的猕猴桃种植户；且无论是否参与电商，当地政府对套袋技术的技术补贴都较低，而对技术员指导、技术宣传、技术咨询、技术培训方面的支持程度相对较高。从图 3-15（b）可以看出，就物理防治技术而言，政府对参与电商的猕猴桃种植户采用物理防治技术时的支持力度高于未参与电商的猕猴桃种植户；且无论是否参与电商，当地政府对物理防治技术的技术咨询扶持力度均较低。从图 3-15（c）可以看出，就无公害农药使用技术而言，政府对参与电商的猕猴桃种植户采用无公害农药使用技术时的支持力度高于未参与电商的猕猴桃种植户；且无论是否参与电商，当地政府对无公害农药使用技术的技术补贴、技术员指导、技术咨询的扶持力度都相对较低。从图 3-15（d）可以看出，就有机肥施用技术而言，政府对参与电商的猕猴桃种植户采用有机肥施用技术时的支持力度高于未参与电商的猕猴桃种植户；且无论是否参与电商，当地政府对有机肥施用技术的技术补贴、技术员指导、技术培训的扶持力度都相对较低。从图 3-15（e）可以看出，就测土配方施肥技术而言，政府对参与电商的猕猴桃种植户采用测土配方施肥技术时的支持力度高于未参与电商的猕猴桃种植户；且无论是否参与电商，当地政府对测土配方施肥技术的技术补贴、技术员指导、技术宣传、技术咨询、技术培训的扶持力度均相对较低，均低于 40% 以下。

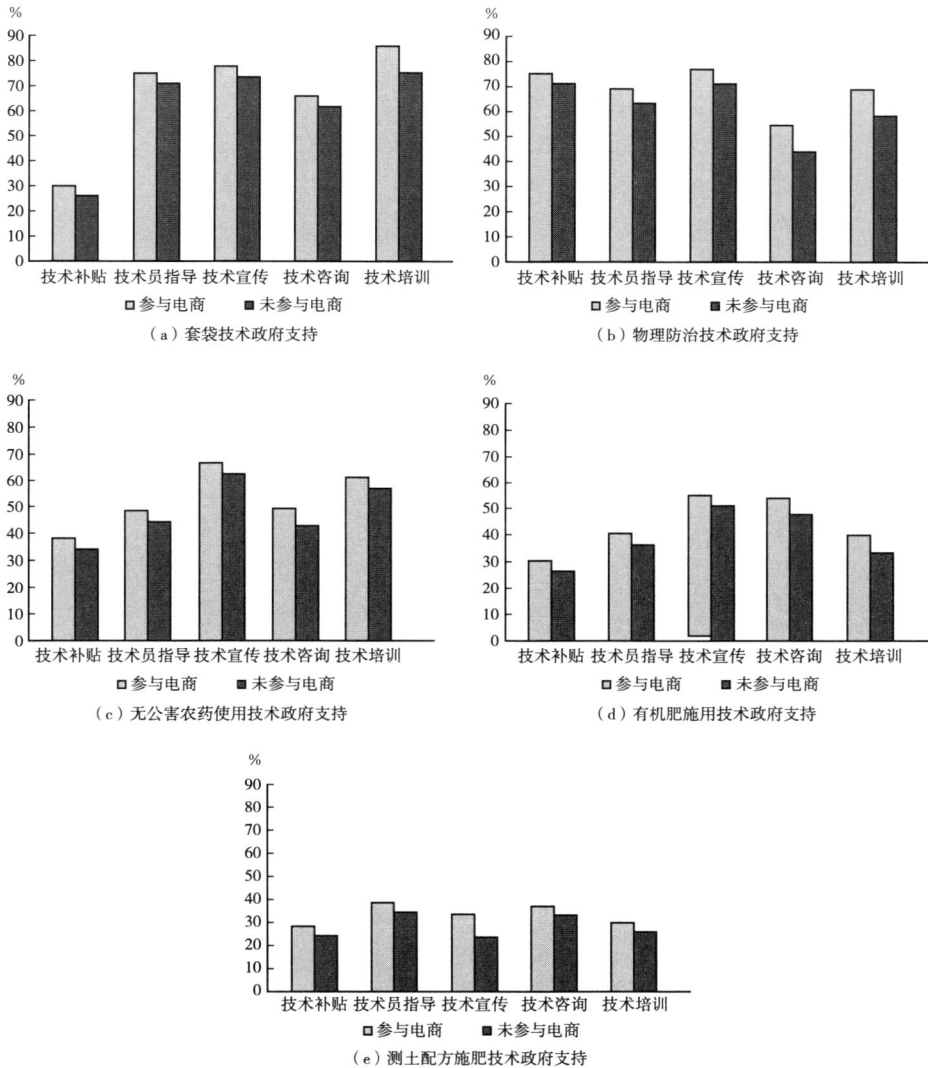

图 3-15 参与电商与猕猴桃种植户绿色生产技术政府支持状况的相关分析图

二、猕猴桃种植户参与电商行为的影响因素分析

(一)理论分析与研究假说

猕猴桃种植户作为理性经济人,只有当参与电商的预期净收益大于当前未参与电商的实际净收益时,猕猴桃种植户才会参与电商。用公式表达为:

$$D=\begin{cases} 1, & \text{if } \pi^*_{\text{参与电商}} > \pi_{\text{不参与电商}} \\ 0, & \text{if } \pi^*_{\text{参与电商}} \leqslant \pi_{\text{不参与电商}} \end{cases} \quad (3-1)$$

但就现实而言，参与电商的预期净收益 $\pi_{\text{参与电商}}$ 是未知的，难以计算，且会受到多种因素的影响，而农户的个体特征及所处区域特征均是影响猕猴桃种植户参与电商预期净收益的重要因素。基于此，本书在借鉴农户行为理论的基础上，构建了猕猴桃种植户参与电商行为影响因素的实证分析框架，包括猕猴桃种植户个体特征、家庭特征、社会网络特征、互联网普及特征、村域环境特征五个方面。

（1）在个体特征方面，对户主年龄、户主受教育程度两个变量进行测度。通常意义上讲，随着年龄的增加，猕猴桃种植户的思想更趋于保守和固化，倾向于沿用已有的经验知识开展农业生产经营活动，较难接受参与电商这种新鲜事物。另外，参与电商通常需要具备一定的计算机使用技能及互联网思维，年龄较大的猕猴桃种植户通常较难以适应这一变化。因此，本章预期户主年龄越小，越倾向于参与电商。户主受教育程度是家庭人力资本的重要体现，在猕猴桃种植户家庭生产决策中发挥重要作用。一般来说，户主受教育程度越高，其对于新知识、新技能和新生产经营方式的接受能力越高，参与电商的可能性越大。因此，本章预期户主受教育程度越高，越倾向于参与电商。基于此，本章提出假说 1。

H1：个体特征影响猕猴桃种植户参与电商。

（2）在家庭特征方面，选择家庭劳动力人数、经营规模、种植专业化、是否加入合作社、农技培训次数五个变量。一般而言，家庭劳动力人数越多，交友面越广，猕猴桃种植户所拥有的信息渠道和销售渠道越广阔，越有可能参与电商。经营规模是猕猴桃种植户家庭经营特征的重要反映，经营规模越大的猕猴桃种植户对参与电商的需求也越大，但电商销售量短期内难以提升，经营规模较大的猕猴桃种植户有可能在电商销售渠道中销售不畅。因此，经营规模对猕猴桃种植户参与电商的作用方向不确定。种植专业化反映猕猴桃种植户家庭收入对猕猴桃种植的依赖性，专业化程度越高的猕猴桃种植户对猕猴桃经营越重视，也会更加留意新的销售方式，尝试参与电商以获取更高利润。农民合作社作为联合小农户、沟通市场的产业"中间层"，能够为小农户节约不完全和非对称信息产生的交易费用，另外合作社兼具一定的信息服务功能，加入合作社的猕猴桃种植户往往更具有信息优势和规模优势，能以较低的信息成本获取市场销售信息，更易参与电商。此外，部分合作社可以帮助猕猴桃种植户进行销售或者为猕猴桃种植户提供销售方面的培训。因此，预期加入合作社会促进猕猴桃种植户参与电商。农业技术培训是猕猴桃种植户获取先进农业技术的重要渠道，受培训次数越多，猕猴桃种植户对新鲜事物的接受能力越强，越有利于猕猴桃种植户参与电商。基于此，本章提出假说2。

H2：家庭特征影响猕猴桃种植户参与电商。

（3）在社会网络特征方面，选择家中是否有村干部、人情往来支出、亲戚好友数量三个变量衡量。家中是否有村干部反映了猕猴桃种植户在村庄的社会威望及社会网络大小。一般而言，家中有村干部会促进猕猴桃种植户获取农业信息，便于猕猴桃种植户开展电商销售。由于社会网络可加快信息的扩散速度，减少农户信息搜寻成本，降低信息不对称，减轻"长鞭效应"和信息失真（李晓静等，2019），因此社会网络是猕猴桃种植户信息传播、资源共享的重要渠道，便于电商推广初期的农产品销售推广。人情往来支出、亲朋好友数量是猕猴桃种植户社会网络的重要反映，基于亲朋好友的社会网络是猕猴桃种植户获取农业信息的重要来源，也影响着猕猴桃种植户参与社交电商模式的销售规模。一般而言人情往来支出越高、亲朋好友数量越多的猕猴桃种植户，拥有越多的代理商，便于猕猴桃种植户开展电商销售。基于此，本章提出假说3。

H3：社会网络影响猕猴桃种植户参与电商。

（4）在互联网普及特征方面，选择互联网使用、电商培训、电商政策感知三个变量衡量。一般来说，猕猴桃种植户使用互联网越频繁，其参与电商越简单。电商培训的直接作用是打造出一批具有互联网思维的新型电商人才，为电商发展提供知识和人才储备；间接作用是促进农户对电商销售的信任，降低农户的机会成本，为获取信息困难的农户跨越农村电商门槛提供了可能。根据行为经济学基本理论，个体行为决策往往具有较强的不确定性，在分析农户行为决策中，往往需要将个体心理因素纳入考虑。猕猴桃种植户对电商重要性的判断、对电商法律法规的认知均对其参与电商有重要作用。一般而言，农户越认为电商发展重要，对相关法律法规知悉程度越高，其参与电商的积极性越高。因此，猕猴桃种植户的电商政策感知程度越高，猕猴桃种植户参与电商的可能性越大。基于此，本章提出假说4。

H4：互联网普及影响猕猴桃种植户参与电商。

（5）村域环境特征。村域环境是指特定村庄区域内支持电商发展所需要的交通、物流及网络基础设施。村域环境不仅是农户采纳新技术、学习新方法的外部条件载体，也是农户获得政策支撑、形成协作关系和交换活动等的基础。良好的基础设施不仅能够改善农产品销售的交通、网络等条件，克服地域限制和资本禀赋差异等客观条件对农业生产的限制，降低交易成本，而且有助于加强农户对市场信息和市场主体的了解和判断，打通网络销售渠道，获得更大的选择空间，降低买方"敲竹杠"带来的损失。本章引入村庄快递点及乡镇距离作为村域环境的变量。一般而言，村庄有快递点、乡镇距离近，猕猴桃种植户更容易参与电商。基于此，本章提出假说5。

H5：村域环境影响猕猴桃种植户参与电商。

（二）计量模型设定、变量选取与描述性统计

1. 计量模型设定

本章主要使用二元 Probit 模型、多元 Logit 模型、Heckman 模型进行模型分析。

（1）二元 Probit 模型。本章首先考察猕猴桃种植户参与电商决策的影响因素，以农户是否通过电商渠道销售猕猴桃作为因变量，若猕猴桃种植户通过电商渠道销售猕猴桃则取值为1，否则为0，因此采用二元 Probit 模型进行估计，模型设为：

$$P(Y_i=1 \mid X_i)=\Phi(X_i)=\beta_0+\beta_i X_i+\varepsilon_i \qquad (3-2)$$

公式（3-2）中，i 表示第 i 个猕猴桃种植户，$P(Y_i=1 \mid X_i)$ 表示第 i 个猕猴桃种植户参与电商的概率，是解释变量 X_1，X_2，$\cdots$，X_i 的线性组合，其中包括个体特征、家庭特征、社会网络特征、互联网普及特征以及村域环境特征五个方面的变量，$\Phi(\cdot)$ 为标准正态分布的累积分布函数，ε_i 是随机干扰项。

（2）多元 Logit 模型。当猕猴桃种植户决定参与电商后，其面临的问题就转变为选择哪种模式进行电商销售的问题。目前猕猴桃种植户销售猕猴桃主要有三种模式：传统销售模式、平台电商模式、社交电商模式。对于猕猴桃种植户来讲，其选择传统销售模式、平台电商模式还是社交电商模式是以效用最大化为主要目标的决策行为，这一问题的因变量是一个分类变量，类别数量超过两个，且三者之间无排序关系，属于典型的多值选择问题，因此采用多元 Logit 模型估计（李霖，2018）。y 为因变量，取值为 $\{1, 2, \cdots, K\}$，在本研究中 $y=1$ 代表猕猴桃种植户参与传统销售模式，$y=2$ 代表猕猴桃种植户参与平台电商模式，$y=3$ 代表猕猴桃种植户参与社交电商模式。猕猴桃种植户选择第 k 种电商销售模式的概率可表示为：

$$P(y=k \mid x_i)=\frac{\exp(x_i\beta_i)}{1+\sum_{k=1}^{K}\exp(x_i\beta_k)} \qquad (3-3)$$

公式（3-3）中，$k=1, 2, \cdots, K$ 表示不同的猕猴桃种植户，$P(y=k \mid x_i)$

表示第 i 个猕猴桃种植户选择第 k 种电商模式的概率，$\Phi(\cdot)$ 为标准正态分布的累积分布函数，x 是解释变量向量，表示猕猴桃种植户个体特征、家庭特征、社会网络特征、互联网普及特征、村域环境特征五个方面的相关变量。

（3）Heckman 模型。猕猴桃种植户参与电商程度是在猕猴桃种植户做出电商销售决策后所面对的问题，即 $\pi_{\text{参与电商}} - \pi_{\text{不参与电商}} > 0$ 时的决策问题。对于参与电商的猕猴桃种植户（电商户），其参与电商程度的数值是完整的；但对于未参与电商的猕猴桃种植户（非电商户），被解释变量在零处截尾，属于典型的受限被解释变量问题，在此情况下通常选择 Heckman 两阶段模型来解决存在的样本选择性偏误问题。参考陈强（2014）的研究，将农户参与电商行为的两个阶段纳入模型中，第一阶段采用二元 Probit 模型估计农户参与电商决策的影响因素，然后将二元 Probit 估计中得到的逆米尔斯比率 λ_i 引入第二个阶段进行估计。模型设定如下：

$$z_i = \begin{cases} 1, \ \text{if } z_i^* > 0 \\ 0, \ \text{if } z_i^* \leqslant 0 \end{cases} \qquad (3-4)$$

$$z_i^* = w_i' \gamma + \mu_i \qquad (3-5)$$

$$y_i = x_i' \beta + \varepsilon_i = \begin{cases} \text{可观测}, \ \text{if } z_i = 1 \\ \text{不可观测}, \ \text{if } z_i = 0 \end{cases} \qquad (3-6)$$

其中，公式（3-4）为选择模型，公式（3-5）为选择方程，公式（3-6）为结果方程。z_i 表示农户是否参与电商，为二值选择变量，z_i^* 为不可观测的潜变量，y_i 表示农户参与电商程度，w_i'、x_i' 均为自变量向量，γ、β 均为待估参数，μ_i、ε_i 均为残差项，均服从均值为 0，方差为 1 的正态分布。

2. 变量选取

猕猴桃种植户参与电商行为是因变量，包括三个方面。第一方面，参与电商决策，通过询问猕猴桃种植户"您是否通过电商渠道销售猕猴桃?"来反映；第二方面，参与电商模式，通过询问猕猴桃种植户"您主要采用何种渠道销售猕猴桃?"来反映；第三方面，参与电商程度，通过询问猕猴桃种植户"您通过电商渠道销售猕猴桃的收入是多少?"[1] 来反映。由于猕猴桃电商销售收入

---

　　[1]　猕猴桃种植户参与电商程度通常有两种测度方式：一种是绝对值，如通过电商渠道销售猕猴桃的收入；另一种是相对值，如通过电商渠道销售猕猴桃的年收入占家庭年收入的比重。本书使用前者进行测度，原因有二：一是从实地调查来看，目前农产品电商依旧处于起步阶段，传统销售渠道是农户销售猕猴桃的主要渠道，猕猴桃作为生鲜农产品受到季节性影响较大，短期内电商消化能力有限，农户通常难以将农产品全部以电商渠道销售。二是相对值极易受到猕猴桃种植户自身经营规模的影响，若使用相对值进行测度会导致种植大户、种植专业户的参与电商程度被低估。

的方差较大，因此在做回归模型时，对电商销售收入取对数处理。

自变量包括猕猴桃种植户个体特征、家庭特征、社会网络特征、互联网普及特征、村域环境特征五个方面。猕猴桃种植户个体特征包括户主年龄、户主受教育程度两个变量；家庭特征包括劳动力人数、经营规模、种植专业化、是否加入合作社、农技培训次数五个变量；社会网络特征包括家中是否有村干部、人情往来支出、亲戚好友数量三个变量；互联网普及特征包括互联网使用、电商培训、电商政策感知三个变量；村域环境特征使用村庄快递点、乡镇距离两个变量。由于陕西省和四川省在气候条件、发展模式、经营品种方面均具有显著差异，因此引入省份虚拟变量控制地区间的异质性。一般而言，有网购经历的农户通过电商销售农产品的门槛更低，本章将网购经历作为识别变量纠正选择性偏差问题。

3. 描述性统计

变量的定义、赋值及描述性统计结果如表 3-6 所示。

表 3-6　变量说明与描述性统计

变量名称	变量说明	样本量	均值	标准差	最小值	最大值
参与电商决策	是否通过电商渠道销售猕猴桃：是=1；否=0	1 036	0.384 2	0.486 6	0	1
参与电商模式	采用何种渠道销售猕猴桃：传统销售模式=1；平台电商模式=2；社交电商模式=3	1 036	1.700 8	0.918 5	1	3
平台电商模式	采用何种渠道销售猕猴桃：平台电商模式=1；其他模式=0	1 036	0.067 6	0.251 1	0	1
社交电商模式	采用何种渠道销售猕猴桃：社交电商模式=1；其他模式=0	1 036	0.316 6	0.465 4	0	1
参与电商程度	通过电商渠道销售猕猴桃销售额的对数	398	1.012 3	0.745 1	0.029 6	3.434 0
户主年龄	按实际年龄计算，单位：岁	1 036	57.462 4	8.683 1	30	85
户主受教育程度	户主受教育年限，单位：年	1 036	7.579 2	2.999 6	0	16
劳动力人数	按实际值计算，单位：人	1 036	2.718 1	1.042 9	1	6
经营规模	按实际值计算，单位：亩	1 036	4.783 9	3.124 6	0.1	32
种植专业化	猕猴桃年收入占家庭年收入的比重，单位：%	1 036	32.042 1	12.816 9	2.196 0	99.667 8

（续）

变量名称	变量说明	样本量	均值	标准差	最小值	最大值
加入合作社	是否加入合作社：是＝1；否＝0	1 036	0.106 2	0.308 2	0	1
农技培训次数	家庭成员一年内参加农业技术培训的次数，单位：次	1 036	1.987 5	2.332 9	0	20
家中是否有村干部	家庭成员中是否有人担任村干部：是＝1；否＝0	1 036	0.113 9	0.317 8	0	1
人情往来支出	家庭一年用于人情往来的支出，单位：万元	1 036	0.290 5	0.254 5	0	3
亲戚好友数量	家庭中亲戚好友的总数，单位：个	1 036	29.212 4	19.755 0	0	200
互联网使用	使用互联网、手机等现代媒介获取信息的频率：从不＝1；很少＝2；有时＝3；经常＝4；频繁＝5	1 036	2.293 4	1.501 3	0	5
电商培训	是否参加过电商培训：是＝1；否＝0	1 036	0.285 7	0.452 0	0	1
电商政策感知	是否了解电商政策：完全不了解＝1；很少了解＝2；一般＝3；比较了解＝4；完全了解＝5	1 036	2.664 1	1.447 0	1	5
村庄快递点	所在村庄是否有快递点：是＝1；否＝0	1 036	0.715 3	0.451 5	0	1
乡镇距离	所在村庄与所在乡（镇）的距离，单位：千米	1 036	4.336 7	2.586 4	0.05	13
省份	陕西省＝1；四川省＝0	1 036	0.709 5	0.454 2	0	1
网购经历	猕猴桃种植户是否有网上购物的经历：是＝1；否＝0	1 036	0.376 4	0.484 7	0	1

（三）猕猴桃种植户参与电商决策的影响因素

根据研究设计，本节采用二元 Probit 模型与 LPM 模型分析猕猴桃种植户参与电商决策的影响因素。模型估计结果如表 3-7 所示，估计结果显示二元 Probit 模型与 LPM 模型结果较为一致，本节以二元 Probit 模型为基础展开分析。

（1）个体特征对猕猴桃种植户参与电商决策的影响。由表 3-7 可知，户主年龄对猕猴桃种植户参与电商决策的影响为负向，且在 5％的水平上显著，这说明户主年龄越小，猕猴桃种植户参与电商决策的概率就越高；从边际效应结果看，户主年龄每减少一个单位，猕猴桃种植户参与电商的概率提高 0.33％。户主受教育程度对猕猴桃种植户参与电商决策有显著的正向影响，在 1％的显著性水平上通过检验；从边际效应结果看，户主受教育程度每增加一个单位，猕猴桃种植户参与电商的概率提高 1.55％。综上所述，个体特征会影响猕猴桃种植户参与电商决策，假说 1 得以初步验证。

（2）家庭特征对猕猴桃种植户参与电商决策的影响。家庭劳动力人数对猕猴桃种植户参与电商决策有显著的正向影响，且通过 1％的显著性水平检验；从边际效应的结果看，家庭劳动力人数每增加一个单位，其参与电商的可能性增加 4.94％。经营规模对猕猴桃种植户参与电商决策有显著的负向影响，且通过 1％的显著性水平检验；从边际效应的结果看，经营规模每增加一个单位，猕猴桃种植户参与电商的可能性降低 8.15％。种植专业化变量的影响为正，且在 1％的水平上显著，说明种植专业化程度越高，猕猴桃种植户参与电商的概率越高；从边际效应的结果看，猕猴桃种植户种植专业化每上升一个单位，其参与电商的可能性增加 0.66％。加入合作社对猕猴桃种植户参与电商有显著的正向影响，且通过 1％的显著性水平检验；从边际效应的结果看，猕猴桃种植户加入合作社，其参与电商的可能性增加 11.91％。农技培训次数变量的影响为正，且在 10％的水平上显著，说明猕猴桃种植户接受农技培训次数越多，其参与电商的概率越高；从边际效应的结果看，猕猴桃种植户接受农技培训次数每上升一个单位，其参与电商的可能性增加 3.71％。综上所述，家庭特征会影响猕猴桃种植户参与电商决策，假说 2 得以初步验证。

（3）社会网络特征对猕猴桃种植户参与电商决策的影响。家中有村干部对猕猴桃种植户参与电商决策的影响未通过显著性检验，说明家中有村干部不是影响猕猴桃种植户参与电商决策的重要因素。人情往来支出对猕猴桃种植户参与电商决策有显著的正向影响，且在 5％的显著性水平上通过检验，说明人情往来支出越高，猕猴桃种植户参与电商的可能性越大；从边际效应的结果来看，人情往来支出每增加一个单位，猕猴桃种植户参与电商的概率提高 19.51％。亲戚好友数量对猕猴桃种植户参与电商决策有显著的正向影响，且在 1％的显著性水平上通过检验，说明猕猴桃种植户亲戚好友数量越多，其参与电商的可能性越大；从边际效应的结果来看，亲戚好友数量每增加一个单位，猕猴桃种植户参与电商的概率提升 16.99％。综上所述，社会网络特征会影响猕猴桃种植户参与电商决策，假说 3 得以初步验证。

（4）互联网普及特征对猕猴桃种植户参与电商决策的影响。互联网使用对猕猴桃种植户参与电商决策有显著的正向影响，且在5%的显著性水平上通过检验；从边际效应的结果看，互联网使用每增加一个单位，猕猴桃种植户参与电商的概率提升2.28%。电商培训对猕猴桃种植户参与电商决策有显著的正向影响，且通过10%的显著性水平检验，表明在其他条件不变的情况下，参加电商培训提升了猕猴桃种植户参与电商的概率，边际效应大小是5.33%。电商政策感知对猕猴桃种植户参与电商决策有显著的正向影响，在1%的显著性水平上通过检验，表明猕猴桃种植户对电商政策越了解，参与电商的可能性越大；从边际效应的结果看，猕猴桃种植户的电商政策感知每增加一个单位，参与电商的概率提升7.33%。网购经历对猕猴桃种植户参与电商决策有显著的正向影响，且在1%的显著性水平上通过检验，即有网购经历的猕猴桃种植户更倾向于参与电商；从边际效应的结果看，有网购经历的猕猴桃种植户参与电商的概率提升9.43%。综上所述，互联网普及特征会影响猕猴桃种植户参与电商决策，假说4得以初步验证。

（5）村域环境特征对猕猴桃种植户参与电商决策的影响。村庄是否有快递点变量的影响为正，且在1%的水平上显著，说明猕猴桃种植户所在村庄有快递点，其参与电商的可能性越大；从边际效应的结果来看，村庄有快递点的猕猴桃种植户参与电商的概率提升12.72%。乡镇距离对猕猴桃种植户参与电商决策有显著的正向影响，且在10%的显著性水平上通过检验；从边际效应的结果看，乡镇距离每增加一个单位，猕猴桃种植户参与电商的概率提升5.02%，可能的原因是，一是国家政策导向，由于电商扶贫推广力度的加大，乡镇距离越远的村庄推广电商的力度可能越大；二是乡镇距离近的猕猴桃种植户有更多的销售选择，而乡镇距离远的猕猴桃种植户更加依赖电商销售。综上所述，村域环境特征会影响猕猴桃种植户参与电商决策，假说5得以初步验证。

表3-7　猕猴桃种植户参与电商决策的影响因素

变量名称	Probit 模型 因变量：是否参与电商		LPM 模型 因变量：是否参与电商
	系数	边际效应	系数
户主年龄	−0.011 3** (0.005 6)	−0.003 3** (0.001 6)	−0.003 0* (0.001 5)
户主受教育程度	0.053 3*** (0.016 4)	0.015 5*** (0.004 7)	0.012 1*** (0.004 3)

（续）

变量名称	Probit 模型 因变量：是否参与电商		LPM 模型 因变量：是否参与电商
	系数	边际效应	系数
劳动力人数	0.169 7***	0.049 4***	0.046 4***
	(0.054 5)	(0.015 6)	(0.016 2)
经营规模	−0.280 1***	−0.081 5***	−0.081 3**
	(0.108 7)	(0.031 2)	(0.032 0)
种植专业化	0.022 5***	0.006 6***	0.006 6***
	(0.004 8)	(0.001 3)	(0.001 4)
加入合作社	0.409 2***	0.119 1***	0.132 5***
	(0.152 4)	(0.043 9)	(0.046 8)
农技培训次数	0.127 5*	0.037 1*	0.039 5*
	(0.066 8)	(0.019 3)	(0.020 9)
家中是否有村干部	0.172 3	0.050 1	0.053 8
	(0.139 5)	(0.040 5)	(0.041 6)
人情往来支出	0.670 4**	0.195 1**	0.186 7**
	(0.292 4)	(0.084 8)	(0.086 7)
亲戚好友数量	0.583 8***	0.169 9***	0.149 0***
	(0.079 4)	(0.021 9)	(0.019 5)
互联网使用	0.078 4**	0.022 8**	0.025 6**
	(0.034 5)	(0.009 9)	(0.011 3)
电商培训	0.183 1*	0.053 3*	0.062 6*
	(0.110 2)	(0.031 9)	(0.036 1)
电商政策感知	0.252 0***	0.073 3***	0.078 5***
	(0.030 9)	(0.008 1)	(0.009 2)
村庄是否有快递点	0.437 2***	0.127 2***	0.100 7***
	(0.154 4)	(0.044 6)	(0.040 0)
乡镇距离	0.172 4*	0.050 2*	0.054 5**
	(0.089 3)	(0.025 8)	(0.025 1)
省份	−0.433 5***	−0.126 1***	−0.106 9**
	(0.158 4)	(0.045 6)	(0.042 6)
网购经历	0.323 9***	0.094 3***	0.100 3***
	(0.091 4)	(0.026 1)	(0.028 9)

（续）

变量名称	Probit 模型 因变量：是否参与电商		LPM 模型 因变量：是否参与电商
	系数	边际效应	系数
常数项	−4.389 4***		−0.727 7***
	(0.560 8)		(0.147 6)
Wald 检验值	260.800 0		
F 检验值			36.760 0
对数似然值	−535.178 9		
伪 R^2（R^2）	0.224 4		0.255 7
样本量	1 036	1 036	1 036

注：*、**、***分别表示在 10%、5%、1%的水平上显著；括号内为稳健标准误。

（四）猕猴桃种植户参与电商模式的影响因素

本研究使用多元 Logit 模型来估计猕猴桃种植户参与电商模式的影响因素，模型估计结果如表 3-8 所示。

（1）个体特征对猕猴桃种植户参与电商模式的影响。由表 3-8 可知，当其他条件保持不变时，户主年龄每上升一个单位，猕猴桃种植户采用传统销售模式的概率显著增加 0.32%，而采用社交电商模式的概率显著下降 0.29%。户主受教育程度每上升一个单位，猕猴桃种植户选择以传统销售模式进行销售的概率显著降低 1.53%，而利用社交电商模式的概率显著增加 1.45%。

（2）家庭特征对猕猴桃种植户参与电商模式的影响。劳动力人数每上升一个单位，猕猴桃种植户选择传统销售模式的概率显著降低 5.23%，而参与平台电商模式和社交电商模式的概率均显著增加，分别增加 1.44%、3.79%。经营规模每上升一个单位，猕猴桃种植户选择传统销售模式的概率增加 8.67%，而利用平台电商模式和社交电商模式的可能性均显著降低，分别降低 3.09%、5.57%。种植专业化每上升一个单位，猕猴桃种植户选择传统销售模式的概率下降 0.68%，而通过平台电商模式和社交电商模式进行销售的概率分别增加 0.23%、0.45%。加入合作社的猕猴桃种植户与未加入合作社的猕猴桃种植户相比，选择传统销售模式的概率下降 10.62%，而采用平台电商模式的概率显著增加 6.35%。农技培训次数每上升一个单位，猕猴桃种植户选择传统销售模式的概率显著降低 4.18%，而选择平台电商模式的概率显著增加 4.99%。

（3）社会网络特征对猕猴桃种植户参与电商模式的影响。家中有村干部的猕猴桃种植户选择平台电商模式的概率显著增加 2.90%。人情往来支出每上升一个单位，猕猴桃种植户采用社交电商模式进行销售的概率显著升高 21.09%，而选择传统销售模式的概率显著降低 18.72%。亲戚好友数量每上升一个单位，猕猴桃种植户采用传统销售模式的概率下降 16.94%，而采用平台电商模式和社交电商模式的概率均显著上升，分别提高 3.08%、13.85%。

（4）互联网普及特征对猕猴桃种植户参与电商模式的影响。互联网使用每上升 1 个单位，猕猴桃种植户采用传统销售模式的概率下降 2.19%，而采用平台电商模式的概率上升 2.63%。与未参加电商培训的猕猴桃种植户相比，参加电商培训的猕猴桃种植户采用传统销售模式的概率显著下降 5.34%。电商政策感知也显著降低猕猴桃种植户采用传统销售模式进行销售的可能性，显著促进猕猴桃种植户采用平台电商模式和社交电商模式，且对社交电商模式的提升作用更大。网购经历每上升一个单位，猕猴桃种植户采用传统销售模式的概率下降 9.61%，而采用社交电商模式的概率上升 8.75%。

（5）村域环境特征对猕猴桃种植户参与电商模式的影响。与村庄无快递点的猕猴桃种植户相比，村庄有快递点使猕猴桃种植户更倾向于选择采用社交电商模式，而村庄无快递点的农户因运输不便，更倾向于选择传统销售模式。乡镇距离越近的猕猴桃种植户越倾向于选择传统销售模式，而对平台电商模式和社交电商模式的影响未通过显著性检验。

表 3-8　猕猴桃种植户参与电商模式的影响因素

变量名称	传统销售模式	平台电商模式	社交电商模式
户主年龄	0.003 2**	−0.000 3	−0.002 9*
	(0.001 6)	(0.001 0)	(0.001 6)
户主受教育程度	−0.015 3***	0.000 8	0.014 5***
	(0.004 8)	(0.002 4)	(0.004 6)
劳动力人数	−0.052 3***	0.014 4*	0.037 9**
	(0.016 2)	(0.007 9)	(0.015 6)
经营规模	0.086 7***	−0.030 9*	−0.055 7*
	(0.031 7)	(0.016 8)	(0.031 5)
种植专业化	−0.006 8***	0.002 3***	0.004 5***
	(0.001 4)	(0.000 7)	(0.001 4)

（续）

变量名称	传统销售模式	平台电商模式	社交电商模式
加入合作社	−0.106 2**	0.063 5***	0.042 7
	(0.045 9)	(0.017 6)	(0.045 2)
农技培训次数	−0.041 8**	0.049 9***	−0.008 1
	(0.019 5)	(0.012 3)	(0.019 7)
家中是否有村干部	−0.042 9	0.029 0*	0.013 9
	(0.041 4)	(0.016 8)	(0.042 3)
人情往来支出	−0.187 2**	−0.023 7	0.210 9**
	(0.084 7)	(0.043 7)	(0.083 7)
亲戚好友数量	−0.169 4***	0.030 8***	0.138 5***
	(0.022 3)	(0.012 0)	(0.022 5)
互联网使用	−0.021 9**	0.026 3***	−0.004 3
	(0.010 1)	(0.005 2)	(0.010 1)
电商培训	−0.053 4*	0.019 7	0.033 7
	(0.032 4)	(0.015 3)	(0.032 7)
电商政策感知	−0.073 2***	0.011 0**	0.062 2***
	(0.008 0)	(0.004 8)	(0.008 5)
村庄是否有快递点	−0.124 4***	0.016 5	0.107 9**
	(0.046 5)	(0.045 4)	(0.051 3)
乡镇距离	−0.055 0**	0.020 4	0.034 7
	(0.026 8)	(0.014 3)	(0.026 6)
省份	0.110 5**	0.073 5	−0.184 0***
	(0.047 8)	(0.046 2)	(0.051 5)
网购经历	−0.096 1***	0.008 7	0.087 5***
	(0.026 3)	(0.013 8)	(0.026 4)

注：*、**、***分别表示在 10%、5%、1%的水平上显著；括号内为稳健标准误。

（五）猕猴桃种植户参与电商程度的影响因素

根据研究设计，为了纠正样本选择偏差，本部分采用 Heckman 模型分析猕猴桃种植户参与电商程度的影响因素。模型估计结果如表 3-9 所示。模型第一阶段的逆米尔斯比率在 10%的水平上显著，说明存在样本选择偏误，需要用 Heckman 模型对估计方程的样本选择偏误问题予以纠正。作为识别变量的网购经历对参与电商决策的影响在1%的显著性水平上通过检验，且符号为正，但对参与电商程度影响不显著，说明网购经历有助于猕猴桃种植户参与电商，可能的原因是有网购经历的猕猴桃种植户会利用互联网、手机等现代媒介获取信息，其参与电商的门槛会有所下降。

（1）个体特征对猕猴桃种植户参与电商程度的影响。由表3-9可知，在纠正样本选择偏差后，户主年龄对参与电商决策的影响在10%的显著性水平上通过检验，且符号为负，但对参与电商程度的影响不显著。户主受教育程度对参与电商决策的影响在1%的显著性水平上通过检验，符号为正，但对参与电商程度的影响不显著。

（2）家庭特征对猕猴桃种植户参与电商程度的影响。在纠正样本选择偏差后，劳动力人数对参与电商决策的影响为正，且在1%的水平上通过检验，但对参与电商程度的影响不显著，说明劳动力人数仅对猕猴桃种植户参与电商决策有显著促进作用，并不是影响猕猴桃种植户参与电商程度的重要因素。经营规模对参与电商决策的影响为负，且在5%的水平上通过检验，对参与电商程度的影响为正，且在1%的水平上通过检验，说明经营规模越大的猕猴桃种植户越不倾向于参与电商，但在参与电商的猕猴桃种植户中，经营规模越大的猕猴桃种植户参与电商程度越高。种植专业化对参与电商决策和参与电商程度的影响均为正，分别在1%和10%的水平上通过检验，说明种植专业化程度越高的猕猴桃种植户越倾向于参与电商，且参与电商程度较高。加入合作社对参与电商决策的影响为正，且在1%的水平上通过检验，而对参与电商程度的影响不显著。农技培训次数对参与电商决策的影响为正，且在10%的水平上通过检验，而对参与电商程度的影响不显著，说明纠正样本选择偏差后，农技培训次数仅对参与电商决策有显著正向影响，而对参与电商程度的影响不显著。

（3）社会网络特征对猕猴桃种植户参与电商程度的影响。家中是否有村干部对参与电商决策的影响未通过显著性检验，而对参与电商程度的影响为正，且在1%的显著性水平上通过检验。人情往来支出对参与电商决策的影响为正，且在5%的水平上通过检验，说明人情往来支出较高的猕猴桃种植户有更广的社会网络，信息获取渠道更广，便于开展电商销售，但人情往来支出对参与电商程度的影响不显著。亲戚好友数量对参与电商决策及参与电商程度的影响均为正，且均在1%的显著性水平上通过检验，说明亲戚好友数量为猕猴桃种植户开展电商销售铺垫了较好的社会网络。

（4）互联网普及特征对猕猴桃种植户参与电商程度的影响。在纠正样本选择偏差后，互联网使用对参与电商决策和参与电商程度的影响均为正，且均在

1%的显著性水平上通过检验，说明互联网使用能够促进农户参与电商，提高电商销售强度。可能的解释是猕猴桃种植户使用互联网获取信息，其面临的农产品市场价格不确定性会随之降低，在农产品销售过程中更愿意采用电商渠道进行销售，使用互联网获取相应信息越容易，猕猴桃种植户参与电商程度越高。电商培训对参与电商决策的影响为正，且在10%的显著性水平上通过检验，而对参与电商程度的影响未通过显著性检验。可能的解释是电商培训向猕猴桃种植户传递电商销售知识及技巧，提高其电商认知水平，降低其获取信息的时间和成本，这有助于猕猴桃种植户参与电商。电商政策感知对参与电商决策的影响为正，且在1%的显著性水平上通过检验，而对参与电商程度的影响不显著，说明电商政策感知越高的猕猴桃种植户越倾向于参与电商，但这一因素对参与电商程度的影响不大。

（5）村域环境特征对猕猴桃种植户参与电商程度的影响。村庄是否有快递点对参与电商决策的影响为正，且在1%的水平上显著，但对参与电商程度的影响并未通过显著性检验，说明村庄有快递点为猕猴桃种植户参与电商提供了便捷。乡镇距离对参与电商决策的影响为正，且在5%的水平上通过检验，而对参与电商程度影响未通过显著性检验，说明乡镇距离仅影响猕猴桃种植户参与电商决策，不是影响猕猴桃种植户参与电商程度的重要因素。

表 3-9 猕猴桃种植户参与电商程度的影响因素

变量名称	参与电商决策	参与电商程度
户主年龄	-0.011 3*	0.006 5
	(0.006 1)	(0.026 8)
户主受教育程度	0.053 3***	-0.009 0
	(0.017 8)	(0.088 5)
劳动力人数	0.169 7***	0.069 1
	(0.053 4)	(0.261 4)
经营规模	-0.280 1**	1.442 5***
	(0.110 1)	(0.478 1)
种植专业化	0.022 5***	0.046 1*
	(0.004 5)	(0.026 5)
加入合作社	0.409 2***	0.155 7
	(0.151 1)	(0.560 8)
农技培训次数	0.127 5*	0.417 8
	(0.066 8)	(0.288 3)

（续）

变量名称	参与电商决策	参与电商程度
家中是否有村干部	0.172 3 (0.147 4)	1.578 4*** (0.532 1)
人情往来支出	0.670 4** (0.308 0)	1.038 0 (1.109 8)
亲戚好友数量	0.583 8*** (0.088 8)	1.740 3*** (0.590 9)
互联网使用	0.078 4** (0.034 3)	0.304 9** (0.148 0)
电商培训	0.183 1* (0.109 3)	0.007 5 (0.431 0)
电商政策感知	0.252 0*** (0.031 3)	−0.212 2 (0.239 6)
村庄是否有快递点	0.437 2*** (0.159 3)	−0.489 5 (0.738 4)
乡镇距离	0.172 4** (0.086 0)	−0.228 0 (0.392 0)
省份	−0.433 5*** (0.162 9)	−1.024 2 (0.754 0)
网购经历	0.323 9*** (0.091 6)	
常数项	−4.389 4*** (0.597 4)	6.559 1 (5.267 3)
λ	−2.479 1* (1.387 6)	
Wald 检验值	97.390 0	
样本量	1 036	398

注：*、**、*** 分别表示在 10%、5%、1% 的水平上显著；括号内为稳健标准误。

三、本章小结

本章介绍了样本区域选择，并利用微观调查数据，对样本区域内猕猴桃种植户参与电商状况进行了分析和描述性统计，并对影响猕猴桃种植户参与电商行为的因素展开分析。研究发现：①全球猕猴桃生产规模稳步提升，猕猴桃主产国的产业发展优势突出，猕猴桃进出口贸易总额也在持续上涨，全球猕猴桃产业正处于蓬勃发展阶段，其发展潜力正在持续增大；中国猕猴桃生产规模稳步提升，猕猴桃主产区已逐步形成，猕猴桃贸易规模也在持续扩大，但伴随全球化进程，我国猕猴桃生产规模依旧存在较大的提升空间，猕猴桃产业竞争力不足。②样本区域中，参与电商的有 398 户，未参与电商有 638 户；在参与电商的猕猴桃种植户中，有 70 户采纳平台电商模式，采纳社交电商模式的有328 户；在 638 户未参与电商的猕猴桃种植户家庭中，有 494 户猕猴桃种植户希望能够通过电商销售猕猴桃，表明猕猴桃种植户参与电商意愿较高。③样本区域中，猕猴桃种植户绿色生产技术认知存在明显差异，且政府对采用不同绿色生产技术的支持力度也存在明显差异，有机肥施用技术、套袋技术、无公害农药使用技术在样本猕猴桃种植户中均得到了较好的应用，但物理防治技术、测土配方施肥技术采纳率较低。④在参与电商决策的影响因素中，猕猴桃种植户个体特征中的户主年龄、户主受教育程度均会影响猕猴桃种植户参与电商，家庭特征中的劳动力人数、经营规模、种植专业化、是否加入合作社、农技培训次数，社会网络特征中的人情往来支出、亲戚好友数量，互联网普及特征中的互联网使用、电商培训、电商政策感知、网购经历，村域环境特征中的村庄是否有快递点、乡镇距离，均对猕猴桃种植户参与电商决策有显著影响。⑤在参与电商模式的影响因素中，在个体特征方面，户主年龄越小、户主受教育程度越高的猕猴桃种植户倾向于选择社交电商模式。在家庭特征方面，劳动力人数越多、经营规模越小、种植专业化程度越高的倾向于选择社交电商模式，而加入合作社、接受农技培训次数较多的倾向于选择平台电商模式。在社会网络特征方面，家中有村干部的倾向于选择平台电商模式，人情往来支出较大、亲戚好友数量较多的倾向于选择社交电商模式。在互联网普及特征方面，使用互联网获取信息越频繁的越倾向于选择平台电商模式，而对电商政策感知高、有网购经历的倾向于选择社交电商模式。在村域环境特征方面，村庄有快递点的倾向于选择社交电商模式。⑥在参与电商程度的影响因素中，经营规模、种植专业化、家中有村干部、亲戚好友数量、互联网使用均对参与电商程度有显著影响。

第四篇　分　析　篇

第四章　参与电商对猕猴桃种植户绿色农产品价值感知的影响

　　个体的价值感知是由个体根据外界环境及自身经验等形成的对某些事物或事件的主观感受、认知和判断（曲朦、赵凯，2020）。猕猴桃种植户在生产经营过程中会形成对绿色农产品的价值感知，从而影响其生产经营活动。那么，参与电商对猕猴桃种植户绿色农产品价值感知是否会产生影响，厘清其产生影响的机理与路径，对进一步引导猕猴桃种植户参与电商，进而扩大绿色农产品生产规模具有重要的理论与现实意义。

一、理论分析与研究假说

　　绿色生产行为的推进需要经过从思想层面到实践层面的自上而下的过程。由于小农经济以小规模分散化经营为主，小农户往往缺乏"绿色生产意识"。虽然随着社会经济的发展，农产品生产者逐渐认识到绿色生产的重要性，但由于"柠檬市场"的存在，我国绿色农产品市场机制尚不完善，农产品生产者难以在绿色农业发展进程中获取相应利润，挫伤了农产品生产者绿色生产信心，造成其对绿色农产品的价值感知普遍偏低。

　　在农业生产过程中，农户除了根据自身知识储备评价农产品预期价值外，还会因为外界诸多条件的影响对农产品价值感知进行再次评估（王建军等，2019）。一方面，农村电商的快速发展为农户生产的绿色农产品销售提供了新的渠道。电商发展作为一种外部环境变化给农产品生产者提供广阔的信息获取渠道，缓解农产品生产者的信息弱势，更加透明的市场信息能够促使农户直接了解绿色农产品的市场价值和市场实际需求，使猕猴桃种植户对绿色农产品的经济性、社会性形成较高的利益感知。另一方面，农村电商的发展拓宽了农户经济活动和信息交流的范围，使农民能够接触到大量的客户群，便于其销售绿色农产品，同时也能够从大量电商消费者中直接获取他们对绿色农产品的质量、口感等方面的评价，了解绿色农产品存在的问题，找准改进的方向。参与电商对猕猴桃种植户绿色农产品价值感知的影响体现在以下几个方面：第一，在互联网技术的支持下，参与电商的猕猴桃种植户不仅可以通过互联网销售农产品，而且能够通过互联网及时获取各地的农产品价格、农产品需求等相关数据信息，有效克服传统销售模式中信息不对称、不透明带来的价格波动，提高猕猴桃种植户对农产品价格的把控力，避免因低价销售带来的收益损失和高价销售带来的消费者挤出效应，进而提高其对绿色农产品的价格感知。第二，通过电商平台的精准定位，农产品生产者可以更加精准的匹配到目标客户群体，目标客户的锁定能够有效拉动农产品生产者的生产积极性，通过以销定产的订单农业形式保障绿色农产品的市场销量，提升猕猴桃种植户对绿色农产品的销量感知。第三，电商平台拉进了生产者与消费者的距离，农产品生产者能够通过电商了解到消费者对绿色农产品的迫切期待，改善绿色农产品供需失衡问题，销售符合市场需求的高质猕猴桃产品，提升其对绿色农产品的消费者认可感知。第四，农村电商作为一种农村产业新业态，扎根于农村，服务于"三农"，对整合农村资源、开拓农业生产、提升农业价值具有重要意义，各地政府不断加大对农村电商的扶持力度，特别是对高品质、绿色农产品电商的扶持。因此，参与电商的农户能更为明显地感受到政府对绿色农产品的支持力度，进而能够获取相应的资金和技术支持。第五，发展绿色农产品通常面临市场前景不明、生产销售高风险等困境，在小农生产的风险规避特性下，农户对绿色农产品的生产积极性较低，而电商不仅能够通过网上交易保障绿色农产品销量与价格，而且能够获得相关政府部门的补贴与政策支持，按照政府规范生产标准化的高质绿色农产品，能够有效降低市场风险和收益风险，进而会降低种植户对绿色农产品的风险感知。以上分析说明参与电商能够影响到猕猴桃种植户的价值感知。基于此，本章提出假说6～11。

H6：参与电商影响猕猴桃种植户对绿色农产品的价值感知。

H7：参与电商提高猕猴桃种植户对绿色农产品的价格感知。

H8：参与电商提高猕猴桃种植户对绿色农产品的销量感知。

H9：参与电商提高猕猴桃种植户对绿色农产品的消费者认可感知。

H10：参与电商提高猕猴桃种植户对绿色农产品的政府支持感知。

H11：参与电商降低猕猴桃种植户对绿色农产品的风险感知。

二、计量模型设定与变量选取

（一）计量模型设定

在分析参与电商对猕猴桃种植户绿色农产品价值感知中，由于猕猴桃种植户对绿色农产品的价格感知、销量感知、消费者认可感知、政府支持感知及风险感知均为有序变量（取值为 1、2、3、4、5），拟采用有序 Logit 模型进行分析，以绿色农产品价格感知为例，模型设定具体形式如下：

$$Y_i^* = \beta_0 + \beta_1 X_i + \mu_i, \quad i = 1, 2, \cdots, N \qquad (4-1)$$

$$Y_i = \begin{cases} 1, & 若 Y_i^* \leqslant c_1 \\ 2, & 若 c_1 < Y_i^* \leqslant c_2 \\ 3, & 若 c_2 < Y_i^* \leqslant c_3 \\ 4, & 若 c_3 < Y_i^* \leqslant c_4 \\ 5, & 若 c_4 < Y_i^* \end{cases} \qquad (4-2)$$

其中，Y_i 为被解释变量，代表猕猴桃种植户绿色农产品价格感知，Y_i^* 为不可观测的潜变量，X_i 为包含参与电商在内的解释变量集合，β_0、β_i 为待估参数，μ_i 为随机变量，服从独立同分布，c_1、c_2、c_3、c_4 为未知割点，且有 $c_1 < c_2 < c_3 < c_4$，则 Y 的条件概率表示为：

$$P(Y = 1 \mid X) = P(Y^* \leqslant c_1) = \varphi_1$$
$$P(Y = 2 \mid X) = P(c_1 < Y^* \leqslant c_2) = \varphi_2$$
$$\cdots\cdots \qquad (4-3)$$
$$P(Y = 5 \mid X) = P(Y^* > c_4) = 1 - \varphi_4$$

（二）变量选取和描述性统计

（1）因变量。本章因变量为猕猴桃种植户绿色农产品价值感知，采用 Likert 五分量表，从猕猴桃种植户对绿色农产品的价格感知、销量感知、消费者认可感知、政府支持感知及风险感知五个维度刻画猕猴桃种植户绿色农产品价值感知，变量定义及说明如表 4-1 所示。在因子分析之前，对五个维度进行 KMO 和 Barlett 检验。结果显示，KMO 值为 0.805 0，Barlett 球形检验统计量 Sig < 0.01，说明变量适合做因子分析，因此本节运用 SPSS 进行因子分析，用主成分分析法提取一个公共因子（累计方差贡献率为 77.620 3%），命名为绿色农产品价值感知。

从电商户与非电商户的绿色农产品价值感知均值差来看，电商户绿色农产品价值感知比非电商户高 0.819 6，且两者的均值差在 1％的显著性水平上通过检验；电商户绿色农产品市场价格感知比非电商户高 0.293 7，且两者的均值差在 1％的显著性水平上通过检验；在绿色农产品市场销量感知方面，电商户比非电商户高 0.841 6，且两者的均值差在 1％的显著性水平上通过检验；在消费者认可感知方面，电商户比非电商户高 0.508 0，且两者的均值差在 1％的显著性水平上通过检验；在绿色农产品政府支持感知方面，电商户比非电商户高 0.787 8，且两者的均值差在 1％的显著性水平上通过检验；在绿色农产品风险感知方面，电商户比非电商户低 0.768 3，且两者的均值差在 1％的显著性水平上通过检验。由均值差异检验结果可以初步判定，参与电商的猕猴桃种植户与未参与电商的猕猴桃种植户在对绿色农产品的价值感知总维度及五个分维度上均具有显著差异。

表 4 - 1　猕猴桃种植户的绿色农产品价值感知状况

变量名称	变量定义与赋值	电商户	非电商户	均值差	t 检验值
绿色农产品价值感知	因子分析法合成得到	0.504 7	−0.314 9	0.819 6***	13.986 3
绿色农产品市场价格感知	绿色农产品能卖出较高价格：非常不同意＝1；比较不同意＝2；一般＝3；比较同意＝4；非常同意＝5	4.130 7	3.837 0	0.293 7***	5.239 1
绿色农产品市场销量感知	绿色农产品销路比较好：非常不同意＝1；比较不同意＝2；一般＝3；比较同意＝4；非常同意＝5	3.924 6	3.083 1	0.841 6***	11.529 0
绿色农产品消费者认可感知	消费者对绿色农产品有较高认可：非常不同意＝1；比较不同意＝2；一般＝3；比较同意＝4；非常同意＝5	3.771 4	3.263 3	0.508 0***	6.675 3
绿色农产品政府支持感知	政府对发展绿色农产品支持力度比较大：非常不同意＝1；比较不同意＝2；一般＝3；比较同意＝4；非常同意＝5	4.015 1	3.227 3	0.787 8***	10.532 2
绿色农产品风险感知	发展绿色农产品有比较大的市场风险：非常不同意＝1；比较不同意＝2；一般＝3；比较同意＝4；非常同意＝5	2.045 2	2.813 5	−0.768 3***	−10.381 1

注：＊＊＊表示均值差异在 1％的水平上显著。

（2）自变量。①参与电商决策，若猕猴桃种植户通过电商渠道销售猕猴桃，则赋值为1，否则，赋值为0。②参与电商模式，若猕猴桃种植户采用传统销售模式，则赋值为1，若猕猴桃种植户参与平台电商模式，则赋值为2，若猕猴桃种植户参与社交电商模式，则赋值为3。③参与电商程度，猕猴桃种植户通过电商渠道销售猕猴桃收入的对数。

（3）本章从五个维度选择控制变量。①在个体特征方面，选取户主年龄、户主受教育程度2个变量；②在家庭特征方面，选取家庭年收入、经营规模、劳动力人数、种植专业化、农技培训次数、是否加入合作社、种植年限7个变量；③在互联网普及特征方面，选取互联网使用1个变量；④在社会网络特征方面，选取人情往来支出、亲戚好友数量、通信支出占比3个变量；⑤在村域环境特征方面，选取乡镇距离1个变量。另外，本章引入省份虚拟变量控制地区差异性的影响。

本章的自变量及控制变量的定义和描述性统计结果如表4-2所示。

表4-2　变量定义及描述性统计

变量名称	变量定义与赋值	均值	标准差
户主年龄	按户主实际年龄计算，单位：岁	57.462 4	8.683 1
户主受教育程度	户主教育年限，单位：年	7.579 2	2.999 6
家庭年收入	家庭一年总收入，单位：万元	15.117 8	10.828 6
经营规模	按实际经营猕猴桃规模计算，单位：亩	4.783 9	3.124 6
劳动力人数	按实际值计算，单位：人	2.718 1	1.042 9
种植专业化	猕猴桃年收入占家庭年收入的比重，单位：%	32.042 1	12.816 9
农技培训次数	家庭成员一年内参加农业技术培训的总次数，单位：次	1.987 5	2.332 9
加入合作社	是否加入合作社：是=1；否=0	0.106 2	0.308 2
种植年限	种植户经营猕猴桃的年限，单位：年	10.426 6	5.605 3
互联网使用	使用互联网、手机等现代媒介获取信息的频率：从不=1；很少=2；有时=3；经常=4；频繁=5	2.294 4	1.501 3
人情往来支出	家庭一年用于人情往来的支出，单位：万元	0.290 5	0.254 5
亲戚好友数量	家庭中亲戚好友的数量，单位：个	29.212 4	19.755 0
通信支出占比	通信支出占家庭总支出比重，单位：%	6.274 9	3.766 2
乡镇距离	所在村庄与所在乡（镇）的距离，单位：千米	4.336 7	2.586 4
省份	陕西省=1；四川省=0	0.709 5	0.454 2

三、参与电商决策对猕猴桃种植户绿色农产品价值感知的影响分析

表 4-3（1）列为参与电商决策对猕猴桃种植户绿色农产品价值感知影响的估计结果。结果显示，相比于未参与电商的猕猴桃种植户，参与电商的猕猴桃种植户对绿色农产品价值感知更高。另外，户主受教育程度越高、劳动力人数越多、种植年限越长、通信支出占比越大、乡镇距离越近的猕猴桃种植户绿色农产品价值感知越高，假说 6 得到初步验证。

从分维度看，表 4-3（2）列为参与电商决策对猕猴桃种植户绿色农产品价格感知影响的估计结果。结果显示，相比于未参与电商的猕猴桃种植户，参与电商的猕猴桃种植户对绿色农产品价格感知更高。另外，年龄越大、受教育程度越高、参加农技培训次数越多且使用互联网的猕猴桃种植户绿色农产品价格感知越高，假说 7 得到初步验证。

表 4-3（3）列为参与电商决策对猕猴桃种植户绿色农产品销量感知影响的估计结果。结果显示，相比于未参与电商的猕猴桃种植户，参与电商的猕猴桃种植户对绿色农产品销量感知更高。从控制变量结果来看，户主受教育程度越高、劳动力人数越多、种植专业化程度越高、种植年限越长、通信支出占比越大的猕猴桃种植户绿色农产品销量感知越高，假说 8 得到初步验证。

表 4-3（4）列为参与电商决策对猕猴桃种植户绿色农产品消费者认可感知影响的估计结果。结果显示，相比于未参与电商的猕猴桃种植户，参与电商的猕猴桃种植户认为消费者对绿色农产品认可程度较高。从控制变量结果来看，户主受教育程度越高、劳动力人数越多、加入合作社、种植年限越长、通信支出占比越大的猕猴桃种植户认为消费者对绿色农产品认可程度越高，假说 9 得到初步验证。

表 4-3（5）列为参与电商决策对猕猴桃种植户绿色农产品政府支持感知影响的估计结果。结果显示，相比于未参与电商的猕猴桃种植户，参与电商的猕猴桃种植户认为政府对绿色农产品政策支持力度较大。从其他影响因素看，户主受教育程度越大、劳动力人数越多、种植年限越长、通信支出占比越大的猕猴桃种植户认为政府对绿色农产品政策支持力度越大，假说 10 得到初步验证。

表 4-3（6）列为参与电商决策对猕猴桃种植户绿色农产品风险感知影响的估计结果。结果显示，与未参与电商的猕猴桃种植户相比，参与电商的猕猴

桃种植户对绿色农产品风险的感知程度较小。从其他因素看，户主受教育程度越高、种植年限越长、乡镇距离越近的猕猴桃种植户对绿色农产品风险的感知度越低，假说 11 得到初步验证。

表 4-3　参与电商决策对猕猴桃种植户绿色农产品价值感知影响的估计结果

	（1） 价值感知	（2） 价格感知	（3） 销量感知	（4） 消费者认 可感知	（5） 政府支持 感知	（6） 风险感知
参与电商 决策	0.594 1***	0.2237***	0.661 6***	0.512 0***	0.348 0***	−0.638 7***
	(0.056 3)	(0.078 1)	(0.078 6)	(0.080 0)	(0.078 1)	(0.080 2)
户主年龄	−0.002 0	0.013 5***	0.004 9	−0.005 2	−0.003 0	−0.003 9
	(0.003 3)	(0.004 4)	(0.004 3)	(0.004 3)	(0.004 3)	(0.004 1)
户主受教 育程度	0.120 6***	0.030 4**	0.081 5***	0.110 0***	0.135 8***	−0.127 8***
	(0.009 4)	(0.012 9)	(0.012 6)	(0.012 7)	(0.012 8)	(0.012 1)
家庭年 收入	0.090 9	0.044 5	0.060 7	0.079 1	−0.030 1	−0.101 4
	(0.059 2)	(0.073 0)	(0.071 5)	(0.081 6)	(0.074 9)	(0.077 2)
经营规模	0.060 3	0.036 0	0.085 5	−0.094 9	0.071 5	−0.133 7
	(0.072 0)	(0.095 4)	(0.091 4)	(0.104 1)	(0.094 1)	(0.099 3)
劳动力 人数	0.061 4**	0.004 6	0.087 0**	0.094 7**	0.106 2**	0.039 0
	(0.029 6)	(0.044 4)	(0.041 0)	(0.043 4)	(0.043 5)	(0.044 3)
种植专 业化	0.003 6	−0.002 9	0.006 5**	0.005 5	−0.001 2	−0.003 9
	(0.002 6)	(0.003 5)	(0.003 3)	(0.003 5)	(0.003 3)	(0.003 5)
农技培训 次数	0.033 0	0.171 8***	−0.052 2	0.063 6	0.021 7	−0.056 3
	(0.037 9)	(0.052 0)	(0.051 6)	(0.053 0)	(0.050 3)	(0.050 2)
加入合 作社	0.072 0	−0.122 8	0.085 8	0.372 4***	−0.146 0	0.188 5
	(0.087 3)	(0.112 3)	(0.114 3)	(0.116 8)	(0.106 3)	(0.119 4)
种植年限	0.029 7***	−0.005 8	0.018 7***	0.012 0**	0.044 2***	−0.013 1**
	(0.004 1)	(0.006 2)	(0.005 4)	(0.005 5)	(0.006 0)	(0.005 8)
互联网 使用	0.028 0	0.163 4***	0.039 6	0.014 0	−0.000 9	0.011 9
	(0.019 4)	(0.027 7)	(0.025 5)	(0.026 2)	(0.025 7)	(0.026 0)
人情往来 支出	−0.126 5	0.279 6	−0.196 9	0.106 7	−0.085 7	0.028 6
	(0.161 4)	(0.236 5)	(0.218 1)	(0.215 2)	(0.232 2)	(0.232 4)
亲戚好友 数量	0.020 0	0.002 2	0.037 0	0.021 9	0.002 2	0.076 1
	(0.043 3)	(0.062 1)	(0.058 3)	(0.060 7)	(0.058 7)	(0.058 7)

（续）

	(1) 价值感知	(2) 价格感知	(3) 销量感知	(4) 消费者认可感知	(5) 政府支持感知	(6) 风险感知
通信支出占比	0.035 2***	−0.004 4	0.040 0***	0.027 2***	0.033 6***	−0.011 0
	(0.007 0)	(0.009 5)	(0.008 7)	(0.009 1)	(0.009 1)	(0.009 1)
乡镇距离	−0.018 2*	−0.015 2	−0.004 3	0.003 4	−0.014 3	0.026 5**
	(0.009 4)	(0.013 2)	(0.013 5)	(0.013 1)	(0.012 7)	(0.013 0)
省份	−0.146 9**	0.007 5	−0.133 3	−0.181 0**	−0.126 3	0.035 1
	(0.066 9)	(0.090 6)	(0.089 7)	(0.089 6)	(0.085 0)	(0.084 8)
常数项	−2.116 2***					
	(0.300 9)					
cut1		−0.523 1	0.870 9**	0.080 2	0.206 0	−2.498 8***
		(0.427 2)	(0.405 0)	(0.408 5)	(0.410 4)	(0.411 4)
cut2		−0.105 6	1.403 5***	0.508 5	0.752 0*	−1.797 8***
		(0.422 8)	(0.403 4)	(0.409 2)	(0.409 8)	(0.408 7)
cut3		0.857 1**	2.387 5***	1.561 6***	1.869 2***	−0.664 8
		(0.426 2)	(0.405 5)	(0.411 7)	(0.411 4)	(0.407 8)
cut4		2.278 1***	3.244 5***	2.331 9***	2.572 3***	−0.178 5
		(0.431 8)	(0.408 3)	(0.415 3)	(0.414 7)	(0.408 2)
样本量	1 036	1 036	1 036	1 036	1 036	1 036

注：＊、＊＊、＊＊＊分别表示在10％、5％、1％的水平上显著；括号内为稳健标准误。

四、参与电商模式对猕猴桃种植户绿色农产品价值感知的差异分析

为了检验参与电商模式对猕猴桃种植户绿色农产品价值感知的差异，表4-4和表4-5分别展现了以传统销售模式为参照，平台电商模式和社交电商模式对猕猴桃种植户绿色农产品价值感知影响的估计结果。

从总维度看，表4-4（1）列结果显示，以传统销售模式为参照，平台电商模式对猕猴桃种植户绿色农产品价值感知有显著正向影响，说明采用平台电商模式的猕猴桃种植户比传统销售模式下的猕猴桃种植户对绿色农产品的价值感知程度高。表4-5（1）列结果显示，以传统销售模式为参照，社交电商模

式对猕猴桃种植户绿色农产品价值感知有显著正向影响，说明参与社交电商模式的猕猴桃种植户对绿色农产品的价值感知程度高。

从分维度看，表4-4（2）～（6）列结果显示，以传统销售模式为参照，平台电商模式对猕猴桃种植户绿色农产品的销量感知、消费者认可感知、政府支持感知均有显著正向影响，对绿色农产品的风险感知有显著负向影响，对绿色农产品的价格感知影响不显著。表4-5（2）～（6）列结果显示，以传统销售模式为参照，社交电商模式对猕猴桃种植户绿色农产品的价格感知、销量感知、消费者认可感知、政府支持感知均有显著正向影响，但对绿色农产品的风险感知有显著负向影响。可见，平台电商模式及社交电商模式均对猕猴桃种植户绿色农产品的价值感知有重要影响，增强了猕猴桃种植户发展绿色农产品的信心。但受到平台电商模式竞争力度大、低价比拼严重的市场局面影响，平台电商模式对猕猴桃种植户绿色农产品的价格感知并未通过显著性检验。从控制变量来看，平台电商模式和社交电商模式对猕猴桃种植户绿色农产品价值感知的影响因素差距不大，与表4-3结果基本一致，在此不再赘述。

表4-4　平台电商模式对猕猴桃种植户绿色农产品价值感知影响的估计结果

	（1）价值感知	（2）价格感知	（3）销量感知	（4）消费者认可感知	（5）政府支持感知	（6）风险感知
平台电商模式	1.069 8***	0.047 7	1.009 0***	0.892 0***	0.819 7***	−0.836 1***
	(0.117 1)	(0.142 6)	(0.146 3)	(0.164 4)	(0.177 9)	(0.163 4)
户主年龄	−0.003 6	0.017 9***	0.002 5	−0.006 6	−0.005 6	0.000 9
	(0.003 9)	(0.005 1)	(0.004 9)	(0.005 0)	(0.005 0)	(0.004 8)
户主受教育程度	0.129 7***	0.031 3**	0.087 4***	0.122 5***	0.141 7***	−0.141 9***
	(0.010 9)	(0.014 7)	(0.014 4)	(0.014 9)	(0.014 8)	(0.014 3)
家庭年收入	−0.043 9	0.169 8*	−0.084 3	−0.053 7	−0.163 2*	0.011 4
	(0.072 6)	(0.086 7)	(0.090 3)	(0.100 6)	(0.095 2)	(0.090 5)
经营规模	0.168 1*	0.018 2	0.093 5	−0.016 1	0.189 2	−0.199 9*
	(0.090 8)	(0.116 9)	(0.112 6)	(0.135 1)	(0.121 0)	(0.121 3)
劳动力人数	0.073 8**	−0.043 4	0.077 9	0.157 1***	0.130 7**	−0.004 6
	(0.036 3)	(0.055 6)	(0.050 1)	(0.053 0)	(0.051 9)	(0.052 8)
种植专业化	0.001 1	−0.005 3	−0.002 3	0.008 9**	−0.002 6	−0.000 1
	(0.003 1)	(0.004 4)	(0.003 9)	(0.004 3)	(0.004 1)	(0.004 2)

（续）

	（1）价值感知	（2）价格感知	（3）销量感知	（4）消费者认可感知	（5）政府支持感知	（6）风险感知
农技培训次数	−0.072 7	0.122 8*	−0.104 3	0.009 7	−0.063 1	−0.019 4
	(0.046 0)	(0.065 4)	(0.065 9)	(0.064 8)	(0.062 8)	(0.061 6)
加入合作社	0.010 0	−0.191 8	0.073 1	0.245 0	−0.212 3	0.145 5
	(0.128 5)	(0.150 2)	(0.148 0)	(0.167 4)	(0.159 4)	(0.162 0)
种植年限	0.031 1***	−0.006 4	0.021 7***	0.016 1**	0.040 6***	−0.020 4***
	(0.004 8)	(0.007 3)	(0.006 0)	(0.006 4)	(0.006 6)	(0.006 9)
互联网使用	0.017 5	0.202 5***	0.053 6	0.012 8	−0.025 5	0.060 5*
	(0.025 4)	(0.036 0)	(0.033 0)	(0.034 4)	(0.033 9)	(0.034 9)
人情往来支出	−0.012 6	0.245 0	−0.368 9	0.206 9	0.269 4	−0.143 5
	(0.240 3)	(0.330 8)	(0.311 0)	(0.335 8)	(0.313 2)	(0.335 3)
亲戚好友数量	0.046 4	−0.062 3	0.049 8	0.039 6	0.023 1	0.027 9
	(0.048 7)	(0.069 4)	(0.066 6)	(0.068 6)	(0.066 1)	(0.068 0)
通信支出占比	0.036 3***	−0.010 5	0.046 7***	0.032 8***	0.028 9**	−0.015 4
	(0.008 6)	(0.011 0)	(0.010 4)	(0.011 1)	(0.011 3)	(0.011 0)
乡镇距离	−0.018 9*	−0.021 8	0.001 6	−0.012 2	−0.022 8	0.012 2
	(0.011 2)	(0.015 5)	(0.016 0)	(0.015 7)	(0.015 5)	(0.015 7)
省份	−0.200 9**	0.135 0	−0.054 4	−0.264 6**	−0.264 1**	−0.016 3
	(0.081 0)	(0.110 8)	(0.108 9)	(0.109 9)	(0.106 8)	(0.107 1)
常数项	−1.874 2***					
	(0.360 7)					
cut1		−0.331 6	0.246 2	0.076 2	−0.260 4	−2.413 3***
		(0.500 5)	(0.476 1)	(0.480 8)	(0.467 0)	(0.492 6)
cut2		0.068 3	0.792 9*	0.516 2	0.339 6	−1.797 8***
		(0.494 9)	(0.474 8)	(0.481 0)	(0.465 9)	(0.489 5)
cut3		1.011 3**	1.854 0***	1.714 9***	1.542 7***	−0.515 8
		(0.498 2)	(0.475 8)	(0.484 7)	(0.464 7)	(0.488 5)
cut4		2.480 7***	2.653 1***	2.370 5***	2.145 5***	−0.005 2
		(0.506 3)	(0.477 2)	(0.489 0)	(0.466 4)	(0.491 2)
样本量	708	708	708	708	708	708

注：*、**、***分别表示在10%、5%、1%的水平上显著；括号内为稳健标准误。

表 4-5　社交电商模式对猕猴桃种植户绿色农产品价值感知影响的估计结果

	(1) 价值感知	(2) 价格感知	(3) 销量感知	(4) 消费者认可感知	(5) 政府支持感知	(6) 风险感知
社交电商模式	0.525 9*** (0.058 1)	0.240 8*** (0.081 1)	0.601 8*** (0.080 3)	0.450 9*** (0.082 5)	0.284 2*** (0.080 9)	−0.615 0*** (0.082 7)
户主年龄	−0.003 6 (0.003 4)	0.014 8*** (0.004 6)	0.003 0 (0.004 5)	−0.006 8 (0.004 4)	−0.004 1 (0.004 5)	−0.001 7 (0.004 2)
户主受教育程度	0.126 8*** (0.009 8)	0.031 6** (0.013 3)	0.085 4*** (0.013 1)	0.119 0*** (0.013 2)	0.142 9*** (0.013 3)	−0.128 8*** (0.012 5)
家庭年收入	0.032 8 (0.060 4)	0.060 5 (0.074 3)	0.007 2 (0.072 2)	0.040 8 (0.084 1)	−0.072 3 (0.076 8)	−0.079 0 (0.079 3)
经营规模	0.084 0 (0.073 4)	−0.000 3 (0.098 5)	0.112 7 (0.094 7)	−0.091 9 (0.105 8)	0.066 7 (0.097 0)	−0.149 5 (0.102 4)
劳动力人数	0.070 1** (0.030 5)	0.000 9 (0.045 7)	0.103 5** (0.043 2)	0.095 7** (0.044 8)	0.121 4*** (0.045 2)	0.040 0 (0.045 8)
种植专业化	0.002 7 (0.002 6)	−0.002 7 (0.003 6)	0.006 3* (0.003 4)	0.005 0 (0.003 6)	−0.001 0 (0.003 4)	−0.003 2 (0.003 6)
农技培训次数	0.018 4 (0.038 9)	0.181 4*** (0.053 7)	−0.057 7 (0.052 7)	0.042 3 (0.054 3)	0.007 0 (0.052 0)	−0.042 0 (0.052 0)
加入合作社	0.059 2 (0.095 6)	−0.032 3 (0.128 2)	0.070 9 (0.130 6)	0.404 9*** (0.128 5)	−0.114 4 (0.119 3)	0.218 8 (0.136 0)
种植年限	0.029 4*** (0.004 2)	−0.006 0 (0.006 5)	0.018 3*** (0.005 5)	0.011 8** (0.005 7)	0.042 4*** (0.006 2)	−0.012 0** (0.005 9)
互联网使用	0.026 5 (0.019 8)	0.163 0*** (0.028 5)	0.037 8 (0.026 3)	0.010 2 (0.027 3)	−0.009 0 (0.026 7)	0.003 0 (0.027 1)
人情往来支出	−0.136 1 (0.165 3)	0.229 1 (0.244 4)	−0.175 0 (0.225 4)	0.142 1 (0.222 3)	−0.089 8 (0.239 8)	0.083 8 (0.241 6)
亲戚好友数量	0.025 4 (0.043 8)	0.003 5 (0.062 8)	0.043 4 (0.059 2)	0.017 5 (0.061 5)	0.019 1 (0.059 4)	0.075 0 (0.059 9)
通信支出占比	0.035 8*** (0.007 1)	−0.005 1 (0.009 7)	0.041 4*** (0.008 9)	0.027 8*** (0.009 3)	0.032 4*** (0.009 3)	−0.012 1 (0.009 4)
乡镇距离	−0.023 1** (0.009 7)	−0.018 1 (0.013 4)	−0.008 3 (0.013 8)	−0.001 9 (0.013 5)	−0.017 6 (0.012 9)	0.027 1** (0.013 4)

（续）

	（1） 价值感知	（2） 价格感知	（3） 销量感知	（4） 消费者认 可感知	（5） 政府支持 感知	（6） 风险感知
省份	−0.183 7***	0.013 9	−0.160 5*	−0.204 2**	−0.142 9	0.042 4
	(0.068 7)	(0.091 6)	(0.091 6)	(0.091 9)	(0.087 6)	(0.087 3)
常数项	−1.917 2***					
	(0.306 8)					
cut1		−0.453 6	0.723 9*	−0.129 4	0.085 6	−2.291 8***
		(0.442 6)	(0.415 3)	(0.425 2)	(0.420 0)	(0.421 0)
cut2		−0.033 1	1.263 1***	0.305 8	0.640 2	−1.634 4***
		(0.438 0)	(0.413 5)	(0.425 7)	(0.419 2)	(0.418 6)
cut3		0.926 4**	2.270 8***	1.384 9***	1.784 1***	−0.476 3
		(0.441 4)	(0.415 9)	(0.427 8)	(0.420 8)	(0.418 0)
cut4		2.313 2***	3.070 2***	2.126 2***	2.481 1***	0.031 4
		(0.447 5)	(0.418 4)	(0.431 3)	(0.424 5)	(0.418 7)
样本量	966	966	966	966	966	966

注：*、**、*** 分别表示在 10%、5%、1% 的水平上显著；括号内为稳健标准误。

五、参与电商程度对猕猴桃种植户绿色农产品价值感知的影响分析

表 4-6（1）列为参与电商程度对猕猴桃种植户绿色农产品价值感知影响的估计结果。从回归结果看，参与电商程度对绿色农产品价值感知的影响均为正向，且在 1% 的显著性水平上通过检验，说明参与电商程度越高，猕猴桃种植户对绿色农产品的价值感知越高，假说 6 得以验证。

从分维度看，表 4-6（2）~（6）列的结果显示，参与电商程度对猕猴桃种植户绿色农产品的销量感知、消费者认可感知、政府支持感知的影响均为正向，且均在 5% 的显著性水平上通过检验，但对绿色农产品的价格感知、风险感知的影响不显著。这说明随着猕猴桃种植户参与电商程度的加深，猕猴桃种植户对于绿色农产品的销量、消费者认可及政府支持的前景较为看好，假说 8~10 得以验证。猕猴桃种植户对绿色农产品的价格感知未通过显著性检验，可能的原因是随着参与电商程度的加深，电商投资加大及边际效应递减，造成其对于

绿色农产品价格感知度有所缓解。

表 4-6　参与电商程度对猕猴桃种植户绿色农产品价值感知影响的估计结果

	（1）价值感知	（2）价格感知	（3）销量感知	（4）消费者认可感知	（5）政府支持感知	（6）风险感知
参与电商程度	0.058 5*** (0.015 1)	0.000 9 (0.017 6)	0.050 3** (0.021 4)	0.057 7** (0.023 0)	0.043 3** (0.019 8)	−0.021 8 (0.019 3)
户主年龄	0.005 3 (0.005 4)	0.002 0 (0.007 8)	0.011 1 (0.008 0)	0.002 7 (0.007 6)	0.005 0 (0.008 1)	−0.020 3*** (0.007 3)
户主受教育程度	0.077 7*** (0.016 9)	0.019 9 (0.025 5)	0.056 2** (0.023 9)	0.052 7** (0.025 0)	0.120 4*** (0.025 3)	−0.091 8*** (0.023 6)
家庭年收入	0.171 3 (0.115 7)	−0.193 1 (0.151 5)	0.236 6* (0.143 0)	0.148 2 (0.160 7)	0.073 6 (0.144 8)	−0.139 2 (0.160 0)
经营规模	−0.019 5 (0.114 2)	0.135 8 (0.157 4)	0.025 1 (0.163 2)	−0.113 1 (0.171 9)	0.069 2 (0.156 8)	−0.108 6 (0.167 9)
劳动力人数	0.059 3 (0.047 0)	0.075 4 (0.071 1)	0.121 8* (0.066 1)	0.029 9 (0.069 5)	0.091 3 (0.075 0)	0.076 4 (0.075 4)
种植专业化	0.001 5 (0.004 5)	0.001 0 (0.005 9)	0.016 5*** (0.006 1)	−0.006 6 (0.006 3)	−0.003 0 (0.006 0)	−0.005 9 (0.006 7)
农技培训次数	0.176 9*** (0.057 0)	0.247 9*** (0.084 0)	0.009 7 (0.080 5)	0.168 4* (0.086 5)	0.143 7* (0.079 3)	−0.156 9* (0.082 3)
加入合作社	0.012 0 (0.095 0)	−0.129 1 (0.142 0)	−0.036 6 (0.147 7)	0.338 7** (0.142 7)	−0.283 1** (0.126 8)	0.243 6 (0.150 1)
种植年限	0.027 0*** (0.006 9)	−0.006 2 (0.010 7)	0.018 7* (0.011 1)	0.000 7 (0.010 1)	0.063 0*** (0.011 9)	−0.003 8 (0.009 9)
互联网使用	−0.005 1 (0.026 9)	0.143 6*** (0.041 9)	−0.002 3 (0.039 5)	−0.014 8 (0.039 1)	0.000 8 (0.038 3)	−0.023 1 (0.038 7)
人情往来支出	−0.283 4 (0.202 2)	0.324 2 (0.329 3)	−0.331 9 (0.295 1)	−0.165 1 (0.275 8)	−0.295 8 (0.319 2)	0.309 7 (0.312 1)
亲戚好友数量	0.042 5 (0.085 7)	0.163 4 (0.132 9)	0.072 4 (0.116 9)	0.135 5 (0.127 7)	−0.052 5 (0.122 3)	0.181 3 (0.121 4)
通信支出占比	0.023 0** (0.010 8)	0.006 6 (0.018 0)	0.012 1 (0.017 0)	0.006 7 (0.015 1)	0.050 7*** (0.015 1)	0.014 2 (0.015 9)

（续）

	（1）价值感知	（2）价格感知	（3）销量感知	（4）消费者认可感知	（5）政府支持感知	（6）风险感知
乡镇距离	−0.006 5	0.009 1	0.003 7	0.045 4*	0.006 3	0.054 1**
	(0.015 5)	(0.023 4)	(0.023 6)	(0.023 4)	(0.022 9)	(0.022 9)
省份	−0.023 5	−0.161 5	−0.245 1	−0.080 5	0.077 4	0.173 8
	(0.103 9)	(0.162 1)	(0.166 5)	(0.146 2)	(0.140 2)	(0.148 8)
常数项	−1.851 5***					
	(0.558 7)					
cut1		−1.192 8	1.077 1	−0.231 3	1.027 4	−1.876 5**
		(0.806 9)	(0.817 0)	(0.810 4)	(0.857 8)	(0.795 6)
cut2		−0.675 3	1.589 4*	0.157 2	1.431 6*	−0.897 2
		(0.799 8)	(0.812 8)	(0.813 3)	(0.861 0)	(0.795 3)
cut3		0.399 5	2.417 9***	0.846 7	2.359 6***	−0.129 6
		(0.819 9)	(0.813 3)	(0.810 0)	(0.866 1)	(0.800 1)
cut4		1.869 4**	3.562 4***	1.938 4**	3.293 1***	0.229 8
		(0.824 9)	(0.818 3)	(0.810 0)	(0.873 3)	(0.792 1)
样本量	398	398	398	398	398	398

注：*、**、*** 分别表示在 10%、5%、1%的水平上显著；括号内为稳健标准误。

六、本章小结

本章在使用因子分析法测度猕猴桃种植户对绿色农产品的价值感知的基础上，从猕猴桃种植户对绿色农产品的价值感知的总维度以及猕猴桃种植户对绿色农产品的价格感知、销量感知、消费者认可感知、政府支持感知、风险感知五个分维度展开分析，采用陕西省和四川省共 1 036 户样本猕猴桃种植户的入户调查数据，使用 OLS 和有序 Logit 模型探究参与电商决策、参与电商模式以及参与电商程度对猕猴桃种植户绿色农产品价值感知总维度及五个分维度的影响。本章得到的主要结论：①参与电商决策能够促进猕猴桃种植户对绿色农产品的价值感知。从分维度看，参与电商决策能够促进猕猴桃种植户对绿色农产品的价格感知、销量感知、消费者认可感知和政府支持感知，降低其对绿色农产品的风险感知。②总体而言，平台电商模式和社交电商模式均会促进猕猴桃种植户对绿色农产品的价值感知。从分维度看，平台电商模式对猕猴桃种植户绿色农产品的价格感知的影响不显著，但社交电商模式能显著提高猕猴桃种植户对绿色农产品的价格感知，平台电商模式和社交电商模式均能显著提高猕猴桃种植户对绿色农产品的销量感知、消费者认可感知和政府支持感知，降低其对绿色农产品的风险感知。③总体而言，在参与电商的398户猕猴桃种植户中，随着参与电商程度的加深，猕猴桃种植户对绿色农产品的价值感知程度上升。从分维度看，随着参与电商程度的加深，猕猴桃种植户对绿色农产品的销量、消费者认可、政府支持的信心均有所增强，但其对绿色农产品的价格感知和风险感知受参与电商程度的影响不大。

第五章　参与电商对猕猴桃种植户绿色生产技术采纳的影响

第四章考察了参与电商对猕猴桃种植户绿色农产品价值感知的影响，那么随着猕猴桃种植户对绿色农产品价值感知的提升，其是否会提高绿色生产技术采纳？其中的影响机理是什么？本章在理论分析的基础上，利用微观调查数据，识别参与电商对猕猴桃种植户绿色生产技术采纳的影响，对其影响路径进行检验，并对不同资源禀赋的猕猴桃种植户进行异质性分析，以揭示参与电商对猕猴桃种植户绿色生产技术采纳的影响效应。

一、理论分析与研究假说

销售环节是农产品流通中的重要一环。在传统销售模式下，农户受自身条件、市场信息不对称等众多因素的影响，在农产品销售过程中处于相对不利的位置（唐立强、周静，2018）。但随着社会经济的发展，农产品电商通过整合农村传统要素与网络资源，实现农户与市场的有效连接（Parker et al.，2016），拉近了农户与消费者之间的空间距离，改变了农户的销售方式和生产经营方式（彭小珈、周发明，2018）。对猕猴桃种植户而言，其在参与电商的过程中对绿色农产品有了新的认知，激发了对生产端的新思考，从而促进其对绿色生产技术的采纳。

在传统农业经济中，部分生产者会利用市场信息的不对称性，以次充好扰乱市场，产生欺诈的机会主义行为。依托现代信息技术和互联网发展起来的农产品电商，将局限于特定地区的销售和购买行为扩散到全国范围，从而增加了竞争，极大地改善了传统农业信息不对称和销售不畅通的问题（Poole，2001），提升了农产品销售市场的有效性。价格机制是农产品质量高低的"显示信号"，是农产品市场有效性的重要体现。在农产品电商发展推动下的有效市场使绿色农产品较之普通农产品有较高的价格，为绿色农产品"优质优价"

提供了可能。这将提高猕猴桃种植户对绿色农产品的价格预期，从而提升其绿色生产的意愿，并最终促使其采纳绿色生产技术。基于此，本章提出假说12。

H12：参与电商有利于提升猕猴桃种植户的绿色农产品价格预期，从而促使其采纳绿色生产技术。

农产品电商为原本农产品同质化严重的生产区提供全国性市场，农户通过参与电商能够获得更多的收益和更强的议价能力，大大弱化了农产品同质化带来的丰收不增收窘境（魏晓蓓、王淼，2018）。在传统销售模式下，中间商利用自身的地理、信息等资源优势压低农产品收购价，由此带来的收益下降削弱了农户加大生产性投资的意愿，降低了其绿色生产意愿；参与电商则拉近了生产者和消费者的空间距离，降低了中间商的市场垄断地位，提高了农户在销售市场的议价能力，也降低了销售过程的交易成本，从而提高了销售环节的经济收益，增强了农户加大生产性投资的意愿（曾亿武等，2018）。投资意愿的增强会引致猕猴桃种植户投资行为的改变，有利于促进其采纳绿色生产技术。基于此，本章提出假说13。

H13：参与电商有利于猕猴桃种植户降低交易成本，提升经济收益水平，从而促进其采纳绿色生产技术。

参与电商使小农户有更多机会加入以订单农业和产品质量认证为代表的标准化生产链条，相较于原有地头收购市场，电商模式对农产品品质要求更高，农户为了满足农产品标准化生产需求会主动接纳对品质有较高提升的绿色生产技术（程欣炜、林乐芬，2020）。不同电商平台往往具有不同的市场定位，相应的市场准入条件也具有差异。高端市场定位的电商平台往往设立较高的市场准入条件，对农产品绿色、标准化要求更高，将无法提供高质量、高品质农产品的具有投机主义的卖家拒之门外，以保障自身电商平台的良性循环（汪旭晖、乌云，2020）。为了获取定位高端市场的电商平台的高收益，达到绿色化、标准化的市场准入条件成为电商环境下农户绿色生产技术采纳的重要动力。相较而言，定位低端市场的电商平台的市场准入条件较为宽松，农户也会放松对绿色生产技术的采纳。基于此，本章提出假说14。

H14：参与电商推动猕猴桃种植户为了达到市场准入条件而进行标准化生产，从而促进其对绿色生产技术的采纳。

农户参与电商对社会网络具有较高依赖，社会网络规模和质量能决定农户的电商销售规模，但社会系统的"口碑效应"是参与电商能否持续长久的关键（朱月季，2016）。参与电商可以实现生产者和消费者之间的一对一实时互动，进而让消费者了解产品的生产过程、生产者的理念和价值观等方面的信息，从而形成价值认同、购买黏性（曾亿武等，2018）。农户在社会网络情境下，能够便捷地实现知识共享与物资整合，更科学地组织生产，从而获取收益（周荣等，2018）。农户和消费者之间的反复互动促使其达成集体行动主体间的合作，使买卖双方为实现集体共同利益而努力（苗珊珊，2014；朱月季，2016），这种基于社会系统下的"口碑效应"督促猕猴桃种植户更加注重发展绿色生产技术。基于此，本章提出假说15。

H15：参与电商有利于猕猴桃种植户铸就良好口碑，追求正向社会评价，从而促进其对绿色生产技术的采纳。

以上分析表明，参与电商有利于猕猴桃种植户提升产品价格预期，提升经济收益水平，提升产品标准化，追求口碑效应，从而促使农户绿色生产。基于此，本章提出假说16。

H16：参与电商对猕猴桃种植户绿色生产技术采纳具有正向影响。

二、计量模型设定与变量选取

（一）计量模型设定

1. 倾向得分匹配法

为度量参与电商对猕猴桃种植户绿色生产技术采纳的影响，构建猕猴桃种植户绿色生产技术采纳程度的模型，表达式为：

$$Y_i = \alpha + \delta D_i + \beta X_i + \varepsilon_i \qquad (5-1)$$

公式（5-1）中，Y_i 表示猕猴桃种植户绿色生产技术采纳程度；D_i 表示是否参与电商，δ 表示参与电商对猕猴桃种植户绿色生产技术采纳的影响程度；X_i 为其他解释变量，β 为解释变量的系数；α 为常数项；ε_i 是随机干扰项。

若猕猴桃种植户是被随机分配到电商组和非电商组中，则公式（5-1）中的 δ 为净效应。但猕猴桃种植户参与电商是其"自选择"过程，其选择可能会受到自身资源禀赋的影响，而这些因素又会对其绿色生产技术采纳产生影响。因此，忽略"自选择"问题将会导致参数估计结果有偏。倾向得分匹配（PSM）是常用的处理"自选择"问题的方法，其基本思想是通过对参与电商的猕猴桃种植户和未参与电商的猕猴桃种植户进行匹配，使参与电商的和未参与电商的猕猴桃种植户趋于均衡可比状态，然后比较其绿色生产技术采纳行为。具体而言，猕猴桃种植户参与电商的倾向匹配得分为既定条件下猕猴桃种植户参与电商的概率，通常用 Logit 模型或 Probit 模型来估计倾向匹配得分。

以 Logit 模型为例，其表达式为：

$$P(Z_i)=P(D_i=1 \mid Z_i)=\Lambda(Z_i'\beta)\equiv\exp(Z_i'\gamma)/(1+\exp(Z_i'\gamma))$$

$$(5-2)$$

其中，Z_i 为匹配变量；D_i 表示是否参与电商，$P(D_i=1 \mid Z_i)$ 为猕猴桃种植户参与电商的倾向匹配得分或概率；γ 为解释变量的系数。

在得到倾向匹配得分后，选择合适的匹配方法对电商户和非电商户进行匹配，常用的匹配方法有近邻匹配、核匹配、半径匹配等，较好的匹配会使电商户和非电商户有较大的共同支撑区域（即处理组与对照组倾向得分的重叠区间）。匹配完成后即可衡量参与电商对猕猴桃种植户绿色生产技术采纳的影响程度，通常采用处理组（即电商户）绿色生产技术采纳的平均处理效应（Average Treatment Effect of the Treated，ATT）进行估计，其表达式为：

$$ATT=E(Y_1 \mid D=1)-E(Y_0 \mid D=1)=E(Y_1-Y_0 \mid D=1) \quad (5-3)$$

其中，Y_1 为电商户绿色生产技术的采纳程度，Y_0 为非电商户绿色生产技术的采纳程度。

2. BFG 两步法模型

为了测度参与电商模式对猕猴桃种植户绿色生产技术采纳的影响差异，借鉴李霖和郭红东（2017）的研究，假设猕猴桃种植户是以效用最大化为目标，其获取的效用值 TK_j^* 会受到猕猴桃种植户参与电商模式、经济资本、人力资本、社会资本、信息资本的影响。参照猕猴桃种植户从 J 种参与电商模式中做出选择时，受到一系列可观测的外生变量 Z 和不可观测的随机误差项 η_j 的影响，即：

$$TK_j^*=\gamma_j Z+\eta_j \quad (5-4)$$

其中，j 为第 j 种参与电商模式（$j=1$，2，…，J），$j=1$ 代表参与传统销售模式；$j=2$ 代表参与平台电商模式；$j=3$ 代表参与社交电商模式。若猕猴桃种植户选择第 j 种模式，则 $TK_j^*>\max(TK_K^K)(j\neq K)(K=1$，2，…，$J$）。猕猴桃种植户选择第 j 种模式对其绿色生产技术采纳程度的影响可表述为：

$$Y_j=\beta_j X+\varphi_j TK_j+\mu_j \quad (5-5)$$

其中，TK_j 表示猕猴桃种植户是否选择第 j 种参与电商模式的虚拟变量，$TK_j=1$ 表示猕猴桃种植户选择第 j 种模式，$TK_j=0$ 表示猕猴桃种植户不选择第 j 种模式；X 为外生变量；β_j、φ_j 为待估参数；μ_j 为均值是 0、方差是 1 的随机误差项。若猕猴桃种植户选择参与电商模式是随机的，则不同参与电商模式对其绿色生产技术采纳程度的影响可通过公式（5-4）的 OLS 估计得出，但通常在估计过程中会受到不可观测因素的影响，公式（5-4）和（5-5）的误差项会存在相关性，即 $Corr(\eta_j, \mu_j) \neq 0$，若采用 OLS 估计，估计结果会有偏差。对此，参考李霖和郭红东（2017）的研究，采用 BFG 两步法对样本选择性偏差进行纠正。首先，将猕猴桃种植户选择第 j 种参与电商模式的可能性表示为：

$$\Pr(TK_j) = \frac{e^{Z\gamma_j}}{\sum_{j=1}^{4} e^{Z\gamma_j}} \tag{5-6}$$

公式（5-6）中，多元 Logit 回归的参数采取最大似然法估计。假定 η_j^* 服从正态分布，定义 η_j^* 为

$$\eta_j^* = \phi^{-1}[G(\eta_j)] \tag{5-7}$$

其中，ϕ 为标准正态累积分布函数。同时假定 η_j^*、μ_j 的期望值（选择修正项）对于任意 j 均线性相关，表示为：

$$E(\mu_j | \eta_1, \cdots, \eta_K) = \sigma_j \sum_{j=1,\cdots,K} (r_j^* \eta_j^*) \tag{5-8}$$

其中，r_j^* 代表 η_j 与 μ_j 的相关系数，σ_j 为猕猴桃种植户绿色生产技术采纳方程扰动项的标准差。

将选择修正项引入 BFG 两步法模型的第二步，用以检验猕猴桃种植户绿色生产技术采纳程度的影响因素，并检验其中是否存在不可观测因素引起的选择性偏差。以猕猴桃种植户传统销售模式（$j=1$）为例，绿色生产技术采纳程度的方程 Y_1 表示为：

$$Y_1 = \beta_1 X + \sigma_1 \left[r_1^* m(p_1) + r_2^* m(p_2) \frac{p_2}{p_2-1} + \cdots r_j^* m(p_j) \frac{p_j}{p_j-1} \right] + w_1 \tag{5-9}$$

其中，j 表示猕猴桃种植户选择第 j 种参与电商模式，X 为外生变量，p_j 是猕猴桃种植户选择第 j 种参与电商模式的可能性；$m(p_1)$、$m(p_2)$、$\cdots$、$m(p_j)$ 为 η_1^*、η_2^*、$\cdots$、η_j^* 的条件期望，用来修正选择性偏差；$m(p_j)\frac{p_j}{p_j-1}$ 则为 η_j^* 的期望（$j \neq 1$）；w_1 为残差项。选择其他两种参与电商模式的绿色生产技术采纳方程也可以写作类似公式（5-9）的形式。

3. 内生转换模型

内生转换回归模型（ESR）既可以消除可观测因素和不可观测因素带来的选择性偏误，又能够分别对参与电商和未参与电商绿色生产技术采纳程度的影响因素方程进行估计，进而实现反事实估计。因此，采用 ESR 模型，分析不

同参与电商模式下猕猴桃种植户绿色生产技术采纳水平期望值的差异，进而估计参与电商模式对猕猴桃种植户绿色生产技术采纳水平影响的平均处理效应。据此，将选择行为方程设定为：

$$P_i = \xi_i Z_i + k I_i + \mu_i \qquad (5-10)$$

结果方程1，即处理组（参与电商猕猴桃种植户）的绿色生产技术采纳方程：

$$Y_{ia} = \beta_a X_{ia} + \sigma_{\mu a} \lambda_{ia} + \varepsilon_{ia}, \text{ if } P_i = 1 \qquad (5-11)$$

结果方程2，即控制组（未参与电商猕猴桃种植户）的绿色生产技术采纳方程：

$$Y_{in} = \beta_n X_{in} + \sigma_{\mu n} \lambda_{in} + \varepsilon_{in}, \text{ if } P_i = 0 \qquad (5-12)$$

公式（5-10）、（5-11）、（5-12）中，P_i 表示猕猴桃种植户是否参与某类电商模式的二元选择变量；Z_i 是影响猕猴桃种植户参与电商决策的影响因素；I_i 为识别变量。X_{ia} 与 X_{in} 是影响猕猴桃种植户绿色生产技术采纳水平的影响因素；Y_{ia} 与 Y_{in} 分别表示参与电商猕猴桃种植户和未参与电商猕猴桃种植户的绿色生产技术采纳水平；为解决不可观测因素导致的自选择偏差问题，在第一阶段采用极大似然法进行回归获得逆米尔斯比率 λ_{ia} 和 λ_{in} 及其协方差 $\sigma_{\mu a} = \text{cov}(\mu_i, \varepsilon_{ia})$ 和 $\sigma_{\mu n} = \text{cov}(\mu_i, \varepsilon_{in})$；$\mu_i$ 为选择行为方程的误差项，ε_{ia} 和 ε_{in} 为结果方程的误差项；ξ_i，k_i，β_a，β_n 均为采用完全信息极大似然法估计的待估参数。

通过比较真实情境和反事实假设情境下参与电商猕猴桃种植户和未参与电商猕猴桃种植户的绿色生产技术采纳水平期望值，进而估计参与电商决策对猕猴桃种植户绿色生产技术采纳水平影响的平均处理效应。

参与电商猕猴桃种植户的绿色生产技术采纳水平期望值：

$$E[Y_{ia} | P_i = 1] = \beta_a X_{ia} + \sigma_{\mu a} \lambda_{ia} \qquad (5-13)$$

未参与电商猕猴桃种植户的绿色生产技术采纳水平期望值：

$$E[Y_{in} | P_i = 0] = \beta_n X_{in} + \sigma_{\mu n} \lambda_{in} \qquad (5-14)$$

参与电商猕猴桃种植户若未参与电商情形下的绿色生产技术采纳水平期望值：

$$E[Y_{in} | P_i = 1] = \beta_n X_{ia} + \sigma_{\mu n} \lambda_{ia} \qquad (5-15)$$

未参与电商猕猴桃种植户若参与电商情形下的绿色生产技术采纳水平期望值：

$$E[Y_{ia} | P_i = 0] = \beta_a X_{in} + \sigma_{\mu a} \lambda_{in} \qquad (5-16)$$

通过比较公式（5-13）和（5-15），得到实际参与电商的猕猴桃种植户绿色生产技术采纳水平的平均处理效应，即处理组的平均处理效应（ATT），其公式为：

$$ATT_i = (\beta_a - \beta_n)X_{ia} + (\sigma_{\mu a} - \sigma_{\mu n})\lambda_{ia} \qquad (5-17)$$

通过比较公式（5-14）和（5-16），得到未参与电商的猕猴桃种植户绿色生产技术采纳水平的平均处理效应，即处理组的平均处理效应（ATU），其公式为：

$$ATU_i = (\beta_a - \beta_n)X_{in} + (\sigma_{\mu a} - \sigma_{\mu n})\lambda_{in} \qquad (5-18)$$

利用 ATT_i、ATU_i 的均值来估计参与电商对猕猴桃种植户绿色生产技术采纳水平的平均处理效应。

4. 中介效应检验方法

猕猴桃种植户参与电商行为对其绿色生产技术采纳程度的影响，可能会通过产品价格预期、经济收益水平、产品标准化、口碑效应等中间传导变量产生影响。因此，本章采取 Baron 和 Kenny（1986）的中介效应检验方法，构建模型如下：

$$Y = cX + e_1 \qquad (5-19)$$
$$M = aX + e_2 \qquad (5-20)$$
$$Y = c'X + bM + e_3 \qquad (5-21)$$

其中，X 为自变量，即猕猴桃种植户参与电商行为；Y 为因变量，即猕猴桃种植户绿色生产技术采纳程度；M 为中介变量，即产品价格预期、经济收益水平、产品标准化和口碑效应；e_1、e_2、e_3 是回归残差。中介效应等于系数乘积 ab，即猕猴桃种植户参与电商行为通过中间传导机制对其绿色生产技术采纳程度所产生的影响作用。

（二）变量选取和描述性统计

1. 因变量

本章因变量为猕猴桃种植户绿色生产技术采纳，采用"猕猴桃种植户绿色生产技术采纳程度"衡量，参考农业农村部"一控两减三基本"的防治目标并结合猕猴桃生产特性，在借鉴耿宇宁等（2017）、杨志海（2018）、黄炎忠等（2018）、李芬妮等（2019）研究的基础上，从猕猴桃套袋、病虫害防治、施药、施肥、土壤管理 5 个生产环节中分别选取 1 种绿色生产子技术进行研究，分别选取了套袋技术[①]、物理防治技术、无公害农药使用技术、有机肥施用技

[①] 果实套袋具有减少病虫害率、减少农药残留、提高果实品质等多方面优势，是实现绿色生产的一项关键技术。

术、测土配方施肥技术，并用这五种绿色生产子技术的加权平均值来衡量猕猴桃种植户绿色生产技术的采纳程度（猕猴桃种植户是否采用绿色生产子技术均为二元变量，若采用赋值为 1；反之，则赋值为 0）。但受制于绿色生产子技术在不同地区适用性的限制，等权重估计会导致结果有所偏颇。因此，在充分考虑绿色生产技术的技术经济收益、化肥农药减量、生态环境保护三个维度的基础上，采用变异系数法来确定五个绿色生产技术的权重系数。

变异系数法是常用的确定指标权重的客观赋权法，它是根据各指标样本数据在所有被评价对象上观测值的变异程度来对其进行赋权，即：对于变异程度较大的样本，赋予较大的权重；反之，赋予较小的权重（杨立、汤尚颖，2013；宋彦蓉、张宝元，2015）。首先，分别测算每种绿色生产子技术下各维度的变异系数 V_j，表达式为：

$$V_j = S_j / U_j \qquad (5-22)$$

其中，S_j 为第 j 个指标的标准差（$j = 1, \cdots, 5$）；U_j 为第 j 个指标的均值。

其次，对公式（5-22）所求的变异系数进行归一化处理，即选择指标变异系数占全部指标变异系数之和的比重，可得到绿色生产子技术各维度的二级指标权重 V_j，表达式为：

$$W_j = V_j / \sum_{j=1}^{n} V_j \qquad (5-23)$$

W_j 为归一化处理后的相应维度的变异系数。

最后，将每一个绿色生产子技术三个维度的二级指标权重分别加总，即可得到五种绿色生产子技术的权重系数。

2. 自变量

①参与电商决策：若猕猴桃种植户通过电商渠道销售猕猴桃则赋值为 1，反之，则赋值为 0。②参与电商模式：分为传统销售模式、平台电商模式和社交电商模式，分别赋值为 1、2、3。③参与电商程度：猕猴桃种植户从电商渠道销售猕猴桃的总收入的对数。

3. 控制变量

已有研究表明，农户家庭经济资本、人力资本、社会资本、信息资本等对其参与电商（唐立强、周静，2018；曾亿武等，2019）及绿色生产技术采纳（耿宇宁等，2017；杨志海，2018；黄炎忠等，2018；孙小燕、刘雍，2019）有重要影响。借鉴以上研究，本章从四个方面选取 12 个变量作为匹配变量：①在经济资本方面，选取家庭年收入、种植专业化、经营规模 3 个变量；②在人力资本方面，选取劳动力人数、户主受教育水平、农技培训次数 3 个变量；③在社会资本方面，选取家中是否有村干部、人情往来支出、亲戚好友数量、是否加入合作社 4 个变量；④在信息资本方面，选取通信支出占比、政府绿色宣传 2 个变量。

4. 描述性统计

表 5-1 为本章的变量定义、描述性统计及样本均值差异检验。表 5-1 显示，相对于非电商户，电商户在家庭年收入、种植专业化、经营规模、劳动力人数、户主受教育程度、农技培训次数、家中有无村干部、人情往来支出、亲戚好友数量、是否加入合作社、电商政策感知方面等都表现出较高水平。

表 5-1 变量定义、描述性统计及样本均值差异检验

变量名称	变量定义与赋值	电商户均值	非电商户均值	均值差	t 检验值
绿色生产技术采纳程度	由变异系数法计算得到，单位：%	67.049 2	58.381 7	8.667 6***	7.109 5
家庭年收入	家庭一年总收入，单位：万元	17.859 4	13.407 6	4.451 8***	6.565 9
种植专业化	猕猴桃年收入占家庭年收入的比重，单位：%	33.580 4	31.082 4	2.498 1***	3.063 7
经营规模	按实际值计算，单位：亩	5.250 3	4.493 0	0.757 3***	3.819 1
劳动力人数	按实际值计算，单位：人	2.809 0	2.661 4	0.147 6**	2.220 0
户主受教育程度	户主受教育年限，单位：年	8.253 8	7.158 3	1.095 5***	5.807 2
农技培训次数	家庭成员一年内参加农业技术培训的次数，单位：次	2.414 6	1.721 0	0.693 6***	4.701 7
家中是否有村干部	家庭成员中是否有人担任村干部：是=1；否=0	0.155 8	0.087 8	0.068 0***	3.366 3
人情往来支出	家庭一年用于人情往来的支出，单位：万元	0.345 8	0.256 0	0.089 8***	5.604 2
亲戚好友数量	家庭中亲戚好友的总数，单位：个	34.849 2	25.695 9	9.153 3***	7.442 1
加入合作社	是否加入合作社：是=1；否=0	0.180 9	0.059 6	0.121 3***	6.276 9
通信支出占比	通信支出占家庭总支出比重，单位：%	6.292 4	6.246 9	0.045 5	0.189 3

（续）

变量名称	变量定义与赋值	电商户均值	非电商户均值	均值差	t 检验值
政府绿色宣传	当地政府对电商发展的推广力度：非常小＝1；比较小＝2；一般＝3；比较大＝4；非常大＝5	3.032 7	2.951 4	0.081 3	0.985 1
电商政策感知	是否了解电商政策：完全不了解＝1；很少了解＝2；一般＝3；比较了解＝4；完全了解＝5	2.721 1	2.152 0	0.569 1***	7.117 0
产品价格预期	决策者对绿色农产品价格较之一般农产品的价格预期：价格低很多＝1；价格低一点＝2；差不多＝3；价格高一点＝4；价格高很多＝5	4.130 7	3.837 0	0.293 7***	5.239 1
经济收益水平	猕猴桃平均销售价格，单位：元	4.572 4	3.773 9	0.798 5***	5.214 6
产品标准化	加入销售平台（中间商）对猕猴桃标准化要求：非常低＝1；比较低＝2；一般＝3；比较高＝4；非常高＝5	2.721 1	2.028 2	0.692 9***	7.417 4
口碑效应	顾客或邻里亲友对猕猴桃的总体评价：非常差＝1；比较差＝2；一般＝3；比较好＝4；非常好＝5	4.238 7	3.819 7	0.418 9***	6.621 3

注：＊、＊＊、＊＊＊分别表示均值差异在10%、5%和1%的水平上显著。

三、猕猴桃种植户绿色生产技术采纳程度的度量

由于绿色生产技术具有差异性，其在生产过程中发挥的作用不尽相同。为了准确刻画绿色生产技术的属性，本节采用李克特量表对 5 种绿色生产子技术的技术经济收益、化肥农药减量、生态环境保护 3 个维度进行评价。根据猕猴桃种植户的主观评价数据，本节采用变异系数法计算各指标权重，按指标权重赋权后的结果排序为：测土配方施肥技术、物理防治技术、套袋技术、无公害农药使用技术、有机肥施用技术（表 5 - 2）。

表 5-2 猕猴桃种植户绿色生产技术采纳程度指标体系及权重

目标层	一级指标	二级指标	变异系数	二级指标权重	一级指标权重
绿色生产技术采纳程度	套袋技术	技术经济收益	0.279 9	0.048 4	
		化肥农药减量	0.495 6	0.085 6	0.211 9
		生态环境保护	0.451 0	0.077 9	
	物理防治技术	技术经济收益	0.455 1	0.078 6	
		化肥农药减量	0.480 7	0.083 0	0.231 7
		生态环境保护	0.405 8	0.070 1	
	无公害农药使用技术	技术经济收益	0.273 1	0.047 2	
		化肥农药减量	0.405 5	0.070 0	0.168 3
		生态环境保护	0.295 6	0.051 1	
	有机肥施用技术	技术经济收益	0.215 4	0.037 2	
		化肥农药减量	0.385 0	0.066 5	0.148 9
		生态环境保护	0.261 7	0.045 2	
	测土配方施肥技术	技术经济收益	0.450 2	0.077 8	
		化肥农药减量	0.486 6	0.084 1	0.239 2
		生态环境保护	0.447 8	0.077 4	

四、参与电商对猕猴桃种植户绿色生产技术采纳程度的影响分析

（一）参与电商决策对猕猴桃种植户绿色生产技术采纳程度的影响

1. 猕猴桃种植户参与电商决策模型估计

为了匹配电商户和非电商户，采用 Logit 模型估计猕猴桃种植户成为电商户的概率，估计结果如表 5-3 所示。表 5-3 显示，猕猴桃种植户的经济资本、社会资本、人力资本、信息资本对于猕猴桃种植户成为电商户的可能性有显著影响。

（1）经济资本层面。家庭年收入和种植专业化对猕猴桃种植户参与电商有显著的正向影响，原因在于参与电商需要一定的资金投入，经济资本越丰富的猕猴桃种植户越有可能在电商竞争中完成从普通种植户到电商户的转型；种植专业化代表猕猴桃种植户的专业性，专业性越高的猕猴桃种植户越有动力参与

电商，以获取更高利润。经营规模对猕猴桃种植户参与电商具有显著的负向影响，可能的原因是种植大户多数已建立良好的销售通道；另外，鉴于农产品电商对生鲜农产品分销速度的限制，种植大户依靠电商渠道销售的风险较大。因此，种植大户依旧选择传统销售方式，参与电商率较低。

（2）人力资本层面。劳动力人数对猕猴桃种植户参与电商具有显著的正向影响，原因在于劳动力人数充足使种植户的社会网络广，家庭成员异质性网络拓宽猕猴桃种植户信息获取能力，促进猕猴桃种植户参与电商。户主受教育程度越高，猕猴桃种植户学习能力越强，易于接受新鲜事物，倾向于参与电商。农技培训次数对猕猴桃种植户参与电商具有显著的正向影响，原因是参加农技培训提高了猕猴桃种植户的学习能力，进而提升其捕捉市场信息的能力，使其较快切入电商市场。

（3）社会资本层面。人情往来支出、亲戚好友数量对猕猴桃种植户参与电商均有显著的正向作用，原因是人情往来支出高、亲戚好友数量多的猕猴桃种植户有较广的社会网络，通过社会网络能够便捷地搜集农产品销售信息，更快地融入到参与电商进程中。加入合作社的猕猴桃种植户具有较高的概率参与电商。如果猕猴桃种植户与异质性社会网络沟通较为密切，其信息获取能力和技术掌握能力都会随之提升，表现为猕猴桃种植户对电商的较快接纳。

（4）信息资本层面。政府绿色宣传对猕猴桃种植户参与电商具有显著的正向影响。这说明，与政府沟通增加了猕猴桃种植户所拥有的信息资本，而信息资本较高的猕猴桃种植户其信息获取的门槛较低，从而在市场上占据有利地位，增加了猕猴桃种植户参与电商的可能性。

表 5-3 基于 Logit 模型的猕猴桃种植户参与电商决策模型的估计结果

变量名称	系数	标准误	Z 统计量
家庭年收入	0.561 9***	0.153 1	3.670 1
种植专业化	0.041 5***	0.007 6	5.472 4
经营规模	−0.706 3***	0.205 4	−3.439 5
劳动力人数	0.223 7***	0.085 7	2.611 3
户主受教育程度	0.104 4***	0.026 8	3.901 5
农技培训次数	0.187 0***	0.105 4	1.774 8
家中是否有村干部	0.125 8	0.225 9	0.556 7
人情往来支出	1.094**	0.470 7	2.324
亲戚好友数量	1.001 9***	0.141 5	7.079 4

（续）

变量名称	系数	标准误	Z统计量
加入合作社	0.878 7***	0.236 4	3.716 5
通信支出占比	0.014 7	0.020 1	0.733 6
政府绿色宣传	0.118 2**	0.055 5	2.131 4
常数项	−7.785 9	0.724 5	−10.747 3
LR统计量		209.520 0***	
伪 R^2		0.151 8	
样本量		1 036	

注：*、**、***分别表示在10%、5%、1%的水平上显著。

2. 共同支撑域与平衡性检验

基于猕猴桃种植户参与电商决策模型的估计结果可以计算出猕猴桃种植户的倾向得分。为了保证匹配质量，需要考虑匹配的共同支撑域条件。如果共同支撑域太窄，则在共同支撑域外的样本得不到有效匹配，会造成样本损失；如果共同支撑域范围越广，匹配过程中的样本损失就越小。统计显示，电商户与非电商户的倾向得分区间分别为 [0.087 2，0.970 3] 和 [0.010 3，0.865 4]，共同支撑域为 [0.087 2，0.865 4]。

为了更直观地考察电商户和非电商户的共同支撑域，图5-1（a）、（b）分别给出了匹配前后的电商户（处理组）和非电商户（对照组）倾向得分的概率密度图。从图5-1可以看出，匹配后的两组样本倾向得分的核密度函数较为接近，匹配结果较佳。

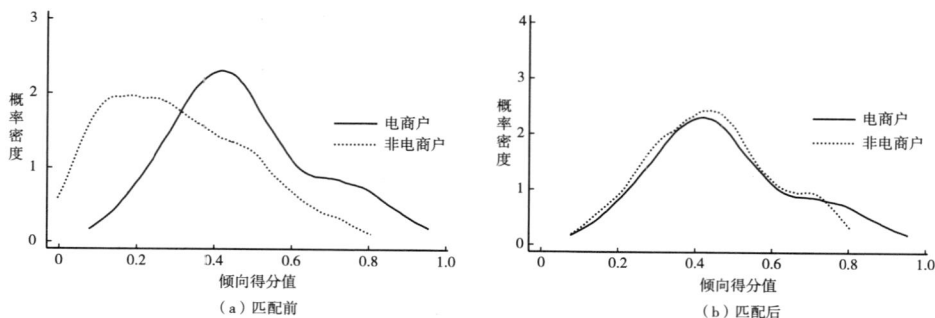

图5-1 核匹配前后电商户和非电商户倾向得分的概率密度

由于不同匹配方法会产生不同的样本损失量，为了保证结果的稳健性，分别采用最近邻匹配（1对3匹配）、最近邻匹配（1对5匹配）、核匹配（带宽

0.06)、核匹配（带宽 0.10）进行匹配。四种匹配方法的结果显示，电商户的样本损失量均为 12 个，占比较小，可以认为样本得到了较好的匹配。表 5-4 为匹配前后解释变量的平衡性检验结果，伪 R^2 由匹配前的 0.154 0 下降到 0.003 0~0.006 0，LR 统计量由 213.090 0 下降到 2.360 0~5.810 0，均值偏差由 26.700 0 下降到 2.900~3.500，中位数偏差由 27.400 0 下降到 2.000~2.800。由此可见，匹配后样本总偏误大大降低，两组样本具有类似的特征，即平衡性检验通过。

表 5-4 匹配前后解释变量的平衡性检验结果

匹配方法	伪 R^2	LR 值	P 值	均值偏差（%）	中位数偏差（%）
匹配前	0.154 0	213.090 0	0.000 0	26.700 0	27.400 0
最近邻匹配（1 对 3 匹配）	0.006 0	5.810 0	0.971 0	3.500 0	2.000 0
最近邻匹配（1 对 5 匹配）	0.004 0	4.700 0	0.990 0	3.400 0	2.800 0
核匹配（带宽 0.06）	0.003 0	3.040 0	0.999 0	2.900 0	2.600 0
核匹配（带宽 0.10）	0.003 0	2.360 0	0.998 0	3.200 0	2.800 0

3. 参与电商对猕猴桃种植户绿色生产技术采纳影响的效应分析

为了检验估计结果的稳健性，采用四种匹配方法分别估计平均处理效应 ATT。表 5-5 所示，四种估计结果具有一致性，ATT 分别在 5%、1%、1%、5% 的显著性水平上通过检验。从平均值来看，电商户如果没有参与电商，其绿色生产技术采纳率为 62.069 2%；但由于参与电商，其绿色生产技术采纳率增加到 65.992 3%，增加了 3.923 1%，增长率为 6.32%①。可见，参与电商对猕猴桃种植户绿色生产技术采纳有显著促进作用，假说 16 得以验证。

表 5-5 参与电商对猕猴桃种植户绿色生产技术采纳影响总体效应的估计结果

匹配方法	处理组均值（%）	对照组均值（%）	ATT（%）	t 值
匹配前	67.049 2	58.381 7	8.667 6***	7.110 0
最近邻匹配（1 对 3 匹配）	65.992 3	62.542 7	3.449 6**	2.310 0
最近邻匹配（1 对 5 匹配）	65.992 3	61.824 8	4.167 5***	3.000 0
核匹配（带宽 0.06）	65.992 3	61.660 1	4.332 2***	3.150 0
核匹配（带宽 0.10）	65.992 3	62.249 3	3.743 0**	2.330 0
平均值	65.992 3	62.069 2	3.923 1***	——

注：**、*** 表示在 5% 和 1% 的水平上显著。

---

① 增长率的计算公式为：增长率＝ATT/对照组均值×100%。

（二）参与电商模式对猕猴桃种植户绿色生产技术采纳程度的影响

1. BFG 两步法第一阶段估计结果

BFG 两步法第一阶段回归结果见表 5-6，由于多元 Logit 回归结果的系数不具有解释力，本节列出其对应的边际效应值，变量的显著性结果与上节分析类似，不予赘述。

表 5-6　猕猴桃种植户参与电商模式对其绿色生产
技术采纳程度的影响（BFG 第一阶段）

变量名称	传统销售模式 （n＝638）	平台电商模式 （n＝70）	社交电商模式 （n＝328）
家庭年收入	−0.096 2***	0.079 6***	0.016 7
	(0.029)	(0.017 4)	(0.029 4)
种植专业化	−0.008 4***	0.002 9***	0.005 5***
	(0.001 4)	(0.000 8)	(0.001 4)
经营规模	0.161 5***	−0.085 6***	−0.075 9*
	(0.038 7)	(0.021 4)	(0.039)
劳动力人数	−0.051 9***	0.018 2**	0.033 8**
	(0.016 2)	(0.008 2)	(0.016 3)
户主受教育程度	−0.021 0***	0.006 6***	0.014 4***
	(0.005)	(0.002 7)	(0.005)
农技培训次数	−0.019 4	0.044 6***	−0.025 2
	(0.020 4)	(0.012)	(0.020 5)
家中是否有村干部	−0.019 8	0.012 8	0.007
	(0.043 4)	(0.018 4)	(0.042 9)
人情往来支出	−0.203 5**	−0.074 9*	0.278 4***
	(0.088 9)	(0.043 1)	(0.085 8)
亲戚好友数量	−0.193 2***	0.028 8**	0.164 4***
	(0.025)	(0.014 2)	(0.025 2)
加入合作社	−0.156 2***	0.053***	0.103 2**
	(0.045 1)	(0.017 4)	(0.044)
通信支出占比	−0.004 6	−0.000 9	0.005 4
	(0.003 9)	(0.002 2)	(0.003 9)

（续）

变量名称	传统销售模式 （$n=638$）	平台电商模式 （$n=70$）	社交电商模式 （$n=328$）
政府绿色宣传	$-0.021\ 3^{**}$ （0.010 5）	$0.009\ 4^{*}$ （0.005 6）	0.011 9 （0.010 6）
电商政策感知	$-0.059\ 8^{***}$ （0.010 5）	$0.016\ 8^{***}$ （0.005 8）	$0.043\ 1^{***}$ （0.010 8）

注：*、**、*** 分别表示在 10%、5%、1% 的水平上显著；括号内为稳健标准误。

2. BFG 两步法第二阶段估计结果

表 5-7 列出了选择 3 种不同销售模式的绿色生产技术采纳程度（BFG 两步法模型第二步），下方列出了模型得到的选择偏差修正项。三种销售模式生成三种选择偏差修正项（Mills1、Mills2、Mills3），用于控制由未观察到的因素引起的选择效应。

研究表明，在传统销售模式和社交电商模式中，选择性修正项有部分显著，说明存在样本选择性偏差，因此在估计参与电商模式对猕猴桃种植户绿色生产技术采纳中有必要考虑选择性偏差，应采用 ESR 模型估计。对于社交电商模式，与传统销售模式相关的选择性修正项的估计系数显著为负，表明社交电商模式的绿色生产技术采纳被低估。另外，选择平台电商模式时，所有的选择性修正项均不显著，说明不存在不可观测因素导致的选择性偏差，应采用 PSM 模型估计平台电商模式的绿色生产技术采纳效应。

表 5-7 为纠正了选择偏差后的绿色生产技术采纳的影响因素分析。估计结果显示，经济资本方面，家庭年收入对平台电商模式和社交电商模式的绿色生产技术采纳程度均有显著正向影响，分别在 10% 和 5% 的显著性水平上通过检验。经营规模对传统销售模式的绿色生产技术采纳程度有显著正向影响，在 5% 的显著性水平上通过检验，表明在传统销售模式中，经营规模越大的猕猴桃种植户，其绿色生产技术采纳程度越高。人力资本方面，劳动力人数对传统销售模式的绿色生产技术采纳程度产生负向影响，在 10% 的显著性水平上通过检验，说明劳动力人数越多，传统销售模式下猕猴桃种植户绿色生产技术采纳程度越低，可能的原因是传统销售模式下，由于劳动力充足，猕猴桃种植户倾向于使用劳动替代技术。户主受教育程度对传统销售模式和社交电商模式的绿色生产技术采纳程度产生显著的正向影响，均在 5% 的显著性水平上通过检验，说明户主受教育程度越高，传统销售模式和社交电商模式下猕猴桃种植户

绿色生产技术采纳程度越高。社会资本方面，人情往来支出对传统销售模式下猕猴桃种植户绿色生产技术采纳程度有显著正向影响，且在 5% 的显著性水平上通过检验，说明人情往来在提高传统销售模式下猕猴桃种植户的绿色生产技术采纳方面发挥重要作用。亲戚好友数量对传统销售模式下猕猴桃种植户的绿色生产技术采纳有显著负向影响，且在 5% 的水平上通过检验，说明在传统销售模式中，亲戚好友数量越多，猕猴桃种植户绿色生产技术采纳越低，可能的原因是亲戚好友数量越多，亲戚好友帮工能有效缓解猕猴桃种植户家庭劳动力约束，以劳动力抵技术，从而降低猕猴桃种植户绿色生产技术依赖性。信息资本方面，政府绿色宣传对传统销售模式和社交电商模式的绿色生产技术采纳的影响均为正，且分别在 5% 和 1% 的水平上通过检验，预示着政府绿色宣传能显著促进传统销售模式和社交电商模式的猕猴桃种植户采用绿色生产技术。

表 5-7　猕猴桃种植户参与电商模式对其绿色生产技术
采纳程度的影响（BFG 第二阶段）

变量名称	传统销售模式 （$n=638$）	平台电商模式 （$n=70$）	社交电商模式 （$n=328$）
家庭年收入	−1.214 7 (2.116 2)	62.749 3* (32.892 6)	6.565 3** (2.977 8)
种植专业化	−0.114 7 (0.115 9)	1.060 9 (0.913 8)	0.035 0 (0.129 1)
经营规模	6.911 6** (2.718 3)	−50.747 2 (32.439 4)	−2.456 8 (3.301 9)
劳动力人数	−1.995 8* (1.155 6)	4.649 0 (7.279 7)	−0.113 2 (1.103 9)
户主受教育程度	0.689 4** (0.325 9)	2.601 0 (2.589 1)	0.920 1** (0.447 7)
农技培训次数	0.462 1 (1.536 9)	36.583 4 (24.823 1)	2.176 6 (1.893 6)
家中是否有村干部	1.279 7 (3.173 8)	14.583 2 (17.384)	2.104 9 (3.033)
人情往来支出	19.972 5** (7.809 1)	−115.430 9 (71.203 2)	10.252 8 (6.799 9)

（续）

变量名称	传统销售模式 （n＝638）	平台电商模式 （n＝70）	社交电商模式 （n＝328）
亲戚好友数量	−4.889 2**	−4.794 0	3.186 9
	(2.233 7)	(16.373 3)	(3.395 8)
加入合作社	−4.388 9	21.959 8	3.475 9
	(4.114 8)	(22.478 2)	(2.938 4)
通信支出占比	0.050 6	−2.201 6	0.015 5
	(0.241 8)	(2.262 9)	(0.349 9)
政府绿色宣传	1.450 5**	4.277 8	3.327 0***
	(0.726 3)	(5.001 8)	(0.758 6)
常数项	57.049 6***	−257.556 7	38.660 6
	(9.879 7)	(182.377 5)	(27.047 2)
选择修正项（米尔斯比率）			
Mills 1	−8.566 8**	100.140 2	−4.645 3
	(4.105 3)	(96.948 5)	(23.320 5)
Mills 2	−39.229 9	84.713 3	−16.005 9
	(25.819 8)	(55.619 3)	(28.178 9)
Mills 3	−34.650 7*	−177.226 1	−8.364 0**
	(19.940 4)	(132.967 2)	(3.722 9)

注：*、**、***分别表示在10％、5％、1％的水平上显著；括号内为稳健标准误。

3. 社交电商模式对猕猴桃种植户绿色生产技术采纳的影响：ESR 模型

表5-8和表5-9分别给出了以传统销售模式和平台电商模式作为对照组，社交电商模式对猕猴桃种植户绿色生产技术采纳影响的估计结果。值得注意的是，在表5-8中，$\rho_{\eta 1}$、$\rho_{\eta 0}$是选择方程与社交电商模式猕猴桃种植户绿色生产技术采纳模型、传统销售模式猕猴桃种植户绿色生产技术采纳模型误差项的相关系数，这两个估计系数均在10％的水平上显著，进一步证明了方程存在不可观测因素导致的选择性偏差。另外，$\rho_{\eta 1}$和$\rho_{\eta 0}$的估计值均为负，说明均存在正的选择性偏差。在表5-9中，$\rho_{\eta 1}$、$\rho_{\eta 0}$是选择方程与社交电商模式猕猴桃种植户绿色生产技术采纳模型、平台电商模式猕猴桃种植户绿色生产技术采纳模型误差项的相关系数，这两个估计系数分别在1％、5％的水平上显著，进一步证明了方程存在不可观测因素导致的选择性偏差。另外，$\rho_{\eta 1}$的估计值为正，说明存在负的选择性偏差，$\rho_{\eta 0}$为负，说明存在正的选择性偏差。该部

分重点关注社交电商模式对猕猴桃种植户绿色生产技术采纳程度影响的效应，因此对于表 5-8 和表 5-9 中变量系数的解释不做赘述，其变量系数与表 5-7 具有相似的符号和含义。

表 5-8　社交电商模式对猕猴桃种植户绿色生产技术采纳的影响（ESR）

变量名称	选择方程	传统销售模式 （$n=638$）	社交电商模式 （$n=328$）
家庭年收入	0.218 0**	1.449 6	7.329 1***
	(0.095 7)	(1.659 6)	(1.931 7)
种植专业化	0.023 7***	0.015 7	0.052 6
	(0.004 6)	(0.084 9)	(0.108 8)
经营规模	−0.436 0***	3.980 5*	−3.020 8
	(0.128 6)	(2.227 2)	(2.630 4)
劳动力人数	0.141 0***	−1.282 7	0.020 1
	(0.053 6)	(0.929 6)	(1.080 6)
户主受教育程度	0.063 6***	0.993 3***	0.936 8**
	(0.016 9)	(0.255 5)	(0.416 2)
农技培训次数	−0.010 5	1.847 4	2.844 6**
	(0.066 9)	(1.152 5)	(1.256 0)
家中是否有村干部	0.032 5	2.193 4	2.055 5
	(0.146 7)	(2.671 7)	(2.662 5)
人情往来支出	0.813 6***	20.991 0***	8.524 4*
	(0.297 2)	(6.135 7)	(5.009 0)
亲戚好友数量	0.593 9***	−2.109 8	2.841 1
	(0.087 0)	(1.488 8)	(2.503 6)
加入合作社	0.419 3***	−1.450 3	3.539 0
	(0.152 1)	(3.354 1)	(2.707 9)
通信支出占比	0.018 5	0.043 7	0.014 9
	(0.012 7)	(0.207 4)	(0.247 6)
政府绿色宣传	0.050 2	0.907 1	3.277 3***
	(0.034 7)	(0.593 5)	(0.676 1)
电商政策感知	0.183 4***		
	(0.035 1)		
常数项	−4.763 8***	44.221 7***	43.000 4**
	(0.438 7)	(7.301 0)	(18.217 4)

（续）

变量名称	选择方程	传统销售模式 （$n=638$）	社交电商模式 （$n=328$）
$\ln\sigma_1$			2.772 8***
			(0.094 7)
$\rho_{\eta 1}$			−0.538 8*
			(0.300 0)
$\ln\sigma_0$		2.941 1***	
		(0.040 3)	
$\rho_{\eta 0}$		−0.349 2*	
		(0.199 0)	

注：*、**、***分别表示在10%、5%、1%的水平上显著；括号内为稳健标准误。

表 5-9　社交电商模式对猕猴桃种植户绿色生产技术采纳的影响（ESR）

变量名称	选择方程	平台电商模式 （$n=70$）	社交电商模式 （$n=328$）
家庭年收入	−0.698 1***	24.208 7***	6.368 7***
	(0.186 2)	(6.637 7)	(1.931 4)
种植专业化	−0.016 1*	0.399 1	0.127 5
	(0.009 0)	(0.261 2)	(0.091 7)
经营规模	0.736 7***	−7.572 9	−3.137 5
	(0.235 3)	(6.676 7)	(2.462 9)
劳动力人数	−0.092 6	−1.574 6	0.366 5
	(0.098 8)	(2.499 1)	(1.041 9)
户主受教育程度	−0.044 2	1.188 5*	1.074 0***
	(0.033 2)	(0.716 3)	(0.389 0)
农技培训次数	−0.476 0***	2.621 4	1.413 0
	(0.140 1)	(3.990 5)	(1.380 5)
家中是否有村干部	−0.123 0	6.497 8	1.691 9
	(0.222 1)	(4.983 6)	(2.651 9)
人情往来支出	1.209 7***	0.278 6	15.347 5***
	(0.468 2)	(13.641 3)	(4.689 3)
亲戚好友数量	−0.107 7	12.852 7**	5.501 0***
	(0.181 3)	(5.142 4)	(1.893 8)
加入合作社	−0.424 3**	11.462 5**	4.167 1*
	(0.206 0)	(5.422 9)	(2.475 8)

（续）

变量名称	选择方程	平台电商模式 （$n=70$）	社交电商模式 （$n=328$）
通信支出占比	0.026 8 （0.025 7）	−0.549 9 （0.637 4）	0.123 3 （0.251 9）
政府绿色宣传	0.126 0* （0.067 3）	1.962 5 （1.779 8）	3.176 9*** （0.655 9）
电商政策感知	−0.158 6*** （0.060 9）		
常数项	4.175 5*** （1.040 9）	−79.742 5* （43.522 4）	20.527 4** （9.862 8）
$\ln\sigma_1$			2.754 2*** （0.057 0）
$\rho_{\eta 1}$			0.755 5*** （0.291 4）
$\ln\sigma_0$		2.947 7*** （0.266 2）	
$\rho_{\eta 0}$		−1.433 2** （0.700 5）	

注：*、**、***分别表示在10%、5%、1%的水平上显著；括号内为稳健标准误。

表 5-10 给出了利用 ESR 模型估计得到的社交电商模式对猕猴桃种植户绿色生产技术采纳程度的平均提升效果值（ATT）。ESR 估计中考虑了可观测和不可观测因素导致的选择性偏差。结果表明，以传统销售模式作为对照组，选择社交电商模式会促使猕猴桃种植户绿色生产技术采纳率提高 5.535 9%。另外，与平台电商模式相比，选择社交电商模式的猕猴桃种植户对绿色生产技术采纳率更高。以上研究表明，社交电商模式的推广对猕猴桃种植户绿色生产技术采纳有显著提升作用。

表 5-10　社交电商模式对猕猴桃种植户绿色生产技术采纳
程度影响的平均处理效应：ESR 估计

	社交电商模式（%）	传统销售模式（%）	ATT（%）	T 值	变化率（%）
绿色生产技 术采纳程度	64.980 9 （9.960 7）	59.441 4 （10.980 6）	5.539 5***	7.658 8	9.32

（续）

	社交电商模式（%）	平台电商模式（%）	ATT（%）	T值	变化率（%）
绿色生产技术采纳程度	65.019 7 (9.779 5)	58.395 5 (7.492 0)	6.624 2***	5.340 5	11.34

注：***表示在1%的水平上显著。

4. 平台电商模式的绿色生产技术采纳效应分析：PSM 估计

表 5-7 的 BFG 估计中显示平台电商模式不存在不可观测因素导致的选择性偏差，因此采用 PSM 技术评估平台电商模式对猕猴桃种植户绿色生产技术采纳程度影响的效果。表 5-11 列出了分别以传统销售模式和社交电商模式为对照组，平台电商模式的绿色生产技术采纳效果。为了保证估计结果的稳健性，本节分别使用最近邻匹配（1 对 3 匹配）、最近邻匹配（1 对 5 匹配）、核匹配（0.06）、核匹配（0.10）四种方法进行估算。结果表明，平台电商模式对猕猴桃种植户绿色生产技术采纳产生显著正向影响，以传统销售模式作为对照组，选择平台电商模式促进猕猴桃种植户绿色生产技术采纳率平均提高 11.707 1%。可能的原因是平台电商模式的平台门槛对猕猴桃种植户有绿色生产的要求，平台电商模式下猕猴桃种植户绿色生产技术采纳程度高于传统销售模式下猕猴桃种植户绿色生产技术采纳程度。当对照组为社交电商模式时，平台电商模式具有负向影响，但在统计上不显著。

表 5-11　平台电商模式对猕猴桃种植户绿色生产技术采纳
程度影响的平均处理效应：PSM 估计

绿色生产技术采纳程度	平台电商模式（%）	传统销售模式（%）	ATT（%）	T值	变化率（%）
匹配前	76.720 0	58.381 7	18.338 3***	7.51	31.41
最近邻匹配（1 对 3 匹配）	75.863 3	63.584 3	12.279 0***	3.59	19.31
最近邻匹配（1 对 5 匹配）	75.863 3	63.995 7	11.867 7***	3.66	18.54
核匹配（0.06）	75.863 3	64.469 7	11.393 7***	3.82	17.67
核匹配（0.10）	75.863 3	64.573 0	11.290 4***	3.84	17.48
平均值	75.863 3	64.155 6	11.707 7***	—	18.25
	平台电商模式（%）	社交电商模式（%）	ATT（%）	T值	变化率（%）
匹配前	64.985 4	76.720 0	−11.734 6**	−5.04	−15.30
最近邻匹配（1 对 3 匹配）	65.729 2	70.228 7	−4.499 5	−1.37	−6.41
最近邻匹配（1 对 5 匹配）	65.729 2	70.067 0	−4.337 8	−1.33	−6.19

（续）

	平台电商模式（%）	社交电商模式（%）	ATT（%）	T值	变化率（%）
核匹配（0.06）	65.729 2	69.465 8	−3.736 6	−1.19	−5.38
核匹配（0.10）	65.729 2	70.007 6	−4.278 4	−1.44	−6.11
平均值	65.729 2	69.942 3	−4.213 1	—	−6.02

注：** 、*** 分别表示在 5% 和 1% 的水平上显著。

（三）参与电商程度对猕猴桃种植户绿色生产技术采纳程度的影响

表 5-12 为参与电商程度对猕猴桃种植户绿色生产技术采纳程度的影响。从回归结果来看，参与电商程度对猕猴桃种植户绿色生产技术采纳程度的影响为正向，在 1% 的显著性水平上通过检验。参与电商程度每上升一个单位，猕猴桃种植户的绿色生产技术采纳程度提升 82.33%，可见参与电商程度较高的猕猴桃种植户有更高的绿色生产技术采纳程度。

表 5-12　参与电商程度对猕猴桃种植户绿色生产技术采纳程度的影响

变量名称	绿色生产技术采纳程度
参与电商程度	0.823 3***
	（0.250 2）
家庭年收入	6.932 3***
	（1.982 2）
种植专业化	0.122 6
	（0.090 7）
经营规模	−3.775 8
	（2.333 6）
劳动力人数	0.502 0
	（0.844 0）
户主受教育程度	1.234 8***
	（0.314 7）
农技培训次数	2.298 9**
	（1.064 2）
家中是否有村干部	3.569 8
	（2.349 9）

（续）

变量名称	绿色生产技术采纳程度
人情往来支出	9.320 3**
	(4.026 5)
亲戚好友数量	6.360 9***
	(1.903 9)
加入合作社	5.272 1***
	(1.720 9)
通信支出占比	0.006 0
	(0.273 5)
政府绿色宣传	−2.420 0***
	(0.634 8)
常数项	15.785 3*
	(9.053 9)
F 检验值	19.18
样本量	398
R^2	0.360 0

注：＊、＊＊、＊＊＊分别表示在 10％、5％、1％的水平上显著。

五、作用机制检验：中介效应分析

以上研究表明，参与电商促进猕猴桃种植户绿色生产技术采纳，但参与电商如何促进猕猴桃种植户绿色生产技术采纳更值得关注。为了进一步揭示参与电商通过中介效应对猕猴桃种植户绿色生产技术采纳产生间接影响，本章采用中介效应模型对其用机制进行实证分析。

本部分从产品价格预期、经济收益水平、产品标准化、口碑效应四个方面，分析参与电商影响猕猴桃种植户绿色生产技术采纳的路径，以验证理论分析部分假说。验证路径所采用变量的描述性统计如表 5－13 和表 5－14 所示。

首先，猕猴桃种植户参与电商增加其对绿色农产品的价格预期，从而提升其绿色生产技术采纳程度。参与电商对绿色农产品价格预期的影响系数值为0.383 3，并且在 1％的显著性水平上通过检验。另一方面，绿色农产品价格预期影响猕猴桃种植户绿色生产技术采纳程度，其影响系数值 2.081 9，且在1％的显著性水平上通过检验。此外，在添加了中介变量绿色农产品价格预期后，参与电商对绿色农产品价格预期的正向影响依旧在 5% 的显著性水平上通过检验（其系数值为 2.867 4），可见绿色农产品价格预期具有部分中介效应。参与电商通过绿色农产品价格预期来提高猕猴桃种植户绿色生产技术采纳水平，假说 12 得到验证。

其次，猕猴桃种植户参与电商增加其经济收益水平，从而提升其绿色生产技术采纳程度。一方面，参与电商提升猕猴桃种植户的猕猴桃经济收益水平，参与电商对猕猴桃经济收益水平的影响系数值为 0.494 7，且在 1% 的显著性水平上通过检验。另一方面，猕猴桃经济收益水平影响猕猴桃种植户绿色生产技术采纳程度，猕猴桃经济收益水平对猕猴桃种植户绿色生产技术采纳程度的影响系数值为 1.000 1，且在 1% 的显著性水平上通过检验。另外，加入中介变量之后，参与电商对猕猴桃种植户绿色生产技术采纳程度的影响依旧在 5% 的显著性水平上显著（其系数值为 2.779 3），说明猕猴桃经济收益水平发挥部分中介效应。参与电商通过提升猕猴桃经济收益水平，从而增加猕猴桃种植户绿色生产技术采纳水平，假说 13 得到验证。

再次，参与电商增进猕猴桃种植户的产品标准化水平，从而提升其绿色生产技术采纳程度。一方面，参与电商提升猕猴桃种植户产品标准化程度，参与电商对产品标准化的影响系数值为 0.418 3，且在 1% 的显著性水平上通过检验。另一方面，农产品标准化影响猕猴桃种植户绿色生产技术采纳程度，影响系数值为 1.032 7，且在 5% 的显著性水平上通过检验。另外，加入中介变量之后，参与电商对猕猴桃种植户绿色生产技术采纳程度的影响依旧在 5% 的显著性水平上显著（其系数值为 2.938 1），说明产品标准化发挥部分中介效应。参与电商通过提升产品标准化，从而增加猕猴桃种植户绿色生产技术采纳水平，假说 14 得到验证。

最后，参与电商增进口碑效应，从而提升其绿色生产技术采纳程度。一方面，参与电商提升口碑效应，参与电商对口碑效应的影响系数值为 0.670 2，且在 1% 的显著性水平上通过检验。另一方面，口碑效应影响猕猴桃种植户绿色生产技术采纳程度，影响系数值为 1.084 2，且在 10% 的显著性水平上通过检验。另外，加入中介变量之后，参与电商对猕猴桃种植户绿色生产技术采纳程度的影响依旧在 5% 的显著性水平上显著（其系数值为 2.855 5），说明口碑效应发挥部分中介效应。参与电商通过提升口碑效应增加猕猴桃种植户绿色生产技术采纳水平，这也证明了参与电商能够促进生产者与消费者的沟通互动，而这种沟通互动能够激励猕猴桃种植户追求积极的社会评价，假说 15 得到验证。

表 5 - 13　参与电商对中介变量的影响

变量名称	(1) 产品价格预期 Oprobit	(2) 经济收益水平 OLS	(3) 产品标准化 Oprobit	(4) 口碑效应 Oprobit
参与电商	0.383 3***	0.494 7***	0.418 3***	0.670 2***
	(0.133 3)	(0.153 3)	(0.132 4)	(0.132 1)
家庭年收入	0.115 2	1.209 2***	0.563 2***	0.114 3
	(0.123 5)	(0.144 5)	(0.131 7)	(0.125 4)
种植专业化	−0.003 2	0.010 9	−0.005 8	−0.003 3
	(0.006 1)	(0.007 1)	(0.006 4)	(0.006 2)
经营规模	0.045 9	−1.490 9***	0.076 2	0.190 1
	(0.165 3)	(0.193 5)	(0.171 1)	(0.170 0)
劳动力人数	0.078 4	−0.598 2***	0.230 1***	−0.153 1**
	(0.071 0)	(0.082 1)	(0.074 0)	(0.070 5)
户主受教育程度	0.044 7**	−0.080 9***	0.084 9***	0.003 0
	(0.020 7)	(0.023 9)	(0.022 4)	(0.020 5)
农技培训次数	0.385 0***	0.074 1	0.355 5***	0.044 7
	(0.090 0)	(0.103 6)	(0.090 1)	(0.088 8)
家中是否有村干部	0.151 3	0.308 9	0.124 6	0.191 2
	(0.190 1)	(0.220 9)	(0.191 5)	(0.191 3)
人情往来支出	0.760 8*	2.866 4***	1.262 7***	−0.233 3
	(0.392 5)	(0.453 1)	(0.391 9)	(0.384 0)
亲戚好友数量	−0.001 7	−0.075 5	0.222 1**	0.003 2
	(0.105 5)	(0.120 8)	(0.113 0)	(0.103 2)
加入合作社	−0.179 0	0.606 8***	0.129 7	0.357 4*
	(0.198 5)	(0.232 3)	(0.194 0)	(0.201 1)
通信支出占比	−0.014 6	0.088 6***	−0.024 5	0.053 6***
	(0.016 5)	(0.019 2)	(0.017 9)	(0.016 8)
政府绿色宣传	0.118 7**	−0.007 6	0.200 9***	−0.059 5
	(0.046 7)	(0.053 2)	(0.048 2)	(0.046 2)
常数项		4.054 6***		
		(0.581 5)		

（续）

变量名称	（1） 产品价格预期 Oprobit	（2） 经济收益水平 OLS	（3） 产品标准化 Oprobit	（4） 口碑效应 Oprobit
cut1	−2.161 5***		4.518 0***	−2.739 2***
	(0.532 7)		(0.580 1)	(0.524 1)
cut2	−1.255 6**		5.226 3***	−1.817 9***
	(0.509 7)		(0.586 4)	(0.510 9)
cut3	0.508 6		5.798 6***	−0.740 1
	(0.500 1)		(0.591 5)	(0.506 5)
cut4	2.801 2***		6.806 7***	1.290 0**
	(0.509 2)		(0.599 5)	(0.507 9)
样本量	1 036	1 036	1 036	1 036

注：*、**、***分别表示在10%、5%、1%的水平上显著；括号内为稳健标准误。

表 5-14 参与电商、中介效应对猕猴桃种植户绿色生产技术采纳程度的影响

变量名称	因变量：猕猴桃种植户绿色生产技术采纳程度			
	（1）	（2）	（3）	（4）
产品价格预期	2.081 9***			
	(0.635 8)			
经济收益水平		1.000 1***		
		(0.249 1)		
产品标准化			1.032 7**	
			(0.408 3)	
口碑效应				1.084 2*
				(0.554 4)
参与电商	2.867 4**	2.779 3**	2.938 1**	2.855 5**
	(1.230 7)	(1.227 4)	(1.234 1)	(1.247 0)
家庭年收入	4.886 4***	3.841 5***	4.679 4***	4.993 5***
	(1.154 8)	(1.189 5)	(1.165 5)	(1.158 0)
种植专业化	0.128 1**	0.110 5**	0.124 9**	0.125 4**
	(0.056 4)	(0.056 2)	(0.056 5)	(0.056 6)
经营规模	0.279 7	1.780 6	0.246 2	0.143 6
	(1.544 9)	(1.585 0)	(1.548 2)	(1.551 9)

（续）

变量名称	因变量：猕猴桃种植户绿色生产技术采纳程度			
	（1）	（2）	（3）	（4）
劳动力人数	−0.652 9	−0.014 3	−0.753 8	−0.553 4
	（0.655 7）	（0.670 6）	（0.659 3）	（0.658 5）
户主受教育程度	1.079 7***	1.207 8***	1.080 2***	1.132 6***
	（0.191 1）	（0.191 1）	（0.191 9）	（0.191 2）
农技培训次数	1.957 5**	2.209 3***	2.000 0**	2.251 2***
	（0.833 3）	（0.825 4）	（0.836 7）	（0.830 3）
家中是否有村干部	4.202 2**	4.101 9**	4.295 3**	4.337 7**
	（1.765 2）	（1.761 2）	（1.768 4）	（1.770 4）
人情往来支出	16.036 2***	13.587 1***	15.489 1***	16.607 7***
	（3.620 3）	（3.678 7）	（3.645 7）	（3.631 1）
亲戚好友数量	0.610 9	0.714 4	0.516 2	0.611 6
	（0.964 4）	（0.962 1）	（0.967 7）	（0.967 8）
加入合作社	4.626 9**	3.860 1**	4.318 6**	4.303 0**
	（1.855 8）	（1.856 5）	（1.860 0）	（1.863 2）
通信支出占比	0.096 2	−0.009 9	0.103 5	0.052 4
	（0.153 2）	（0.154 2）	（0.153 7）	（0.154 2）
政府绿色宣传	−1.409 0***	−1.308 3***	−1.443 6***	−1.285 4***
	（0.425 6）	（0.423 5）	（0.428 5）	（0.426 3）
常数项	24.335 1***	27.028 7***	31.589 8***	27.155 4***
	（5.080 1）	（4.740 1）	（4.657 3）	（5.073 4）
样本量	1 036	1 036	1 036	1 036

注：*、**、***分别表示在 10%、5%、1% 的水平上显著；括号内为稳健标准误。

　　为了进一步阐述四种中介变量（产品价格预期、经济收益水平、产品标准化、口碑效应）对猕猴桃种植户绿色生产技术采纳程度所产生的间接作用，本章采用索贝尔检验对其显著性进行验证，检验结果如表 5－15 所示。从表 5－15 可以看出，绿色农产品价格预期、经济收益水平、产品标准化、口碑效应均发挥着显著的中介效应。猕猴桃经济收益水平的中介效应最大，为 15.11%；猕猴桃口碑效应的中介作用次之，为 12.78%；然后是绿色农产品价格预期，中介效应为 12.42%；产品标准化的中介作用最小，为 10.26%。

表 5 - 15 　参与电商对猕猴桃种植户绿色生产技术采纳影响机理的回归结果

变量名称	路径Ⅰ：参与电商对中介变量的影响（b_1）	路径Ⅱ：中介变量对猕猴桃种植户绿色生产技术采纳程度的影响（c_1）	参与电商对猕猴桃种植户绿色生产技术采纳程度的中介效应（b_1c_1）	中介效应占比（%）
产品价格预期	0.195 3*** (0.060 2)	2.081 9*** (0.635 8)	0.406 7*** [2.304]	12.42
经济收益水平	0.494 7*** (0.153 3)	1.000 1*** (0.249 1)	0.494 7** [2.515]	15.11
产品标准化	0.325 3*** (0.094 0)	1.032 7** (0.408 3)	0.335 9** [2.042]	10.26
口碑效应	0.386 1*** (0.069 3)	1.084 2* (0.554 4)	0.418 6* [1.845]	12.78

　　注：*、**、***分别表示在 10%、5%、1%的水平上显著；中括号 ［ ］ 中是索贝尔检验的 Z 值。

六、异质性分析

　　为进一步分析参与电商对不同资源禀赋的猕猴桃种植户绿色生产技术采纳的影响，按照猕猴桃种植户资本禀赋差异对猕猴桃种植户进行分组。基于核匹配（带宽 0.10）方法计算的不同组别 ATT 的估计结果如表 5 - 16 所示。

　　从经济资本来看，家庭年收入较高猕猴桃种植户参与电商后，其绿色生产技术采纳程度显著提高，提高了 7.633 7%，这说明参与电商对家庭年收入较高的猕猴桃种植户的绿色生产技术采纳程度有重要提升作用。种植专业化较高和较低的两组猕猴桃种植户参与电商后绿色生产技术采纳程度也均显著提高，分别提高了 3.629 6%、4.022 1%，这说明参与电商对种植专业化弱的猕猴桃种植户绿色生产技术采纳的促进作用更强。经营规模较大的猕猴桃种植户参与电商后绿色生产技术采纳也有显著提高，提高幅度较大，为 6.129 4%，这说明参与电商对大规模种植户的绿色生产技术采纳促进作用更强。

　　从人力资本来看，劳动力人数较多猕猴桃种植户参与电商后绿色生产技术采纳程度显著提高，提高了 7.633 7%，这说明参与电商对劳动力人数多的猕猴桃种植户绿色生产技术采纳程度的提高作用更大。户主受教育程度较高和较低的两组猕猴桃种植户参与电商后绿色生产技术采纳程度均有显著提高，分别为 4.911 4%、4.622 8%，两者差异较小。劳动力受教育水平较高的猕猴桃种植户在匹配前与匹配后均有较高的绿色生产技术采纳水平，说明劳动力受教育水平越高的猕猴桃种植户越能捕捉电商带来的技术革新。参加农技培训次数较多猕猴桃种植户参与电商后绿色生产技术采纳程度提高 6.134 7%，可见农技培训对绿色生产技术采纳的带动作用较强。

从社会资本来看，家中无村干部的猕猴桃种植户参与电商后绿色生产技术采纳程度提高了 3.663 2%，而参与电商对家中有村干部的猕猴桃种植户绿色生产技术采纳程度的提高作用未通过显著性检验，可能的原因是家中有村干部的猕猴桃种植户自身有较高的绿色生产技术采纳程度，参与电商虽然会带动其绿色生产技术采纳程度提高，但效果不明显。人情往来支出较低的猕猴桃种植户参与电商后绿色生产技术采纳程度显著提高 5.233 7%，人情往来支出较高的猕猴桃种植户由于自身有较高的绿色生产技术采纳程度，因此提升作用不明显。亲戚好友数量较多的猕猴桃种植户参与电商后绿色生产技术采纳程度显著提高 6.159 4%，亲戚好友数量较少的提升不明显。加入合作社的猕猴桃种植户参与电商后绿色生产技术采纳程度显著提高了 10.862 7%，未加入合作社的猕猴桃种植户参与电商后绿色生产技术采纳程度提高了 3.441 1%，可见加入合作社在参与电商对猕猴桃种植户绿色生产技术采纳的影响效应中发挥着重要作用。

从信息资本来看，通信支出占比较大的猕猴桃种植户参与电商后绿色生产技术采纳程度显著提高 4.884 9%，而参与电商对通信支出占比较低的猕猴桃种植户绿色生产技术采纳的提升作用不明显。政府绿色宣传力度较低地区的猕猴桃种植户参与电商后绿色生产技术采纳程度有较大程度提升，提高了 9.121 2%，而对于政府绿色宣传力度较高地区的猕猴桃种植户绿色生产技术采纳程度的提升作用较低。综上所述，参与电商对不同资本禀赋的猕猴桃种植户绿色生产技术采纳的影响具有显著差异。

表 5-16 参与电商对不同资本禀赋猕猴桃种植户
绿色生产技术采纳影响的分析结果

变量名称	分组变量	处理组（%）	对照组（%）	ATT（%）	t 值
家庭年收入	大于均值	70.445 3	62.478 0	7.967 4***	3.92
	小于均值	61.104 5	60.567 7	0.536 8	0.30
种植专业化	大于均值	65.987 2	62.357 6	3.629 6*	1.87
	小于均值	64.192 2	60.170 1	4.022 1**	2.09

（续）

变量名称	分组变量	处理组（%）	对照组（%）	ATT（%）	t 值
经营规模	大于均值	69.142 4	63.013 0	6.129 4***	2.96
	小于均值	63.391 0	60.421 3	2.969 6	1.60
劳动力人数	大于均值	66.714 2	59.080 5	7.633 7***	3.93
	小于均值	64.815 1	63.180 5	1.634 6	0.81
户主受教育程度	大于均值	67.882 1	62.970 7	4.911 4***	2.71
	小于均值	62.634 7	58.011 9	4.622 8**	2.17
农技培训次数	大于均值	69.365 2	63.230 6	6.134 7***	3.39
	小于均值	60.553 8	58.970 6	1.583 2	0.75
家中是否有村干部	有村干部	72.397 2	69.378 3	3.018 9	0.50
	无村干部	64.522 1	60.858 9	3.663 2***	2.60
人情往来支出	大于均值	66.832 0	64.232 4	2.599 5	1.40
	小于均值	63.235 3	58.001 6	5.233 7***	2.66
亲戚好友数量	大于均值	67.231 2	61.071 8	6.159 4***	3.27
	小于均值	63.929 8	61.351 6	2.578 2	1.23
加入合作社	加入合作社	76.848 4	65.985 7	10.862 7**	1.98
	未加入合作社	64.340 0	60.898 9	3.441 1**	2.43
通信支出占比	大于均值	67.346 3	62.461 4	4.884 9**	2.72
	小于均值	63.512 2	60.471 3	3.040 8	1.44
政府绿色宣传	大于均值	63.150 0	61.886 9	1.263 1	0.75
	小于均值	70.629 7	61.508 5	9.121 2***	3.99

注：*、**、*** 分别表示在 10%、5%、1% 的水平上显著。

七、本章小结

本章以陕西省、四川省 1 036 户样本猕猴桃种植户调研数据为基础，在采用变异系数法度量猕猴桃种植户绿色生产技术采纳程度的基础上，充分考虑可观测因素和不可观测因素的影响，利用倾向得分匹配法、内生转换模型构建反事实框架，实证分析参与电商对猕猴桃种植户绿色生产技术采纳的影响效应。本章得到的主要结论：①猕猴桃种植户绿色生产技术的重要性依次为：测土配方施肥技术、物理防治技术、套袋技术、无公害农药使用技术、有机肥施用技术。②参与电商对猕猴桃种植户绿色生产技术采纳有显著促进作用，尤其是对社交电商模式猕猴桃种植户的提升作用更大，另外参与电商程度越高，猕猴桃种植户绿色生产技术采纳程度越高。③参与电商通过提升价格预期、提升经济收益、推动产品标准化、追求口碑效应四个中间传导机制促进猕猴桃种植户绿色生产技术采纳。④参与电商对不同资源禀赋的猕猴桃种植户的绿色生产技术采纳的影响存在差异，经济资本、人力资本、社会资本、信息资本均在其中发挥重要作用。

第六章　参与电商对猕猴桃种植户
绿色生产转型的影响

　　绿色生产技术采纳程度是判断猕猴桃种植户是否实施绿色生产转型的关键。在参与电商对猕猴桃种植户绿色生产技术采纳产生显著影响的前提下，究竟会不会进一步促进其绿色生产转型？厘清其内在的作用机制与效果，对加快猕猴桃产业绿色发展具有重要的现实意义。

　　本章基于猕猴桃种植户的生产经营状况对猕猴桃种植户生产方式进行划分，判别猕猴桃种植户是否遵循绿色生产方式，从参与电商决策、参与电商模式及参与电商程度三个维度展开探讨参与电商对猕猴桃种植户绿色生产转型的影响，并在充分考虑内生性问题的基础上，对参与不同电商模式的猕猴桃种植户绿色生产转型程度的平均处理效应进行测度。

一、理论分析与研究假说

　　在如今以"高能耗、高污染"为特征的传统生产方式已经难以为继的背景下，资源"红线"、生态"红灯"等问题对我国农业生态安全构成挑战，促进农业绿色生产转型成为实现乡村生态振兴和转变农业生产方式的重要手段。猕猴桃种植户生产方式由传统向绿色转变，实质上是使用绿色化生产理念与经营方式改造传统农业，具体表现为：猕猴桃生产者在生产过程中采用绿色发展理念，将先进的绿色生产技术运用到猕猴桃种植过程中，从而改变其原有资源配置，力争提升农业生产效率和收益水平。

　　近年来，学者们围绕农业绿色生产转型问题展开了激烈讨论，从不同视角分析农户绿色生产转型的影响。岳跃（2000）指出增加物质资本和人力资本、适度规模经营是实现农业经济增长方式转变的重要途径。Lohmar等（2002）指出农地流转可以通过促进农地资源优化配置降低生产成本，刺激农地投资，从而促进农业绿色生产转型。芦千文和姜长云（2016）指出发展农业生产性服务业能为解决当前农业问题提供新思路，为加快农业发展方式转变，培育新引擎。张在一和毛学峰（2020）指出"互联网＋"代表一种新的经济形态，它通过使用互联网技术达到互联网与传统产业的联合，并通过生产要素的优化、业态体系的更新、商业模式的重构等途径来实现经济转型和升级，对于传统农业绿色生产转型有重要影响。尤其是作为流通方式的革新，农产品电商能够弥补农业生产过程中纵向分工不足的问题，不仅拓宽农户销售渠道、提升农户销售收入，而且能够打破传统农业限制，促进农产品供求精准对接，倒逼"精细农业"，实现传统农业生产方式向农业绿色生产转型（周绍东，2016）。

从生产端来看，农户的生产方式转型决定着我国农业生产方式转型进度。农业生产方式向绿色有机化转变往往需要投入大量的人力，如施肥技术、人工除草代替除草剂等，若转变为绿色生产方式没有合理的经济回报，则会导致农户采用绿色生产方式的动力不足。农户生产方式转型困难的原因主要是正向激励机制不足，即市场缺乏有效认证机制，也缺乏正常收益回报机制。在传统农产品销售中，农产品需要通过生产者、经销商、批发市场等多个环节再到消费者，由于流通环节冗余、交易主体多、交易过程存在信息不对称等问题，农产品难以充分竞价。加之受生产规模限制，小农户难以打造农产品品牌、进行产品认证，使小农户对绿色生产方式望而却步。而电商平台作为"互联网"的主要表现形式，其发展有效地缓解了这一现实约束（张在一、毛学峰，2020）。参与电商缩短了生产者与消费者的距离，促进农户获得较高的经济收益，不仅有助于猕猴桃种植户及时调整投资策略，也能激励猕猴桃种植户选择先进的种植品种，使用绿色生产技术，采用绿色生产方式。

从消费端来看，互联网等信息技术的快速发展冲击着消费市场，使消费者的消费方式发生改变，消费需求从吃得饱向吃得好、吃得安全转变。消费者对农产品的绿色需求促进农产品生产者由传统生产方式向绿色生产转型。在传统销售方式下，农产品从生产者向消费者转移的过程中常常出现信息失真和信息不对称的问题，具体表现为：第一，消费者无法有效辨别农产品的优劣，所依赖的政府部门认证和监管乱象丛生，信息失真严重；第二，使用绿色生产方式经营的小农户受规模限制，往往缺乏产品质量认证，在农产品市场上难以获取高利润（李昊等，2017）。网购、直播带货等新业态、新模式的兴起，不仅为农产品消费提供广阔市场，而且通过电商渠道连接了农业生产者与消费者，给传统农业思维模式、流通渠道及市场发展等带来了强大冲击（谢瑾岚，2020）。电商销售通过构建与消费者的关系网络实现传播的去中心化和碎片化，以获取较高利润，不再需要花费高昂的传播成本来实现品牌创造。电商平台具有汇集客户信息的功能，通过在线评论、无理由退货、包售后等信息披露和反馈评级机制，激励农业生产者保持良好信誉，在生产端加强投入，为追求高品质农产品的品牌溢价主动转变农业生产方式（张在一、毛学峰，2020）。基于以上分析，本章提出假说 17、假说 18、假说 19。

H17：与未参与电商相比，参与电商决策促进猕猴桃种植户绿色生产转型。

H18：参与不同电商模式的猕猴桃种植户绿色生产转型存在差异。

H19：参与电商程度越高，猕猴桃种植户绿色生产转型程度越高。

二、计量模型设定与变量选取

（一）计量模型设定

1. 有限混合模型

有限混合模型由 Pearson（1893）提出，能够充分考虑样本不可观测的异质性，近年来在经济学、管理学、卫生学等领域得到广泛应用（陈林兴、黄祖辉，2014；Zhou and Yu，2016；曹建民等，2019）。本章借鉴 Everitt 和 Hand（1981）提出的样本潜在类别分类方法，表示如下：

$$f(Y|X, \theta_k) = \sum_{k=1}^{K} \pi_k f(Y|X, \theta_k) = \pi_1 f_1(X) + \pi_2 f_2(X) + \cdots \pi_k f_k(X)$$

$$(6-1)$$

其中，$f(Y|X, \theta_k)$ 为 y 落在类别 k 的条件密度分布，X 为解释变量，θ_k 为待估参数。π_k 为 $f_k(X)$ 对应的权重，且存在 $\Sigma \pi_k = 1$。基于此，每个样本落入第 j 个类别的后验概率可表示为：

$$P(j|X, Y) = \frac{\pi_j f_j(Y|X, \theta_j)}{\sum_k \pi_k f_k(Y|X, \theta_k)} \qquad (6-2)$$

2. LPM 模型

影响猕猴桃种植户绿色生产转型的影响因素有多个方面，猕猴桃种植户个体特征、家庭特征、社会网络特征及政府支持特征均是影响猕猴桃种植户绿色生产转型的重要因素，采用线性概率模型（LPM）进行回归，表达如下：

$$y = \beta_0 + \sum_{i=1}^{k} \beta_i x_i + \mu \qquad (6-3)$$

其中，y 为被解释变量，反映猕猴桃种植户绿色生产转型程度，样本猕猴桃种植户落入绿色生产方式的后验概率大小反映猕猴桃种植户绿色生产转型程度，概率值越大说明猕猴桃种植户绿色生产转型程度越高，概率值越小说明猕猴桃种植户绿色生产转型程度越低；x_i 表示影响猕猴桃种植户绿色生产转型程度 y 的影响因素，主要包括个体特征、家庭特征等变量，核心解释变量包括参与电商决策、参与电商模式、参与电商程度；β_0 为常数项，β_i 为待估参数，μ 为残差项。

3. 2SLS 模型

猕猴桃种植户参与电商行为与其绿色生产转型程度可能存在内生性问题。本章参考何婧和李庆海（2019）的研究思路，多次尝试不同的工具变量，最终选定按照县域和受访者年龄分组后的参与电商平均水平作为工具变量。参与电商决策与猕猴桃种植户所在地区及年龄存在较大相关性，猕猴桃种植户的参与电商决策会受到按照县域和受访者年龄分组后的村庄参与电商平均水平的影响，但是该平均值不会直接影响猕猴桃种植户绿色生产转型程度。年龄分组按照 40 岁以下、40～50 岁、50～60 岁、60 岁以上进行划分。

4. 内生转换 Probit 模型

内生转换 Probit 模型（ESP 模型）分为两个阶段。第一阶段使用 Probit 模型估计猕猴桃种植户参与电商的概率。借鉴 Abdulai 和 Huffman（2014）、陈飞和翟伟娟（2015）、李长生和刘西川（2020）等的分析，假设猕猴桃种植户是风险中性的，猕猴桃种植户参与电商决策取决于其参与电商产生的效用。假设猕猴桃种植户参与电商能获得的效用为 T_{1i}^*，不参与电商获得的效用为 T_{0i}^*，如果 $T_i^* = T_{1i}^* - T_{0i}^* > 0$，猕猴桃种植户将选择参与电商，反之则不参与电商。但是，T_i^* 是未观测的，只能观测到猕猴桃种植户是否参与电商，通过下式表达：

$$T_i^* = \gamma Z_i + \mu_i, \quad T_i = \begin{cases} 1, & \text{如果 } T_i^* > 0 \\ 0, & \text{如果 } T_i^* \leqslant 0 \end{cases} \quad (6-4)$$

公式（6-4）为选择方程，$T_i = 1$ 表示猕猴桃种植户参与电商，$T_i = 0$ 表示猕猴桃种植户未参与电商，Z_i 是影响猕猴桃种植户参与电商决策的相关变量，γ 是待估参数，μ_i 为随机误差项。

第二阶段为估计参与电商对猕猴桃种植户绿色生产转型程度的影响，用公式（6-5）和（6-6）来反映：

当 $T_i = 1$ 时，

$$T_{Ti}^* = \beta_T X_{Ti} + \varepsilon_{Ti}, \quad Y_{Ti} = \begin{cases} 1, & \text{如果 } T_{Ti}^* > 0 \\ 0, & \text{如果 } T_{Ti}^* \leqslant 0 \end{cases} \quad (6-5)$$

当 $T_i = 0$ 时，

$$T_{Ni}^* = \beta_N X_{Ni} + \varepsilon_{Ni}, \quad Y_{Ni} = \begin{cases} 1, & \text{如果 } T_{Ni}^* > 0 \\ 0, & \text{如果 } T_{Ni}^* \leqslant 0 \end{cases} \quad (6-6)$$

公式（6-5）和（6-6）为结果方程。其中，T_{Ti}^*、T_{Ni}^* 分别表示参与电商和未参与电商的猕猴桃种植户的绿色生产转型程度，是无法观测的潜变量；Y_{Ti}、Y_{Ni} 分别表示参与电商和未参与电商的猕猴桃种植户是否进行绿色生产转型，如果进行绿色生产转型，则赋值为 1，反之则赋值为 0；X_{Ti}、X_{Ni} 分别表示参与电商和未参与电商的猕猴桃种植户绿色生产转型的影响因素；β_T 和 β_N 为待估计参数；ε_{Ti}、ε_{Ni} 为随机误差项。如果有不可观测变量同时影响 μ_i 和 $\varepsilon_{Ti}(\varepsilon_{Ni})$，导致 μ_i 和 ε_{Ti}（ε_{Ni}）的协方差至少有一个显著不为 0，说明模型存在选择性偏误（Lokshin and Sajaia，2011）。ESP 模型估算出相关系数后，可以计算出参与电商对猕猴桃种植户绿色生产转型程度影响的三种平均处理效应 ATT、ATU、ATE。

5. 处理效应模型

本部分运用处理效应模型分析不同电商模式下猕猴桃种植户绿色生产转型的影响差异。参与电商模式是一个三元选择问题，为了考察参与电商模式对猕猴桃种植户绿色生产转型程度的影响，必须考虑猕猴桃种植户选择参与电商模式的非随机特征，若忽略这一特征会产生样本选择偏差问题。倾向得分匹配和内生转换模型是最常用的解决样本选择偏差的方法，但通常处理二值变量。而参与电商模式中，处理变量为多值变量（分为传统销售模式、平台电商模式、社交电商模式三种模式），对此，本章借鉴蔡荣等（2019）使用的多值处理效应模型进行分析。

假设猕猴桃种植户参与电商销售是为了追求收益最大化，参与电商会带来较高的价格和未来收益，但也需要支付相应的成本（平台费、设备费等）。因此，是否参与电商销售、参与何种电商模式是猕猴桃种植户综合权衡的结果。一般而言，猕猴桃种植户的处理状态（传统销售模式、平台电商模式、社交电商模式）以及协变量（对猕猴桃种植户绿色生产方式概率和参与电商模式产生影响的一组变量）往往较易被观测到。对此，本章借鉴 Maddala（1983）的思路，将三元选择分为两个二元选择问题，采用处理效应模型（TEM）分别考察参与电商模式对猕猴桃种植户绿色生产转型程度的影响，然后采用多值处理效应（MTEM）整体估计参与电商对猕猴桃种植户绿色生产转型程度的影响，具体形式为：

$$y_i = \sum_{m=0}^{M} D_{im}(T_i) y_{im} \qquad (6-7)$$

其中，$D_{im}(T_i)$ 为第 i 个猕猴桃种植户选择第 m 种处理状态的指示变量，当 $T_i = m$ 时，$D_{im}(T_i) = 1$，否则，$D_{im}(T_i) = 0$。当 $T_i = m$ 时，第 i 个猕猴桃种植户对应的潜在结果变量为 y_{im}，即第 i 个猕猴桃种植户在第 $T_i = m$ 个处理状态下的绿色生产转型的概率为 y_{im}。

据此，可得到猕猴桃种植户绿色生产转型程度的条件期望值，可表示为：

$$E[y_{im} \mid Z_i] = E[y_{im} \mid T_i = m, Z_i] = \beta_{0m} + Z_i \beta_{1m} \qquad (6-8)$$

$\beta_m = [\beta_{0m} \beta_{1m}]$ 为待估参数。不同处理状态 T_i 的结果变量方程的条件期望值可由广义倾向值计算得来（Cattaneo，2010），表达式为：

$$r_i = (m, Z) = \Pr[T_i = m \mid Z_i] = E[D_{im}(T_i) \mid Z_i] \qquad (6-9)$$

综上，总样本及子样本的平均处理效应的表达式为：

$$ATE_{mk} = (\hat{\beta}_{0m} - \hat{\beta}_{0k}) + \frac{1}{N} \sum_{i=1}^{N} Z_i(\hat{\beta}_{1m} - \hat{\beta}_{1k}) \qquad (6-10)$$

$$ATET_{mk} = (\hat{\beta}_{0m} - \hat{\beta}_{0k}) + \frac{1}{N_m} \sum_{i:D_t(T_i = m) = 1}^{N} Z_i(\hat{\beta}_{1m} - \hat{\beta}_{1k}) \qquad (6-11)$$

6. 分位数回归模型

由于 OLS 模型估计结果易受极端值影响，而分位数回归不仅能克服这一缺陷，且可以明晰各分位数条件下解释变量对被解释变量的作用机制。因此，本章采用分位数回归模型进行估计，公式为：

$$y_q(x) = \beta_q x_i \qquad (6-12)$$

β_q 称为"q 分位数回归系数"，其估计量 $\hat{\beta}_q$ 由以下最小化问题来定义：

$$\min_{\beta_q} \sum_{i:y_i \geqslant \beta_q x_i}^{n} q |y_i - \beta_q x_i| + \sum_{i:y_i < \beta_q x_i}^{n} (1-q)|y_i - \beta_q x_i| \qquad (6-13)$$

其中，y_i 为猕猴桃种植户绿色生产转型程度，x_i 为参与电商及控制变量等。运用最小绝对离差估计（6-13）式，可得到参与电商对猕猴桃种植户绿色生产转型程度的作用方向及大小。

（二）变量选取和描述性统计

1. 判别猕猴桃种植户绿色生产转型的变量选取

本章在 C-D 生产函数形式基础上，通过设置潜类别随机前沿模型来刻画猕猴桃种植户生产猕猴桃的投入产出关系，模型的具体形式为：

$$Y_i = A K_i^{\alpha} L_i^{\beta} e^{\mu} \qquad (6-14)$$

其中，Y_i 为第 i 个猕猴桃种植户的猕猴桃产出，K_i 为第 i 个猕猴桃种植户的资本投入，L_i 为第 i 个猕猴桃种植户的劳动力投入，A 为综合技术水平，μ 为随机误差项，对公式（6-14）进行对数化处理，得到：

$$\ln Y_i = \ln A + \alpha \ln K_i + \beta \ln L_i + \mu \qquad (6-15)$$

在有限混合模型中需要选择合适的协变量，依据农业农村部发布的《2020年种植业工作要点》的要求及猕猴桃种植户的生产特性，选取有机肥施用率、生物农药使用率、节水灌溉设备使用率、物理防治技术投入、包装物回收率五个指标作为判断猕猴桃种植户生产方式的重要依据，这五个指标只是猕猴桃种植户绿色生产方式的几个表现特征，并不能完全代表猕猴桃种植户的绿色生产方式，但利用投入产出的关系可以从一定角度测算猕猴桃种植户落入绿色生产方式的概率，从而得到绿色生产转型的代理变量。该模型所采用的变量及其相关含义如表6-1所示。

表6-1　有限混合模型的变量选取及其含义

	变量名称	变量含义
猕猴桃投入产出变量	猕猴桃产出	猕猴桃每亩年收入，单位：元/亩
	资本投入	猕猴桃每亩物质资本及机械资本投入合计，单位：元/亩
	劳动力投入	猕猴桃各生产环节亩均劳动力投入，单位：元/亩
有限混合模型的协变量	有机肥施用率	猕猴桃种植户使用有机肥的费用占总施用肥料费用的比例，单位：%
	生物农药使用率	猕猴桃种植户使用生物农药的费用占总使用农药费用的比例，单位：%
	节水灌溉设备使用率	猕猴桃种植户使用滴灌、喷灌等节水灌溉设备的面积占总经营规模的比例，单位：%
	物理防治技术投入	猕猴桃种植户在猕猴桃生产过程中使用物理防治技术的每亩投入量，包括诱虫灯、杀虫板等物理防治技术，单位：元/亩
	包装物回收率	猕猴桃种植户对猕猴桃生产过程中所使用的农药肥料包装物的回收率，单位：%

2. 核心解释变量的选取

本章选择三个核心解释变量：①参与电商决策。若猕猴桃种植户通过电商渠道销售猕猴桃则赋值为1，否则，赋值为0。②参与电商模式。若猕猴桃种植户采用传统销售模式，则赋值为0；若猕猴桃种植户参与平台电商模式销售农产品，则赋值为1；若猕猴桃种植户参与社交电商模式销售农产品，则赋值为2。③参与电商程度。猕猴桃种植户通过电商渠道销售猕猴桃收入的对数。

3. 控制变量的选取

本章选择以下五类控制变量，分别为猕猴桃种植户的个体特征、家庭特征、社会网络特征、政府支持特征和地区特征。①个体特征方面选取户主年龄和户主受教育程度 2 个变量；②家庭特征方面选取经营规模、种植专业化、农技培训次数 3 个变量；③社会网络特征包括家中是否有村干部、人情往来支出 2 个变量；④政府支持特征选取当地政府绿色宣传力度 1 个变量；⑤地区变量选取乡镇距离、省份 2 个变量。

4. 工具变量的选取

参考尹志超等（2015）及何婧和李庆海（2019）的研究思路，尝试不同的工具变量，最终选定按照县域和受访者年龄分组后的村庄参与电商程度的均值作为工具变量，参与电商决策与猕猴桃种植户所在地区及年龄存在较大相关性，猕猴桃种植户的参与电商决策会受到县域和受访者年龄分组后的村庄参与电商程度的平均值的影响，但是该平均值不会直接影响猕猴桃种植户绿色生产转型。具体变量定义及描述性统计如表 6-2 所示。

表 6-2　变量选取、变量定义及描述性统计

变量名称	变量定义	均值	标准差	最小值	最大值
猕猴桃种植户绿色生产转型程度	由有限混合模型计算的猕猴桃种植户绿色生产转型的后验概率	0.330 4	0.261 7	0	1
参与电商决策	猕猴桃种植户是否通过电商渠道销售猕猴桃：是＝1；否＝0	0.384 2	0.486 6	0	1
参与电商模式	采用何种渠道销售猕猴桃：传统销售模式＝0；平台电商模式＝1；社交电商模式＝2	0.700 8	0.918 5	0	2
参与电商程度	猕猴桃种植户通过电商渠道销售猕猴桃的收入，单位：万元	2.817 1	3.875 0	0.03	30
户主年龄	按实际年龄计算，单位：岁	57.462 4	8.683 1	30	85
户主受教育程度	户主受教育年限，单位：年	7.579 2	2.999 6	0	16
经营规模	按实际值计算，单位：亩	4.782 9	3.124 4	0.1	32
种植专业化	猕猴桃年收入占家庭年收入的比重，单位：%	32.042 1	12.816 9	2.20	99.66
农技培训次数	家庭成员一年内参加农业技术培训的次数，单位：次	1.987 5	2.332 9	0	20

（续）

变量名称	变量定义	均值	标准差	最小值	最大值
家中是否有村干部	家庭成员中是否有人担任村干部：是＝1；否＝0	0.113 9	0.317 8	0	1
人情往来支出	家庭一年用于人情往来的支出，单位：万元	0.290 5	0.254 5	0	3
乡镇距离	所在村庄与所在乡（镇）的距离，单位：千米	4.336 7	2.586 4	0.05	13
政府绿色宣传	当地政府绿色生产技术推广力度：非常小＝1；比较小＝2；一般＝3；比较大＝4；非常大＝5	2.979 7	1.287 8	1	5
省份	陕西省＝1；四川省＝0	0.709 5	0.454 2	0	1
参与电商平均水平	按县域和受访者年龄分组后，猕猴桃种植户所在组参与电商的种植户所占的比例，单位：%	38.419 6	21.665 4	14	72.22

三、猕猴桃种植户生产方式判定

（一）猕猴桃种植户生产方式数目的确定

样本猕猴桃种植户生产方式具有的差异可能会体现在投入资产及劳动力方面，因此本章通过猕猴桃生产过程中猕猴桃种植户投入产出的强度，对猕猴桃种植户生产方式进行分类。对于潜在类别个数的选择，借鉴 Orea 和 Kumbhakar（2004）提出的 AIC 和 BIC 对猕猴桃种植户绿色生产转型进行筛选，借鉴曹建民等（2019）的研究，本研究选取 BIC 值最小时所对应的类别数，具体判别结果如表 6-3 所示。

表 6-3　猕猴桃种植户生产方式潜在类别检验

类别数目	对数似然值	参数个数	AIC	BIC
1	−105.061 7	7	224.123 5	258.725 4
2	−58.693 0	15	147.386 0	221.532 8
3	−46.848 2	23	139.696 3	253.388 1

结果显示，当类别数目为 2 时，低于类别数目为 1 和类别数目为 3 时的

BIC 值。这意味着根据样本的投入产出状况，应把猕猴桃种植户生产方式分为两类。基于此，将猕猴桃种植户生产方式分为绿色生产方式和传统生产方式两类。

（二）样本属于潜在类别的概率分析

由于样本落入类别 A 和类别 B 的概率是相同的，仅需要从样本落入类别 A 的概率进行整理分析（表 6 - 4）。研究结果表明在 1 036 个样本中，后验概率 $P>0.5$ 的样本数为 195 个，后验概率 $P\leqslant0.5$ 的样本数为 841 个，大多数样本落入该组。

表 6 - 4　样本落入 A 组的后验概率统计结果

类别数目	样本个数	概率均值	概率标准差	最小值	最大值
$P>0.5$	195	0.798 3	0.161 9	0.502 6	0.999 9
$P\leqslant0.5$	841	0.221 9	0.125 5	0.000 1	0.499 9

（三）两类猕猴桃种植户生产方式的特征分析

为了对比绿色生产方式及传统生产方式在投入产出方面是否具有差异，通过样本均值 t 检验识别两类猕猴桃种植户生产方式的五个主要指标是否具有差异，检验结果如表 6 - 5 所示。结果显示，有机肥施用率、生物农药使用率、节水灌溉设备使用率、物理防治技术投入、包装物回收率五个指标，分别在 10%、1%、5%、1% 和 1% 的显著性水平上具有差异，且结果显示，五个指标的均值均存在一组大于二组的特点。从猕猴桃种植户生产方式的特征来看，落入 A 类别的后验概率越大，其绿色生产转型越明显，落入 A 类别的后验概率越小，其绿色生产转型越不明显。鉴于此，将样本农户落入 A 类别的后验概率与猕猴桃种植户绿色生产方式高度相关，后验概率越大表明该猕猴桃种植户采用绿色生产方式，后验概率越小说明猕猴桃种植户采用传统生产方式。

表 6 - 5　不同生产方式下猕猴桃种植户投入产出指标对比分析

变量名称		一组		二组	均值差	样本均值 t 检验
有机肥施用率	195	53.124 7	841	49.857 7	3.267 1*	1.686 0
生物农药使用率	195	72.307 7	841	66.599 3	5.708 4***	2.676 9
节水灌溉设备使用率	195	42.153 8	841	35.309 2	6.844 7**	2.343 5

（续）

变量名称		一组		二组	均值差	样本均值 t 检验
物理防治技术投入	195	117.435 9	841	82.996 4	34.439 5***	2.789 6
包装物回收率	195	48.723 1	841	44.636 1	4.086 9***	2.935 2

注：＊、＊＊、＊＊＊分别表示在10％、5％、1％的水平上显著。

四、参与电商对猕猴桃种植户绿色生产转型的影响分析

（一）参与电商决策对猕猴桃种植户绿色生产转型的影响分析

从表6-6（1）列和（2）列可以看出，参与电商决策对猕猴桃种植户向绿色生产转型程度有显著促进作用。不纳入控制变量时，参与电商比不参与电商的猕猴桃种植户向绿色生产转型的可能性提高7.49％，在纳入控制变量后，参与电商比不参与电商的猕猴桃种植户向绿色生产转型的可能性提升4.97％。从 R^2 结果来看，纳入控制变量使得 R^2 从0.019 4提升到0.102 6，说明纳入控制变量时结果更优，因此在考察参与电商决策对猕猴桃种植户绿色生产转型程度影响中，以表6-6（2）列的回归结果为准。

从控制变量结果来看，户主受教育程度显著促进了猕猴桃种植户绿色生产转型，在10％的显著性水平上通过检验，说明户主受教育程度的提高有助于猕猴桃种植户向绿色生产转型。经营规模对猕猴桃种植户绿色生产转型有显著抑制作用，在1％的显著性水平上通过检验，说明经营规模越大的猕猴桃种植户由于其生产成本较高，向绿色生产转型的成本压力使其仍然保留传统方式。种植专业化在1％的显著性水平上正向影响猕猴桃种植户绿色生产转型，说明猕猴桃种植户的种植专业化程度越高，其向绿色生产转型的可能性越大。农技培训次数对猕猴桃种植户绿色生产转变有显著正向影响，且在10％的显著性水平上通过检验，说明接受农业技术培训对猕猴桃种植户向绿色生产转型有显著促进作用。人情往来支出对猕猴桃种植户绿色生产转型有显著正向影响，且在5％的显著性水平上通过检验，说明人情往来支出越高的猕猴桃种植户，其绿色生产转型的概率越高。

为了验证回归结果的稳定性，以猕猴桃种植户生产方式为被解释变量（绿色生产方式＝1，传统生产方式＝0），以 Probit 模型做分析，回归结果如表6-6的（3）列和（4）列所示。由于 Probit 模型的回归系数不具有解释效力，因此在表6-6中呈现平均边际效应结果。从回归结果看，无论是否加入控制变

量，参与电商决策对猕猴桃种植户绿色生产方式选择（绿色生产方式＝1）均有显著促进作用，且均在1％的显著性水平上通过检验。从控制变量回归结果看，户主年龄对猕猴桃种植户选择绿色生产方式有显著抑制作用，在10％的显著性水平上通过检验，意味着户主越年轻越倾向于向绿色生产转变。政府绿色宣传正向影响猕猴桃种植户绿色生产转型，且在5％的显著性水平上通过检验，说明绿色宣传越好的地区，猕猴桃种植户生产方式向绿色转变的可能性越高。户主受教育程度、经营规模、种植专业化、农技培训次数、人情往来支出依旧显著影响猕猴桃种植户绿色生产转型程度，结果较为稳健，假说17得以初步验证。

表6-6　参与电商决策对猕猴桃种植户绿色生产转型的估计结果

变量名称	（1） 猕猴桃种植户绿色生产转型程度	（2） 猕猴桃种植户绿色生产转型程度	（3） 猕猴桃种植户生产方式选择 （平均边际效应）	（4） 猕猴桃种植户生产方式选择 （平均边际效应）
参与电商	0.074 9***	0.049 7***	0.124 2***	0.084 8***
	(0.017 7)	(0.017 2)	(0.023 4)	(0.022 9)
户主年龄		−0.001 3		−0.002 6*
		(0.000 9)		(0.001 4)
户主受教育程度		0.005 1*		0.007 4*
		(0.002 8)		(0.004 4)
经营规模		−0.016 0***		−0.023 2***
		(0.003 4)		(0.005 7)
种植专业化		0.005 4***		0.006 5***
		(0.000 7)		(0.001 0)
农技培训次数		0.021 0*		0.029 2*
		(0.011 2)		(0.016 1)
家中是否有村干部		0.020 7		0.018 8
		(0.027 5)		(0.035 1)
人情往来支出		0.130 4**		0.140 1**
		(0.055 8)		(0.070 4)
乡镇距离		0.008 2		0.014 9
		(0.013 9)		(0.021 2)

（续）

变量名称	（1） 猕猴桃种植户绿色生产转型程度	（2） 猕猴桃种植户绿色生产转型程度	（3） 猕猴桃种植户生产方式选择 （平均边际效应）	（4） 猕猴桃种植户生产方式选择 （平均边际效应）
政府绿色宣传		−0.006 5 （0.006 4）		0.020 0** （0.009 0）
省份		−0.037 1* （0.020 3）		−0.097 5*** （0.025 9）
常数项	0.301 6*** （0.009 0）	0.229 7*** （0.079 1）		
R^2（伪 R^2）	0.019 4	0.102 6	0.026 8	0.114 8
样本量	1 036	1 036	1 036	1 036

注：*、**、***分别表示在 10%、5%、1%的水平上显著；括号内为稳健标准误。

（二）参与电商模式对猕猴桃种植户绿色生产转型的影响分析

从表 6-7（1）列和（2）列结果可以看出，平台电商模式及社交电商模式对猕猴桃种植户绿色生产转型程度均有显著促进作用。不纳入控制变量时，平台电商模式比传统销售模式的猕猴桃种植户绿色生产转型的概率提高 20.98%，在 1%的显著性水平上通过检验，而社交电商模式比传统销售模式的猕猴桃种植户绿色生产转型的概率提高 4.62%，在 5%的显著性水平上通过检验。但在纳入控制变量后，这一显著结果发生了变化，平台电商模式比传统销售模式猕猴桃种植户绿色生产转型的概率提高 18.71%，在 1%的显著性水平上通过检验，而社交电商模式对猕猴桃种植户绿色生产转型的影响不再显著。从 R^2 结果来看，纳入控制变量使得 R^2 从 0.041 2 提升到 0.123 0，说明纳入控制变量时结果更优，因此以纳入控制变量的回归结果为基础。从表 6-7（3）列和（4）列结果可以看出，无论是否纳入控制变量，平台电商模式及社交电商模式对猕猴桃种植户绿色生产转型均有显著促进作用，控制变量的显著性及符号与上一节基本一致，对于其分析不再赘述，假说 18 得以初步验证。

（三）参与电商程度对猕猴桃种植户绿色生产转型的影响分析

为了考察参与电商程度对猕猴桃种植户绿色生产转型的影响，本节选择 398 户有参与电商行为的猕猴桃种植户进行分析，考察其参与电商程度对绿色生产转型的影响，通过表 6-8 的估计结果可以看出，参与电商程度对猕猴桃种植户绿色生产转型有显著促进作用。不纳入控制变量时，参与电商程度每增加一个单位，猕猴桃种植户绿色生产转型的可能性提高 4.07%，在 1% 的显著性水平上通过检验。纳入控制变量后，参与电商程度对猕猴桃种植户绿色生产转型依旧有显著促进作用，参与电商程度每增加一个单位，猕猴桃种植户绿色生产转型的可能性提高 4.13%，在 1% 的显著性水平上通过检验。从 R^2 结果来看，纳入控制变量使得 R^2 从 0.268 5 提升到 0.366 6，说明纳入控制变量时结果更优，因此本节分析以纳入控制变量的回归结果为基础。从控制变量的结果来看，种植专业化对猕猴桃种植户绿色生产转型有显著促进作用，在 1% 的显著性水平上通过检验，种植专业化程度越高的猕猴桃种植户越倾向于绿色生产转型。另外，经营规模对猕猴桃种植户绿色生产转型有显著抑制作用，且在 1% 的显著性水平上通过检验，说明经营规模的扩张不利于猕猴桃种植户绿色生产转型，小规模经营猕猴桃种植户绿色生产转型的概率更高。

表 6-7　参与电商模式对猕猴桃种植户绿色生产转型的估计结果

变量名称	(1) 猕猴桃种植户绿色生产转型程度	(2) 猕猴桃种植户绿色生产转型程度	(3) 猕猴桃种植户生产方式选择（平均边际效应）	(4) 猕猴桃种植户生产方式选择（平均边际效应）
平台电商模式（以传统电商模式为对照组）	0.209 8*** (0.036 9)	0.187 1*** (0.034 2)	0.333 5*** (0.061 2)	0.310 1*** (0.058 4)
社交电商模式（以传统电商模式为对照组）	0.046 2** (0.018 7)	0.024 1 (0.018 2)	0.087 7*** (0.026 8)	0.049 4** (0.025 3)
户主年龄		−0.001 1 (0.000 9)		−0.002 2 (0.001 4)
户主受教育程度		0.005 0* (0.002 7)		0.006 9 (0.004 3)
经营规模		−0.015 5*** (0.003 4)		−0.022 2*** (0.005 8)
种植专业化		0.005 3*** (0.000 7)		0.006 3*** (0.001 0)
农技培训次数		0.012 7 (0.011 4)		0.017 9 (0.016 3)

（续）

变量名称	（1）猕猴桃种植户绿色生产转型程度	（2）猕猴桃种植户绿色生产转型程度	（3）猕猴桃种植户生产方式选择（平均边际效应）	（4）猕猴桃种植户生产方式选择（平均边际效应）
家中是否有村干部		0.010 6		0.000 9
		(0.026 4)		(0.034 1)
人情往来支出		0.131 0**		0.139 3**
		(0.054 6)		(0.069 2)
乡镇距离		0.007 6		0.014 2
		(0.013 8)		(0.021 0)
政府绿色宣传		0.006 8		0.020 9**
		(0.006 4)		(0.009 0)
省份		−0.049 3**		−0.115 4***
		(0.020 1)		(0.025 8)
常数项	0.301 6***	0.237 7***		
	(0.009 0)	(0.078 3)		
R^2（伪R^2）	0.041 2	0.123 0	0.043 0	0.134 6
样本量	1 036	1 036	1 036	1 036

注：*、**、***分别表示在10%、5%、1%的水平上显著；括号内为稳健标准误。

从表6-8（3）列和（4）列猕猴桃种植户生产方式的边际效应来看，估计结果与猕猴桃种植户绿色生产转型程度基本一致，无论是否加入控制变量，参与电商程度均对猕猴桃种植户生产方式有显著促进作用，且均在1%的显著性水平上通过检验，说明参与电商程度能够提升猕猴桃种植户绿色生产转型程度。控制变量的显著性及符号分析不再赘述，假说19得以初步验证。

表6-8　参与电商程度对猕猴桃种植户绿色生产转型的估计结果

变量名称	（1）猕猴桃种植户绿色生产转型程度	（2）猕猴桃种植户绿色生产转型程度	（3）猕猴桃种植户生产方式选择	（4）猕猴桃种植户生产方式选择
参与电商程度	0.040 7***	0.041 3***	0.050 2***	0.054 1***
	(0.003 6)	(0.004 0)	(0.006 0)	(0.005 7)
户主年龄		−0.000 4		−0.000 8
		(0.001 7)		(0.002 4)

（续）

变量名称	（1）猕猴桃种植户绿色生产转型程度	（2）猕猴桃种植户绿色生产转型程度	（3）猕猴桃种植户生产方式选择	（4）猕猴桃种植户生产方式选择
户主受教育程度		0.007 5		0.011 0
		(0.006 0)		(0.008 2)
经营规模		−0.024 6***		−0.034 2***
		(0.005 4)		(0.009 9)
种植专业化		0.004 8***		0.005 0***
		(0.001 0)		(0.001 5)
农技培训次数		0.007 4		0.011 4
		(0.016 4)		(0.024 5)
家中是否有村干部		0.015 6		−0.030 2
		(0.038 1)		(0.052 0)
人情往来支出		0.009 7		−0.069 4
		(0.071 9)		(0.108 9)
乡镇距离		0.020 2		0.012 9
		(0.025 6)		(0.036 3)
政府绿色宣传		0.009 4		0.033 7**
		(0.009 9)		(0.013 7)
省份		−0.008 0		−0.070 9
		(0.034 6)		(0.044 1)
常数项	0.261 9***	0.176 0		
	(0.015 2)	(0.149 2)		
R^2（伪 R^2）	0.268 5	0.366 6	0.203 0	0.325 1
样本量	398	398	398	398

注：＊、＊＊、＊＊＊分别表示在10%、5%、1%的水平上显著；括号内为稳健标准误。

五、内生性检验

（一）参与电商决策对猕猴桃种植户绿色生产转型影响的内生性检验

考虑到猕猴桃种植户参与电商可能具有内生性，本节使用两阶段最小二乘法（2SLS）对参与电商对猕猴桃种植户绿色生产转型的概率进行稳健回归，回归结果如表 6-9 的（1）列所示。另外，根据猕猴桃种植户绿色生产转型的概率创造二分变量作为被解释变量，可采用内生转换 Probit 模型进行完全信息极大似然估计作为稳健回归，估计结果如表 6-9 的（2）列所示。2SLS 模型结果显示，在选择方程中，户主年龄变量在 1％的统计水平上显著，影响系数为负，表明户主越年轻越有可能参与电商。户主受教育程度变量的影响系数为正，且在 1％的统计水平上显著，说明户主受教育程度越高越有可能参与电商。种植专业化变量的影响系数为正，且在 1％的统计水平上显著，说明种植猕猴桃比例越高的猕猴桃种植户越有可能参与电商。农技培训次数变量在 1％的统计水平上显著，影响系数为正，说明参与培训次数多的猕猴桃种植户更可能参与电商。家中是否有村干部变量在 10％的统计水平上显著，影响系数为正，说明家中有村干部的猕猴桃种植户更倾向于参与电商。人情往来占比变量在 1％的统计水平上显著，影响系数为正，说明人情往来占比较高的猕猴桃种植户更有可能参与电商。乡镇距离变量在 5％的统计水平上显著，影响系数为正，说明乡镇距离越远的猕猴桃种植户越有可能参与电商，可能的原因是乡镇距离较近的猕猴桃种植户销售渠道较为广泛，猕猴桃种植户无需参与电商即可获得较高的利润。另外，电商平均水平变量在 1％的统计水平上显著，符号为正，表明猕猴桃种植户周边电商水平越高，其越可能参与电商。

在结果方程中，参与电商决策变量对猕猴桃种植户绿色生产转型程度的影响为正向，且在 1％的水平上显著，说明在考虑内生性问题的情况下，参与电商依旧能够显著促进猕猴桃种植户向绿色生产转型。从系数大小看，考虑内生性问题后，参与电商决策对猕猴桃种植户绿色生产转型程度的影响从 0.049 7 提高到 0.254 9。从控制变量来看，经营规模变量对猕猴桃种植户绿色生产概率的影响为负向，且在 1％的统计水平上显著，表明经营规模的扩大抑制了猕猴桃种植户向绿色生产转型。种植专业化对猕猴桃种植户绿色生产概率的影响为正向，且在 1％的统计水平上显著，表明种植专业化程度高的猕猴桃种植户更倾向于向绿色生产转型。

内生转换 Probit 模型结果显示，在对参与电商影响猕猴桃种植户生产方式进行评估过程中面临样本选择性偏误问题，因此有必要对选择偏差予以纠正。根据瓦尔德检验结果（Wald χ^2 = 18. 3300），$\rho_1 = \rho_0 = 0$ 的原假设在 1％的显著性水平上被拒绝，表明存在不可观测因素影响参与电商对猕猴桃种植户生产方式的影响。选择方程中变量符号和显著性与 2SLS 的结果一致，其含义相同，此处不再赘述。从结果方程看，除了政府绿色宣传变量不显著外，经营规模和种植专业化的显著性和符号均与 2SLS 的结果一致。假说 17 进一步得到验证。

表 6-9　内生性检验结果分析

变量名称	(1)		(2)		
	选择方程（是否参与电商）	因变量：猕猴桃种植户绿色生产转型程度	选择方程（是否参与电商）	结果方程（猕猴桃种植户生产方式选择）	
				参与电商	不参与电商
	2SLS		内生转换 Probit 模型		
参与电商决策		0.254 9***			
		(0.079 1)			
户主年龄	−0.006 4***	0.000 2	−0.020 4***	0.008 5	−0.013 8
	(0.001 6)	(0.001 1)	(0.005 4)	(0.007 9)	(0.009 0)
户主受教育程度	0.015 8***	0.001 6	0.053 2***	0.010 0	0.020 1
	(0.004 4)	(0.003 2)	(0.016 2)	(0.025 3)	(0.023 9)
经营规模	0.001 0	−0.016 6***	0.004 2	−0.071 6***	−0.097 8***
	(0.004 5)	(0.003 3)	(0.014 6)	(0.019 0)	(0.030 6)
种植专业化	0.003 7***	0.004 6***	0.010 6***	0.016 2***	0.021 8***
	(0.001 2)	(0.000 8)	(0.003 5)	(0.006 2)	(0.005 9)
农技培训次数	0.083 5***	0.003 7	0.247 8***	−0.011 2	0.060 7
	(0.021 3)	(0.014 0)	(0.061 9)	(0.091 0)	(0.105 6)
家中是否有村干部	0.084 8*	−0.000 0	0.245 3*	0.046 8	−0.333 3
	(0.043 9)	(0.027 7)	(0.136 4)	(0.161 7)	(0.278 5)
人情往来支出	0.415 2***	0.053 3	1.318 8***	−0.253 4	0.899 3
	(0.083 7)	(0.065 5)	(0.287 6)	(0.333 7)	(0.556 1)
乡镇距离	0.064 8**	−0.005 3	0.192 3**	−0.051 9	0.076 3
	(0.026 4)	(0.015 8)	(0.079 1)	(0.112 0)	(0.123 8)
政府绿色宣传	0.011 7	−0.009 4	0.041 1	−0.070 7*	−0.084 9*
	(0.010 9)	(0.006 9)	(0.032 2)	(0.042 2)	(0.050 5)
省份	0.010 5	−0.036 0*	0.038 1	−0.250 6*	−0.364 9***
	(0.031 1)	(0.021 0)	(0.096 5)	(0.128 7)	(0.140 9)
电商平均水平	0.004 7***		0.013 7***		
	(0.000 6)		(0.001 9)		

（续）

变量名称	(1)		(2)	
	选择方程（是否参与电商）	因变量：猕猴桃种植户绿色生产转型程度	选择方程（是否参与电商）	结果方程（猕猴桃种植户生产方式选择）
				参与电商 | 不参与电商
	2SLS		内生转换 Probit 模型	
常数项	0.001 7	0.188 6	−1.451 7***	0.060 2 | −0.459 8
	(0.137 2)	(0.082 7)	(0.449 2)	(0.658 6) | (0.654 4)
残差相关系数			$\rho_1=-0.879\ 1^{***}$	$\rho_2=-0.176\ 1$
瓦尔德检验值			18.330 0***	
样本量	1 036		1 036	

注：*、**、***分别表示在10%、5%、1%的水平上显著；括号内为稳健标准误。

（二）参与电商模式对猕猴桃种植户绿色生产转型影响的内生性检验

参与电商模式分为传统销售模式、平台电商模式和社交电商模式三类，此时处理变量为多值变量，如果将其调整为二值变量会造成估计偏误，影响估计效率（Cattaneo，2010）。本节使用多值处理效应模型进行分析。

1. 无空值假设检验

多值处理效应使用之前需要验证重叠假设或无空值假设，本节对此进行检验。通过验证发现传统销售模式、平台电商模式和社交电商模式的条件概率均在0～1之间，存在重叠区间，条件概率分布如图6-1所示。

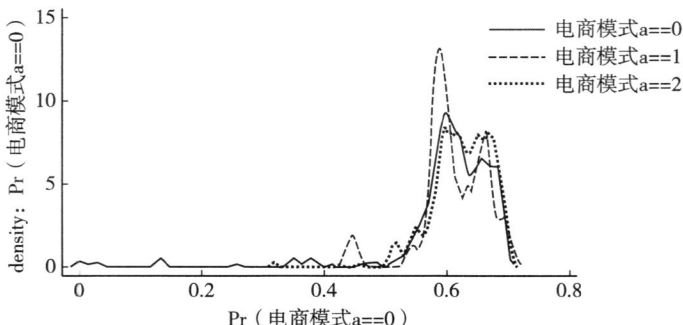

（a）传统销售模式的条件概率分布

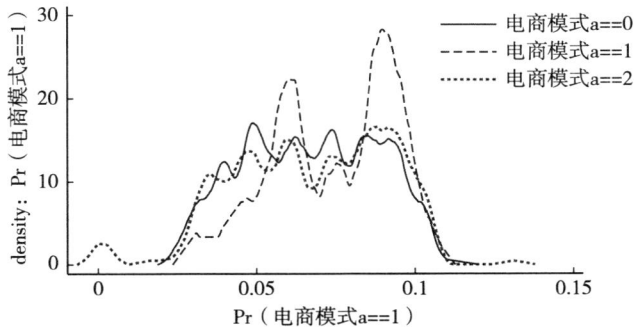

（b）平台电商模式的条件概率分布

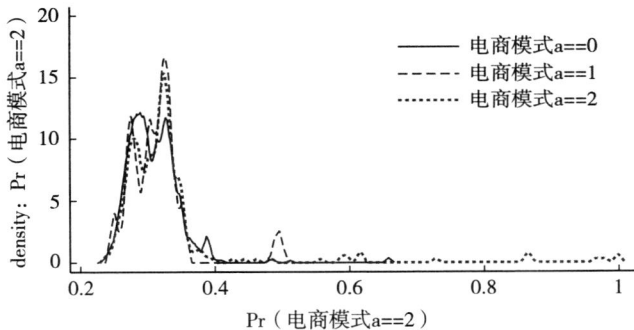

（c）社交电商模式的条件概率分布

图 6-1 参与电商模式的条件概率分布

2. 不同参与电商模式下猕猴桃种植户绿色生产转型程度的影响因素分析

表 6-10 汇报了公式（6-8）的参数估计结果，即不同参与电商模式下猕猴桃种植户绿色生产转型程度的影响因素回归。结果显示，在总样本回归结果中，户主年龄、户主受教育程度、经营规模、种植专业化、农技培训次数、人情往来支出均对猕猴桃种植户绿色生产转型有显著影响，回归结果与表 6-6 中（2）列结果基本一致，分析结果不再赘述。从参与电商模式样本回归结果看，在不同的参与电商模式下，猕猴桃种植户绿色生产转型的程度会存在差异。经营规模对传统销售模式和社交电商模式的猕猴桃种植户绿色生产转型均有显著负向影响，说明在传统销售模式和社交电商模式中，经营规模对猕猴桃种植户绿色生产转型有较大制约作用。种植专业化对三种销售模式下的猕猴桃种植户绿色生产转型均有显著正向影响。农技培训次数对采用平台电商模式的猕猴桃种植户绿色生产转型有显著负向影响，但对采用社交电商模式的猕猴桃种植户绿色生产转型有显著正向影响，可能的原因是平台电商模式中参与农技培训不是猕猴

桃种植户向绿色生产转型的主要原因。在传统销售模式中，家中有村干部抑制了猕猴桃种植户绿色生产转型。人情往来支出仅在平台电商模式中对猕猴桃种植户绿色生产转型有显著正向影响，对社交电商模式下猕猴桃种植户绿色生产转型的影响不显著。可见不同模式下，影响猕猴桃种植户绿色生产转型的影响因素具有差异性。

表 6-10　猕猴桃种植户绿色生产转型程度影响因素回归结果

变量名称	（1）总样本	（2）传统销售模式	（3）平台电商模式	（4）社交电商模式
户主年龄	−0.001 6*	−0.001 0	0.004 6	−0.002 5
	(0.000 9)	(0.001 0)	(0.003 6)	(0.002 3)
户主受教育程度	0.005 9**	0.003 1	0.018 0	0.006 7
	(0.002 8)	(0.002 8)	(0.016 1)	(0.007 4)
经营规模	−0.015 9***	−0.013 6***	−0.008 6	−0.017 4***
	(0.003 4)	(0.003 8)	(0.015 2)	(0.005 4)
种植专业化	0.005 6***	0.003 7***	0.009 5***	0.006 4***
	(0.000 7)	(0.000 8)	(0.002 5)	(0.001 3)
农技培训次数	0.025 1**	0.009 1	−0.131 2**	0.043 2**
	(0.011 2)	(0.013 7)	(0.051 2)	(0.021 8)
家中是否有村干部	0.025 7	−0.070 9**	0.096 6	0.064 0
	(0.028 1)	(0.029 0)	(0.079 0)	(0.049 4)
人情往来支出	0.149 1***	0.093 6	0.593 5***	0.042 5
	(0.055 6)	(0.070 0)	(0.211 1)	(0.085 2)
乡镇距离	0.011 5	0.003 0	0.047 6	0.014 4
	(0.013 9)	(0.014 4)	(0.063 2)	(0.033 3)
政府绿色宣传	0.005 8	0.006 6	0.016 5	0.013 0
	(0.006 5)	(0.007 6)	(0.029 3)	(0.012 3)
省份	−0.037 4*	−0.025 0	−0.073 9	−0.080 1**
	(0.020 4)	(0.023 4)	(0.099 2)	(0.039 3)
常数项	0.239 6***	0.295 2***	−0.236 7	0.320 3*
	(0.079 5)	(0.083 2)	(0.378 0)	(0.188 9)
R^2	0.094 9	0.054 3	0.465 9	0.136 5
样本量	1 036	638	70	328

注：*、**、***分别表示在10%、5%、1%的水平上显著；括号内为稳健标准误。

3. 参与电商模式对猕猴桃种植户绿色生产转型程度的平均处理效应

本节使用 IPWRA 估计方法得到参与电商模式对猕猴桃种植户绿色生产转

型程度的平均处理效应（ATE），回归结果如表 6-11 所示。表 6-11 显示，在其他条件保持不变的前提下，参与平台电商模式和社交电商模式的猕猴桃种植户绿色生产转型程度均高于采用传统销售模式的猕猴桃种植户，并且参与平台电商模式的比参与社交电商模式的绿色生产转型程度要高。从猕猴桃种植户生产方式选择来看，有同样的结论。因此可以说明不同参与电商模式下猕猴桃种植户绿色生产转型有显著差异。假说 18 进一步得到验证。

表 6-11 参与电商模式对猕猴桃种植户绿色生产转型的平均处理效应（ATE）

参与模式	猕猴桃种植户绿色生产转型程度		猕猴桃种植户生产方式选择	
	均值	标准误	均值	标准误
平台电商模式 VS 传统销售模式	0.213 0***	0.036 7	0.339 6***	0.060 7
社交电商模式 VS 传统销售模式	0.053 2***	0.019 1	0.099 7***	0.027 4
社交电商模式 VS 平台电商模式	−0.159 8***	0.041 0	−0.239 9***	0.063 9

注：*** 表示在 1% 的水平上显著。

（三）参与电商程度对猕猴桃种植户绿色生产转型影响的内生性检验

由于参与电商程度可能存在内生性，本节引入工具变量进行 2SLS 回归，回归之前需要对工具变量进行检验，最后进行 Hausman 检验。结果显示，模型在 5% 的显著性水平上拒绝"所有解释变量均为外生"的假设，即认为猕猴桃种植户参与电商程度具有内生性，应在考虑内生性问题基础上对变量之间关系进行估计，基于 2SLS 模型估计参与电商程度对猕猴桃种植户绿色生产转型的影响的结果如表 6-12 所示。表 6-12 结果显示考虑内生性后，参与电商程度对猕猴桃种植户绿色生产转型程度依旧显著有正向影响。假说 19 进一步得到验证。

表 6-12 参与电商程度对猕猴桃种植户绿色生产
转型的内生性讨论（2SLS 模型）

变量名称	第一阶段：参与电商程度的影响因素	第二阶段：猕猴桃种植户绿色生产转型程度
参与电商程度		0.082 0***
		(0.021 7)
户主年龄	−0.011 7	0.000 3
	(0.026 1)	(0.002 0)

（续）

变量名称	第一阶段：参与电商程度的影响因素	第二阶段：猕猴桃种植户绿色生产转型程度
户主受教育程度	0.063 7	0.005 1
	(0.080 0)	(0.006 9)
经营规模	0.136 0***	−0.030 5***
	(0.044 5)	(0.006 5)
种植专业化	0.064 8***	0.002 0
	(0.012 7)	(0.001 9)
农技培训次数	0.694 2***	−0.023 1
	(0.226 2)	(0.024 0)
家中是否有村干部	1.793 0**	−0.061 4
	(0.731 8)	(0.060 7)
人情往来支出	3.331 3***	−0.107 7
	(1.016 9)	(0.099 5)
乡镇距离	−0.021 0	0.020 6
	(0.345 1)	(0.028 0)
政府绿色宣传	0.113 4	−0.014 7
	(0.138 2)	(0.011 6)
省份	−0.710 3	0.026 5
	(0.435 7)	(0.043 0)
电商平均水平	0.028 4***	
	(0.007 3)	
常数项	−2.917 1	0.235 9
	(2.052 4)	(0.175 3)
样本量	398	

注：**、***分别表示在5%、1%的水平上显著；括号内为稳健标准误。

　　考虑到不同参与电商程度下猕猴桃种植户绿色生产转型水平可能具有差异，本书选取10%、25%、50%、75%、90%五个具有代表性的分位点进行分位数回归拟合。分位数回归不仅能够缓解遗漏变量导致的内生性问题，还能够分析在特定分位数处自变量对因变量的边际效应。表6-13为参与电商程度对猕猴桃种植户绿色生产转型影响的分位数回归结果。结果显示，在各水平下，参与电商程度对猕猴桃种植户绿色生产转型均有显著正向影响，且均在

1%的显著性水平上通过检验，但这种正向影响对不同猕猴桃种植户是不相同的。总体来看，参与电商程度对猕猴桃种植户绿色生产转型处于中间位置的$q=0.25$、$q=0.5$、$q=0.75$分位点的影响较大。从控制变量结果看，经营规模在所有分位点上均有显著负向影响，且对处于$q=0.25$、$q=0.50$、$q=0.75$分位点上的影响较大，说明经营规模的增加抑制猕猴桃种植户绿色生产转型，这种负向影响对猕猴桃种植户生产方式处于中间程度的影响较大。种植专业化在$q=0.10$、$q=0.25$、$q=0.50$、$q=0.75$分位点上均有显著正向影响，在$q=0.75$分位点上系数最大，说明种植专业化程度越高，猕猴桃种植户绿色生产转型程度越高，这种正向影响对绿色生产转型程度较高的猕猴桃种植户影响更大。人情往来支出在$q=0.10$分位点上通过10%的显著性检验，且为正向影响，说明人情往来支出对绿色生产转型程度较低的猕猴桃种植户有促进作用。

表6-13　参与电商程度对猕猴桃种植户绿色生产转型影响的分位数回归

变量名称	分位点及回归结果				
	$q=0.10$	$q=0.25$	$q=0.50$	$q=0.75$	$q=0.90$
参与电商程度	0.033 3***	0.047 5***	0.047 1***	0.045 5***	0.022 3***
	(0.005 3)	(0.006 3)	(0.003 5)	(0.006 9)	(0.003 9)
户主年龄	0.002 6	0.002 2	−0.000 0	−0.000 2	0.000 5
	(0.001 7)	(0.002 2)	(0.001 7)	(0.002 8)	(0.001 3)
户主受教育程度	0.005 1	0.008 5	0.004 8	0.007 4	−0.002 5
	(0.004 7)	(0.005 7)	(0.005 0)	(0.009 1)	(0.005 0)
经营规模	−0.017 8***	−0.026 0***	−0.023 2***	−0.030 3***	−0.008 0*
	(0.004 0)	(0.005 8)	(0.007 0)	(0.006 9)	(0.004 5)
种植专业化	0.003 0***	0.004 3***	0.004 0***	0.006 4***	0.001 4
	(0.000 8)	(0.000 9)	(0.001 3)	(0.001 5)	(0.000 9)
农技培训次数	−0.005 8	−0.013 6	−0.012 0	0.022 2	−0.014 7
	(0.015 6)	(0.015 4)	(0.017 3)	(0.024 5)	(0.011 8)
家中是否有村干部	0.038 2	0.005 1	0.007 8	−0.032 6	0.016 3
	(0.037 7)	(0.039 8)	(0.037 0)	(0.063 6)	(0.035 2)
人情往来支出	0.089 4*	0.083 1	0.091 0	−0.041 1	0.055 6
	(0.052 2)	(0.065 3)	(0.092 3)	(0.108 2)	(0.051 4)
乡镇距离	−0.007 7	0.000 1	0.016 8	0.022 8	0.007 3
	(0.023 5)	(0.027 2)	(0.034 8)	(0.033 9)	(0.017 1)

（续）

变量名称	分位点及回归结果				
	$q=0.10$	$q=0.25$	$q=0.50$	$q=0.75$	$q=0.90$
政府绿色宣传	0.008 2	0.002 2	0.011 9	0.014 4	0.003 1
	(0.007 3)	(0.009 5)	(0.011 4)	(0.016 0)	(0.009 4)
省份	0.106 2***	0.129 2***	0.052 5	−0.153 0***	0.061 8***
	(0.029 1)	(0.031 2)	(0.047 4)	(0.054 4)	(0.022 0)
常数项	−0.293 6**	−0.230 4	0.027 5	0.382 6*	−0.076 1
	(0.125 0)	(0.146 2)	(0.156 2)	(0.217 5)	(0.132 8)
伪 R^2	0.160 6	0.196 3	0.227 4	0.310 4	0.121 3
样本量	398	398	398	398	398

注：*、**、*** 分别表示在 10%、5%、1% 的水平上显著；括号内为稳健标准误。

六、本章小结

本章在前述研究的基础上，首先采用有限混合模型对猕猴桃种植户生产方式进行划分；其次，运用 OLS 模型和 Probit 模型分析参与电商决策、参与电商模式、参与电商程度对猕猴桃种植户绿色生产转型的影响；第三，运用内生转换 Probit 模型、多值处理效应模型以及 2SLS 回归解决内生性问题；最后，采用分位数回归更细致地刻画参与电商程度对猕猴桃种植户绿色生产转型的影响。本章得到的主要结论有：①猕猴桃种植户的生产方式可以划分为绿色生产方式和传统生产方式两类，样本中有 18.82% 的猕猴桃种植户选择绿色生产方式；②相较于未参与电商销售的猕猴桃种植户而言，参与电商对其绿色生产转型具有显著促进作用，在充分考虑内生性问题后该结论依旧成立；③参与不同电商模式对猕猴桃种植户绿色生产转型的影响具有显著差异，参与平台电商模式对猕猴桃种植户绿色生产转型的影响程度更高，其次是参与社交电商模式，最后是传统销售模式；④参与电商程度对猕猴桃种植户绿色生产转型处于 $q=0.25$ 分位点的影响最大。

第七章 参与电商对猕猴桃种植户绿色生产绩效的影响

前面章节分析了参与电商对猕猴桃种植户绿色农产品价值感知、绿色生产技术采纳及绿色生产转型的影响，并得到了相关的研究结论。那么在此基础上，参与电商是否会带来猕猴桃种植户收益的增加？是否会促进猕猴桃种植户优化资源配置，提升其农业生产技术效率？这些问题的回答对于研究参与电商对猕猴桃种植户绿色生产持续性具有重要意义。

本章通过生产效益及生产效率两个方面探究参与电商对猕猴桃种植户绿色生产绩效的影响。首先，采用 OLS 模型探讨参与电商、绿色生产技术采纳对猕猴桃种植户收入的影响；其次，对绿色生产技术采纳在参与电商与猕猴桃种植户收入中的中介作用进行检验，并对其中介作用大小进行测算；第三，在利用随机前沿生产函数测算生产技术效率的基础上，利用 Tobit 模型、OLS 模型初步探究参与电商、绿色生产技术采纳对生产技术效率的影响；最后，利用层级回归法验证绿色生产技术采纳在参与电商影响猕猴桃种植户生产技术效率中的作用。

一、理论分析与研究假说

（一）参与电商对猕猴桃种植户绿色生产效益的影响

猕猴桃种植户参与电商的目的是实现生产效益提升，达到增收。参与电商通过影响猕猴桃种植户绿色生产行为，引导猕猴桃种植户绿色生产转型，促进猕猴桃种植户通过电商渠道实现绿色农产品增益。具体表现在以下几个方面：①参与电商提高绿色农产品销售价格。电子商务的出现省却了买卖双方交易的中间环节，有效解决了信息不对称的问题，农民直接面向电商平台获取市场信息，改变了农民作为"价格接受者"的不利局面，其市场谈判能力、定价自主性都得以增强。在电商交易过程中，农产品的附加值得以提升，农产品销售价格得以提高，从而促进猕猴桃种植户销售收入增加（许竹青等，2013；李雅楠、谢倩茹，2017）。②参与电商提升绿色农产品销量。"小农户"对接"大市场"存在着很多问题，表现为信息不对称、盲目跟风和交易手段单一等（胡天石、傅铁信，2005），这不仅容易造成绿色农产品销路不畅，而且容易引发交易双方的道德风险问题和农产品市场的逆向选择。根据交易成本理论，农业生产的不确定性增加了交易成本和履约难度，而电子商务可以通过网络信息链的整合优势为交易对象提供必要的信用担保，在一定程度上减少了生产者和消费者之间的寻觅、匹配和信任成本（王胜、丁忠兵，2015），有助于加快农产品流通，促进农产品销路的稳定性，促进农户增收（曾亿武等，2018；李琪等，2019）。基于此，本章提出假说20。

H20：参与电商通过促进绿色生产技术采纳提升猕猴桃种植户收入水平。

（二）参与电商对猕猴桃种植户绿色生产效率的影响

如前述章节所述，参与电商改变了猕猴桃种植户的生产方式，激励农户实现绿色生产。绿色生产的实现会对猕猴桃种植户生产技术效率产生影响，主要体现在以下几个方面：①参与电商激励猕猴桃种植户优化农业投资结构。在传统销售模式下，中间商作为信息中心节点，能够降低农户的信息搜寻成本，但与此同时中间商通过信息优势打压收购价格，抑制了猕猴桃种植户农业生产投入积极性（曾亿武等，2018）。而在电商销售模式下，信息不对称问题得以缓解，改变了生产者和消费者原有的"价格接受者"的被动地位，增强猕猴桃种植户在未来收回现期农业投资的信心和能力，促进猕猴桃种植户增加现期农业投资，增强农业生产者投资积极性（Hare，2008；王胜、丁忠兵，2015），促进猕猴桃种植户优化农业投资结构，提升其绿色生产效率（林文声等，2018）。②参与电商促使猕猴桃种植户引进先进农业生产技术。为了在电商市场上抢占市场份额获取更高水平的利润，猕猴桃种植户在生产过程中会运用先进绿色生产技术，推进农业生产的绿色化、标准化和规范化，提高猕猴桃种植作业质量和单产水平，从而提升猕猴桃种植户绿色生产效率。基于此，本章提出假说21。

H21：参与电商通过促进绿色生产技术采纳提升猕猴桃种植户生产技术效率。

二、模型设定与变量选择

（一）变量定义及描述性统计

1. 因变量

本章研究问题为猕猴桃生产绩效，采用猕猴桃生产效益和生产技术效率两个变量来反映。以猕猴桃种植户收入状况反映猕猴桃生产效益水平，本章所述猕猴桃种植户收入包含四个方面：家庭年收入、猕猴桃年收入、家庭人均收入、猕猴桃每亩收入。对于这四个变量在模型拟合和估计中均进行自然对数化处理。变量定义及描述性统计如表 7-1 所示。

生产技术效率反映猕猴桃种植户现有技术水平的有效性，采用在既定的技术水平和产出规模下，潜在的最小要素投入量与实际投入量之间的距离来反映。技术效率的高低反映要素配置的合理性及有效性，距离越大技术效率越低，距离越小技术效率越高（蔡荣等，2019）。生产技术效率由投入产出变量计算得来，在本研究中，产出变量为猕猴桃总产值，即猕猴桃种植户家庭一年卖出的猕猴桃的总收入。投入变量包括猕猴桃种植户在生产过程中实际产生的劳动力投入、农资投入和土地投入（表 7-1）。劳动力投入是指当年所有人工工时加总（包括自家工时与雇工工时）乘以工价所得的总费用。农资投入是指当年肥料费用、灌溉费用、农药费用、机械费用、套袋费用等费用的合计。土地投入是指当年种植猕猴桃的总面积。

2. 自变量

①参与电商决策，若猕猴桃种植户通过电商渠道销售猕猴桃则赋值为 1，否则，赋值为 0。②参与电商模式，若猕猴桃种植户采用传统销售模式，则赋值为 1；若猕猴桃种植户参与平台电商模式销售农产品，则赋值为 2；若猕猴桃种植户参与社交电商模式销售农产品，则赋值为 3。③参与电商程度，猕猴桃种植户通过电商渠道销售猕猴桃收入的对数。

3. 控制变量

本章选择了五类影响猕猴桃种植户绿色生产效益的控制变量。①个体特征包括户主年龄和户主受教育程度 2 个变量。②家庭禀赋特征包括经营规模、劳动力人数、种植专业化、农技培训次数、是否加入合作社、种植年限 6 个变量。③社会网络特征包括家中是否有村干部、人情往来支出、亲戚好友数量、通信支出占比 4 个变量。④政府支持特征选取当地政府绿色宣传力度 1 个变量。⑤地区变量选取乡镇距离、省份 2 个变量。

本章借鉴影响农业绿色生产效率的相关研究成果，最终选择五类变量作为猕猴桃种植户绿色生产效率的控制变量。一是个体特征，包括户主年龄、户主受教育程度。一般而言，户主年龄越大，越不容易采纳新的绿色生产技术，绿色生产效率较低。户主受教育程度反映猕猴桃种植户获取新知识的能力，受教育程度越高，接触和采纳新事物的能力越强，能够有效提高农业绿色生产效率（高鸣、马玲，2015；胡逸文、霍学喜，2017）。二是家庭禀赋特征，包括经营规模、劳动力人数。一般而言，经营规模越大，猕猴桃种植户越容易因资金和劳动力限制导致其农业技术效率较低。而家庭劳动力越充足，农业技术效率越高。三是生产经营特征，包括种植专业化、农技培训次数、是否加入合作社、种植年限、地块平均面积、有效灌溉率、地力情况。一般而言，种植专业化反映猕猴桃种植对家庭年收入的重要程度，种植专业化程度越高，猕猴桃种植户对猕猴桃重视程度越高，其对于提升技术效率的激励程度越高。农技培训次数越多，猕猴桃种植户的种植经验越丰富，有助于提升猕猴桃种植户绿色生产效率。加入合作社的猕猴桃种植户可以从中获取优质农业投入品、技术推广指导等，从而提升猕猴桃种植户绿色生产效率（Boubacar et al.，2016；李霖等，2019）。种植年限较长的猕猴桃种植户有较为丰富的种植经验，绿色生产效率往往较高。地块平均面积反映土地连片化程度，影响土地要素的产出能力。有效灌溉率反映猕猴桃种植过程中基础设施建设情况，其越高农业绿色生产效率越高。地力越肥沃，猕猴桃种植户越倾向于加大生产要素投入，提升其绿色生产效率（杨子等，2019）。四是信息获取情况，采用获取信息及时性和乡镇距离反映猕猴桃种植户家庭信息获取情况。一般而言，获取信息越及时、乡镇距离越近，猕猴桃种植户越能捕捉到市场中新技术的趋势，提高其绿色生产效率水平。另外，考虑到地区之间的异质性，本章还纳入了地区变量。具体变量的选择、定义及描述性统计如表 7-1 所示。

表 7-1　变量选择、定义与描述性统计

	变量名称	变量含义和赋值	均值	标准差
产出指标	猕猴桃总产值	家庭一年种植猕猴桃的总收入，单位：元	49 058.366 7	44 814.869 7
投入指标	劳动力投入	猕猴桃各生产环节总劳动力投入，包括雇工与自家劳动力投入，单位：元	22 972.847 5	15 108.441 4
	农资投入	猕猴桃生产过程中农资的总投入量，包括肥料、灌溉、农药、机械、套袋及购买社会化服务费用的资本性投入，单位：元	10 898.819 9	7 782.505 6
	土地投入	种植猕猴桃的总面积，单位：亩	4.782 9	3.124 4

（续）

变量名称		变量含义和赋值	均值	标准差
因变量	生产技术效率	采用随机前沿超越对数生产函数计算得到	0.662 8	0.126 6
	家庭年收入	家庭一年总收入，单位：万元	15.117 8	10.828 6
	猕猴桃年收入	家庭一年种植猕猴桃的总收入，单位：万元	4.905 8	4.481 5
	家庭人均收入	家庭一年总收入与家庭人口数量的比，单位：万元/人	5.932 1	4.615 5
	猕猴桃每亩收入	家庭一年种植猕猴桃的总收入与家庭经营猕猴桃总面积的比，单位：万元/亩	1.097 0	0.715 9
核心自变量	参与电商决策	猕猴桃种植户是否通过电商渠道销售猕猴桃：是＝1；否＝0	0.384 2	0.486 6
	参与电商模式	猕猴桃种植户通过何种渠道销售猕猴桃：传统销售模式＝1；平台电商模式＝2；社交电商模式＝3	1.700 8	0.918 5
	参与电商程度	猕猴桃种植户通过电商渠道销售猕猴桃的收入，单位：万元	2.817 1	3.875 0
控制变量	户主年龄	按实际年龄计算，单位：岁	57.462 4	8.683 1
	户主受教育程度	户主受教育年限，单位：年	7.579 2	2.999 6
	经营规模	按实际经营猕猴桃规模计算，单位：亩	4.783 9	3.124 6
	劳动力人数	按实际值计算，单位：人	2.718 1	1.042 9
	种植专业化	猕猴桃年收入占家庭年收入的比重，单位：%	32.042 1	12.816 9
	农技培训次数	家庭成员一年内参加农业技术培训的总次数，单位：次	1.987 5	2.332 9
	加入合作社	是否加入合作社：是＝1；否＝0	0.106 2	0.308 2
	种植年限	猕猴桃种植户经营猕猴桃的年限，单位：年	10.426 6	5.605 3
	是否村干部	家庭成员中是否有人担任村干部：是＝1；否＝0	0.113 9	0.317 8

（续）

变量名称		变量含义和赋值	均值	标准差
控制变量	人情往来支出	家庭一年用于人情往来的支出，单位：万元	0.290 5	0.254 5
	亲戚好友数量	家庭中亲戚好友的总数，单位：个	29.212 4	19.755 0
	通信支出占比	通信支出占家庭总支出比重，单位：%	6.274 9	3.766 2
	政府绿色宣传	当地政府绿色生产技术推广力度：非常小＝1；比较小＝2；一般＝3；比较大＝4；非常大＝5	2.979 7	1.287 8
	地块平均面积	猕猴桃种植户经营猕猴桃总面积与地块数的比，单位：亩/块	1.741 4	1.633 1
	有效灌溉率	有效灌溉面积占家庭总经营猕猴桃面积的比，单位：%	59.053 1	23.210 2
	地力情况	经营猕猴桃地块的质量：非常差＝1；比较差＝2；一般＝3；比较好＝4；非常好＝5	3.572 4	0.872 3
	获取信息及时性	是否能够及时获取到想要的农业信息：非常不及时＝1；比较不及时＝2；一般＝3；比较及时＝4；非常及时＝5	2.545 4	1.340 9
	乡镇距离	所在村庄与所在乡（镇）的距离，单位：千米	4.336 7	2.586 4
	省份	陕西省＝1；四川省＝0	0.709 5	0.454 2
中介变量	绿色生产技术采纳程度	由第五章变异系数法计算得到	61.711 5	19.538 2

（二）模型设定

1. 随机前沿生产函数

技术效率是衡量农业生产者生产经营情况的重要指标，对技术效率的测度主要有两种方法：一是参数法，一般采用随机前沿生产函数计算得来；二是非参数法，一般采用数据包络分析法（DEA）估计得到。就两种的区别来看，与非参数法的数据包络分析法相比，参数法是对设定好的具体的函数形式进行估计，能够充分考虑随机扰动项在回归结果中的作用，降低随机扰动项对分析结果的影响，因此，通常使用随机前沿生产函数进行估计。本节设定随机前沿生产函数的基本形式为：

$$Y_i = f(x_i, \ \beta)\exp(V_i - U_i) \qquad (7-1)$$

其中，Y_i 表示猕猴桃总产值，$f(x_i, \ \beta)$ 为农业生产函数，x_i 为猕猴桃种植户农业生产要素投入向量，β 为待估计的投入向量参数。$V_i - U_i$ 为复合误差项，由两部分独立组成，V_i 表示观测误差和其他随机因素，假定其服从正态分布且彼此独立，$V_i \sim N(0, \ \sigma_V^2)$；$U_i \geqslant 0$ 为管理误差项，是由于技术非效率所引起的误差，通常假定服从截断正态分布，$U_i \sim N^+(\mu_i, \ \sigma_U^2)$，具体而言，为猕猴桃种植户的实际产出与生产可能性边界的距离，只有完全无管理误差，产出才会出现在前沿面 Y^* 上。

猕猴桃种植户绿色生产效率（TE_i）可以表示为：

$$TE_i = \frac{E(Y_i | \mu_i, \ X_i)}{E(Y_i^* | \mu_i = 0, \ X_i)} \qquad (7-2)$$

其中，i 表示第 i 个猕猴桃种植户，Y_i^* 是给定投入水平下最大可能产出，X_i 为劳动力投入、农资投入、土地投入等变量。TE_i 越接近 1，技术效率越高，越接近 0，技术效率越低。将计算的生产技术效率值作为被解释变量，可以检验参与电商决策、参与电商模式、参与电商程度对农业生产技术效率的影响。

估计之前，需要设定农业投入要素与农业产出之间的关系，在估计过程中，使用形式相对灵活、替代弹性可变的超越对数（trans - log）生产函数，形式如下：

$$\ln Y_i = \beta_0 + \beta_1 \ln L_i + \beta_2 \ln K_i + \beta_3 \ln S_i + \beta_4 (\ln L_i)^2 + \beta_5 (\ln K_i)2 + \beta_6 (\ln S_i)^2$$
$$+ \beta_7 \ln L_i \times \ln K_i + \beta_8 \ln L_i \times \ln S_i + \beta_9 \ln K_i \times \ln S_i + v_i - u_i \qquad (7-3)$$

其中，i 表示第 i 个猕猴桃种植户，Y_i 表示猕猴桃总产值，L_i 为劳动力投入，K_i 为农资投入，S_i 为土地投入。式中还包含了猕猴桃各生产要素投入的交叉项，代表各生产要素之间相互作用对猕猴桃生产的影响。u_i 为服从截尾正态分布的技术非效率项。

2. Tobit 模型

由于测算出的生产技术效率值介于 0 至 1 之间，属于典型的两端截断的"首先被解释变量"，不满足最小二乘法的经典假设，因此本节采用基于极大似然估计法的被解释变量受限的 Tobit 模型。为了衡量参与电商决策对猕猴桃种植户绿色生产效率的影响，本节将猕猴桃种植户绿色生产效率影响因素模型设置为：

$$TE_i^* = \rho_0 + \rho_1 D_i + \sum_{f=2}^{m} \rho_f Z_{if} + \varepsilon_i \qquad (7-4)$$

$$TE_i = \begin{cases} 0, & TE_i^* \leqslant 0 \\ TE_i^*, & 0 < TE_i^* < 1 \\ 1, & TE_i^* \geqslant 1 \end{cases} \qquad (7-5)$$

公式（7-4）和（7-5）中，TE_i 为第 i 个猕猴桃种植户绿色生产效率值；D_i 为参与电商决策，若 $D_i = 1$ 则猕猴桃种植户参与电商，若 $D_i = 0$ 则猕猴桃种植户未参与电商；Z_i 为影响猕猴桃种植户绿色生产效率的其他外生变量；ρ_0、ρ_1、$\rho_f (f = 2, 3, \cdots, m)$ 为待估参数。

3. 中介效应检验模型

由理论分析得出，参与电商可以通过影响猕猴桃种植户绿色生产采纳程度来影响猕猴桃种植户绿色生产效益和绿色生产效率，为了验证传导路径是否能够实现，本章采用层级回归法的中介效应模型进行检验。模型设定形式同第五章的中介效应检验方法，本部分不再赘述。

三、参与电商对猕猴桃种植户绿色生产效益的影响

（一）参与电商决策、绿色生产技术采纳对收入的影响

第五章已经探明参与电商决策、参与电商模式及参与电商程度对猕猴桃种植户绿色生产技术采纳有显著促进作用，为了检验其是否会进一步影响猕猴桃种植户收入，将参与电商决策与绿色生产技术采纳引入模型进行研究，结果如表7-2所示。表7-2中（1）（2）（3）（4）列因变量分别为猕猴桃种植户家庭年收入、猕猴桃年收入、家庭人均收入、猕猴桃每亩收入。从回归结果看，参与电商对猕猴桃种植户家庭年收入、猕猴桃年收入、家庭人均收入、猕猴桃每亩收入的影响均在1%的显著性水平上通过检验，表明参与电商对猕猴桃种植户家庭年收入、猕猴桃年收入、家庭人均收入、猕猴桃每亩收入均有显著促进作用。绿色生产技术采纳程度对猕猴桃种植户家庭年收入、猕猴桃年收入、家庭人均收入、猕猴桃每亩收入的影响也均在1%的显著性水平上通过检验。

从控制变量来看，个体特征方面，户主年龄对家庭年收入、猕猴桃年收入和猕猴桃每亩收入均有显著负向影响，且分别在5%、1%和1%的显著性水平上通过检验，说明农户家庭构成越年轻越能促进猕猴桃经营收入及家庭年收

入，但对家庭人均收入的影响未通过显著性检验。户主受教育程度对家庭年收入、猕猴桃年收入、家庭人均收入、猕猴桃每亩收入的影响均显著为正，说明户主受教育程度越高的猕猴桃种植户发展猕猴桃收益水平越高，也易获得较高收入。家庭特征方面，家庭劳动力人数正向影响家庭年收入、猕猴桃年收入、猕猴桃每亩收入，但负向影响家庭人均收入。经营规模正向影响家庭年收入、猕猴桃年收入、家庭人均收入，但负向影响猕猴桃每亩收入，可能的原因是经营规模越大的猕猴桃种植户因精力有限，其猕猴桃每亩收入水平较低。种植专业化对家庭年收入与家庭人均收入的影响显著为负，而对猕猴桃年收入和猕猴桃每亩收入有显著正向影响。种植年限对家庭年收入水平的影响显著为负，可能是由于种植年限越长，猕猴桃种植户对猕猴桃种植依赖性越强，农业收入较之非农收入收益率的特性阻碍了家庭收入水平的提升。农技培训次数对四种收入均有显著促进作用，说明农业技术培训的开展能够促进猕猴桃种植户获取更高的收入水平。社会网络特征方面，人情往来支出、亲戚好友数量对四种收入水平均有显著促进作用，说明社会网络较为丰富的猕猴桃种植户能够获取较高收入。通信支出占比对四种收入均有显著负向影响，可能的原因是在调研区域内通信支出占比较高的猕猴桃种植户自身收入水平较低。获取农业信息及时性对猕猴桃种植户四种收入水平均有显著促进作用，说明越容易获取农业信息的猕猴桃种植户，越能获取到较高收入。

表7-2　参与电商决策、绿色生产技术采纳对
猕猴桃种植户收入影响的回归结果

变量名称	（1） 家庭年收入	（2） 猕猴桃年收入	（3） 家庭人均收入	（3） 猕猴桃每亩收入
参与电商决策	0.102 1***	0.092 7***	0.114 1***	0.102 4***
	（0.032 3）	（0.033 0）	（0.032 6）	（0.032 8）
绿色生产技术采纳程度	0.003 2***	0.003 2***	0.003 3***	0.003 0***
	（0.000 8）	（0.000 8）	（0.000 8）	（0.000 8）
户主年龄	−0.003 8**	−0.005 1***	−0.002 4	−0.005 2***
	（0.001 8）	（0.001 9）	（0.001 8）	（0.001 8）
户主受教育程度	0.015 3***	0.009 3*	0.014 3***	0.010 2*
	（0.005 4）	（0.005 5）	（0.005 5）	（0.005 5）
劳动力人数	0.187 8***	0.175 9***	−0.179 5***	0.171 4***
	（0.017 5）	（0.017 9）	（0.017 7）	（0.017 8）

（续）

变量名称	（1） 家庭年收入	（2） 猕猴桃年收入	（3） 家庭人均收入	（3） 猕猴桃每亩收入
经营规模	0.643 3***	0.662 5***	0.616 6***	−0.643 2***
	(0.036 3)	(0.037 1)	(0.036 7)	(0.036 9)
种植专业化	−0.005 9***	0.030 5***	−0.006 0***	0.029 8***
	(0.001 5)	(0.001 5)	(0.001 5)	(0.001 5)
加入合作社	0.000 8	−0.001 9	0.008 4	0.008 3
	(0.049 5)	(0.050 6)	(0.050 1)	(0.050 3)
种植年限	−0.004 7*	−0.001 2	−0.004 2	−0.001 2
	(0.002 7)	(0.002 8)	(0.002 7)	(0.002 7)
农技培训次数	0.019 6***	0.016 2**	0.018 9***	0.017 0**
	(0.006 7)	(0.006 8)	(0.006 8)	(0.006 8)
是否有村干部	−0.009 2	0.000 2	−0.009 3	0.014 1
	(0.047 1)	(0.048 2)	(0.047 6)	(0.047 9)
人情往来支出	0.285 2***	0.344 0***	0.278 2***	0.339 4***
	(0.098 4)	(0.100 7)	(0.099 5)	(0.100 0)
亲戚好友数量	0.068 9***	0.063 7**	0.060 6**	0.055 4**
	(0.025 3)	(0.025 9)	(0.025 6)	(0.025 7)
通信支出占比	−0.019 5***	−0.018 4***	−0.021 4***	−0.019 4***
	(0.004 0)	(0.004 1)	(0.004 1)	(0.004 1)
政府绿色宣传	0.001 9	0.004 9	0.003 2	0.003 7
	(0.011 3)	(0.011 5)	(0.011 4)	(0.011 4)
获取农业信息及时性	0.049 7***	0.044 3***	0.054 1***	0.044 9***
	(0.011 2)	(0.011 5)	(0.011 3)	(0.011 4)
乡镇距离	−0.007 5	−0.004 9	−0.007 4	−0.004 6
	(0.005 6)	(0.005 8)	(0.005 7)	(0.005 7)
省份	−0.189 1***	−0.183 9***	−0.183 5***	−0.229 3***
	(0.035 3)	(0.036 1)	(0.035 7)	(0.035 8)
常数项	10.084 3***	7.753 5***	10.133 8***	8.617 9***
	(0.182 5)	(0.186 6)	(0.184 5)	(0.185 5)
R^2	0.540 7	0.661 8	0.454 9	0.398 8
样本量	1 036	1 036	1 036	1 036

注：*、**、***分别表示在10%、5%、1%的水平上显著；括号内为稳健标准误。

（二）参与电商模式、绿色生产技术采纳对收入的影响

表 7-3 给出了基于 LPM 估计的参与电商模式、绿色生产技术采纳对猕猴桃种植户收入影响的回归结果。估计结果显示，与社交电商模式相比，平台电商模式对家庭年收入、猕猴桃年收入、家庭人均收入、猕猴桃每亩收入的影响均为正向，且均在 1％的显著性水平上通过检验，可见参与平台电商模式与社交电商模式的家庭年收入、猕猴桃年收入、家庭人均收入以及猕猴桃每亩收入均有显著差异。在此回归中绿色生产技术采纳程度对猕猴桃种植户家庭年收入、猕猴桃年收入、家庭人均收入、猕猴桃每亩收入的影响也均在 1％的水平上通过检验，表明绿色生产技术采纳程度越高的猕猴桃种植户四种收入也越高。

表 7-3　参与电商模式、绿色生产技术采纳对
猕猴桃种植户收入影响的回归结果

变量名称	（1）家庭年收入	（2）猕猴桃年收入	（3）家庭人均收入	（4）猕猴桃每亩收入
平台电商模式（以社交电商模式为对照组）	0.290 9***	0.288 9***	0.323 0***	0.280 7***
	（0.061 9）	（0.063 5）	（0.062 7）	（0.064 5）
绿色生产技术采纳程度	0.007 6***	0.007 8***	0.007 6***	0.007 5***
	（0.001 4）	（0.001 4）	（0.001 4）	（0.001 4）
户主年龄	−0.001 4	−0.003 2	−0.000 2	−0.003 0
	（0.003 0）	（0.003 1）	（0.003 1）	（0.003 2）
户主受教育程度	−0.002 8	−0.012 6	−0.004 1	−0.006 5
	（0.009 9）	（0.010 2）	（0.010 1）	（0.010 4）
劳动力人数	0.134 0***	0.125 2***	−0.236 1***	0.116 7***
	（0.026 8）	（0.027 5）	（0.027 2）	（0.028 0）
经营规模	0.657 7***	0.675 4***	0.640 5***	−0.602 0***
	（0.052 7）	（0.054 1）	（0.053 4）	（0.055 0）
种植专业化	−0.008 0***	0.027 5***	−0.008 9***	0.026 1***
	（0.002 3）	（0.002 3）	（0.002 3）	（0.002 4）
加入合作社	−0.045 5	−0.055 1	−0.045 4	−0.040 0
	（0.060 7）	（0.062 2）	（0.061 4）	（0.063 3）
种植年限	−0.009 5***	−0.005 7	−0.009 6***	−0.006 6*
	（0.003 6）	（0.003 7）	（0.003 6）	（0.003 7）

（续）

变量名称	（1） 家庭年收入	（2） 猕猴桃年收入	（3） 家庭人均收入	（4） 猕猴桃每亩收入
农技培训次数	0.002 2 (0.009 5)	−0.001 3 (0.009 8)	0.000 7 (0.009 7)	0.002 1 (0.010 0)
是否有村干部	0.121 2* (0.063 4)	0.130 0** (0.065 0)	0.130 9** (0.064 2)	0.148 1** (0.066 1)
人情往来支出	0.066 5 (0.123 2)	0.125 5 (0.126 4)	0.080 9 (0.124 8)	0.108 2 (0.128 5)
亲戚好友数量	−0.089 4* (0.048 2)	−0.078 1 (0.049 5)	−0.101 8** (0.048 8)	−0.079 3 (0.050 3)
通信支出占比	−0.017 7*** (0.006 5)	−0.013 6** (0.006 6)	−0.018 6*** (0.006 6)	−0.015 4** (0.006 7)
政府绿色宣传	0.001 8 (0.017 0)	0.010 5 (0.017 4)	−0.004 4 (0.017 2)	0.007 8 (0.017 7)
获取农业信息及时性	0.073 6*** (0.017 6)	0.068 4*** (0.018 0)	0.076 6*** (0.017 8)	0.068 6*** (0.018 3)
乡镇距离	−0.010 2 (0.008 9)	−0.006 1 (0.009 2)	−0.010 5 (0.009 1)	−0.005 1 (0.009 3)
省份	−0.259 2*** (0.056 1)	−0.249 9*** (0.057 5)	−0.264 6*** (0.056 8)	−0.316 6*** (0.058 5)
常数项	10.726 7*** (0.315 4)	8.353 1*** (0.323 6)	10.868 5*** (0.319 4)	9.172 7*** (0.328 8)
R^2	0.531 5	0.586 3	0.516 9	0.409 5
样本量	398	398	398	398

注：*、**、***分别表示在10%、5%、1%的水平上显著；括号内为稳健标准误。

（三）参与电商程度、绿色生产技术采纳对收入的影响

表7−4为参与电商程度、绿色生产技术采纳对猕猴桃种植户收入的影响，结果显示参与电商程度对猕猴桃种植户家庭年收入、猕猴桃年收入、家庭人均收入以及猕猴桃每亩收入的影响均为正向，且均在1%的水平上显著，说明参与电商程度对猕猴桃种植户收入有显著促进作用。回归结果显示，绿色生产技

术采纳程度对猕猴桃种植户家庭年收入、猕猴桃年收入、家庭人均收入、猕猴桃每亩收入的影响也均在1%的显著性水平上通过检验，表明绿色生产技术采纳程度越高的猕猴桃种植户收入水平越高。

表7-4 参与电商程度、绿色生产技术采纳对
猕猴桃种植户收入影响的回归结果

变量名称	（1） 家庭年收入	（2） 猕猴桃年收入	（3） 家庭人均收入	（3） 猕猴桃每亩收入
参与电商程度	0.065 0***	0.065 9***	0.065 4***	0.066 4***
	（0.005 9）	（0.006 3）	（0.006 1）	（0.006 4）
绿色生产技术采纳程度	0.004 8***	0.005 0***	0.005 0***	0.004 6***
	（0.001 3）	（0.001 4）	（0.001 4）	（0.001 4）
控制变量	已控制	已控制	已控制	已控制
常数项	10.842 2***	8.473 9***	10.977 2***	9.286 8***
	（0.284 9）	（0.292 6）	（0.291 3）	（0.296 5）
样本量	398	398	398	398
R^2	0.648 1	0.764 6	0.634 9	0.568 9

注：*** 表示在1%的水平上显著；括号内为稳健标准误。

（四）绿色生产技术采纳在参与电商影响收入中的中介作用

第五章研究结果表明参与电商决策、参与电商模式及参与电商程度均会促进猕猴桃种植户绿色生产技术采纳，前述部分的研究结果表明参与电商、绿色生产技术采纳均会促进猕猴桃种植户收入，这说明绿色生产技术采纳可能在其中发挥重要的中介作用，即参与电商通过促进猕猴桃种植户绿色生产技术采纳，提升猕猴桃种植户收入。为了验证这一路径是否能够实现，也为了探索其作用大小，本节采用索贝尔检验（Sobel Test）对其中介效应的显著性进行验证，分别以家庭年收入、猕猴桃年收入、家庭人均收入、猕猴桃每亩收入为因变量，检验绿色生产技术采纳在参与电商与猕猴桃种植户收入之间的中介效应大小，检验结果如表7-5所示。从表7-5可以看出，绿色生产技术采纳在参与电商决策与猕猴桃种植户四种收入之间均发挥着部分中介效应，中介效应均在5%的显著性水平上通过检验。从中介效应大小看，绿色生产技术采纳对参与电商决策与猕猴桃年收入的中介作用最大，中介效应占比为11.18%；其次是对家庭年收入的中介作用，中介效应占比为10.19%。对于家庭人均收入和

猕猴桃每亩收入的中介作用相对较小，分别为 9.62% 和 9.63%。综上所述，假说 20 得到验证。

表 7 - 5　绿色生产技术采纳在参与电商影响猕猴桃
种植户收入中的中介效应检验结果

变量名称	路径Ⅰ：参与电商对绿色生产技术采纳的影响（b₁）	路径Ⅱ：中介变量对猕猴桃种植户收入的影响（c₁）	参与电商对猕猴桃种植户收入的中介效应（b₁c₁）	中介效应占比（%）
家庭年收入	3.633 7*** (1.237 1)	0.003 2*** (0.000 8)	0.011 6** [2.349]	10.19
猕猴桃年收入	3.633 7*** (1.237 1)	0.003 2*** (0.000 8)	0.011 7** [2.336]	11.18
家庭人均收入	3.633 7*** (1.237 1)	0.003 3*** (0.000 8)	0.012 1** [2.379]	9.62
猕猴桃每亩收入	3.633 7*** (1.237 1)	0.003 0*** (0.000 8)	0.010 9** [2.282]	9.63

注：**、*** 分别表示在 5%、1% 的水平上显著；括号内为稳健标准误；中括号中是索贝尔检验（Sobel test）的 Z 值。

四、参与电商对猕猴桃种植户绿色生产效率的影响

（一）随机前沿生产函数估计

表 7-6 报告了超越对数随机前沿生产函数的估计结果。表 7-6（1）列为全部猕猴桃种植户样本的超越对数随机前沿生产函数的估计结果，（2）列和（3）列分别为参加电商组猕猴桃种植户和未参加电商组猕猴桃种植户样本的超越对数随机前沿生产函数的估计结果。结果显示，在全部猕猴桃种植户样本中，劳动力投入的平方项、农资投入的平方项、土地投入的平方项、劳动力投入×土地投入、农资投入×土地投入分别在 10%、5%、10%、10%、5% 的水平上通过显著性检验，即二次项和交叉项均显著，表明分析该问题应该使用超越对数形式。另外，参与电商样本和未参与电商样本中的二次项和交叉项也在不同程度上显著，再一次印证了生产函数采用超越对数形式是恰当的。

表 7-7 为根据随机前沿生产函数的估计结果，表 7-7 显示样本猕猴桃种植户生产技术效率的平均值为 0.662 8，参与电商组猕猴桃种植户生产技术效率均值为 0.700 5，而未参与电商组猕猴桃种植户生产技术效率均值为 0.639 2，

参与电商组猕猴桃种植户生产技术效率与未参与电商组猕猴桃种植户生产技术效率均值差 t 检验结果显示，两者均值在 1% 的水平上有显著差异。表 7-8 为猕猴桃种植户生产技术效率的分组统计结果，结果显示，猕猴桃种植户生产技术效率总体较高，集中在 0.7～0.9，占比为 60.14%，参与电商猕猴桃种植户生产技术效率最多的在（0.8，0.9］组，而未参与电商猕猴桃种植户生产技术效率最多的在（0.7，0.8］组。

表 7-6　随机前沿生产函数估计结果

变量名称	(1) 总样本	(2) 参与电商样本	(3) 未参与电商样本
劳动力投入	5.022 3** (2.440 9)	7.321 7* (4.158 1)	4.706 1 (2.973 7)
农资投入	5.103 2*** (1.865 9)	8.162 8* (4.175 6)	5.499 1** (2.266 1)
土地投入	−8.400 0** (3.325 1)	−15.790 6** (6.522 3)	−7.269 0* (4.045 9)
劳动力投入的平方项	−0.222 0* (0.132 1)	−0.376 1* (0.210 5)	−0.084 6 (0.162 6)
农资投入的平方项	−0.245 9** (0.121 5)	−0.466 6* (0.254 7)	−0.142 6 (0.145 6)
土地投入的平方项	−0.479 6* (0.270 0)	−1.037 5** (0.469 6)	−0.608 4* (0.348 8)
劳动力投入×农资投入	−0.128 5 (0.153 6)	−0.115 9 (0.267 0)	−0.387 4** (0.190 0)
劳动力投入×土地投入	0.468 5* (0.282 5)	0.848 9* (0.474 0)	0.386 7 (0.344 4)
农资投入×土地投入	0.634 9** (0.313 2)	1.212 3** (0.592 9)	0.678 3* (0.392 7)
常数项	−33.459 8*** (12.806 7)	−53.119 5** (25.741 3)	−33.505 6** (15.513 6)
σ_v^2	−1.695 7*** (0.129 0)	−1.416 5*** (0.393 8)	−1.964 0*** (0.168 5)
σ_u^2	−1.069 8*** (0.204 1)	−3.399 2 (7.757 4)	−0.803 1*** (0.174 9)

（续）

变量名称	（1）总样本	（2）参与电商样本	（3）未参与电商样本
伪对数似然比	−854.499 2	−292.571 6	−516.177 5
瓦尔德检验值	1 058.320 0（p=0.000 0）	430.280 0（p=0.000 0）	645.730 0（p=0.000 0）
样本量	1 036	398	638

注：所有变量均为变量原值基础上加上 1 的自然对数值；＊、＊＊、＊＊＊分别表示在 10%、5%、1% 的水平上显著；括号内为稳健标准误。

表 7-7　变量说明与描述性统计

变量名称	总样本		参与电商样本		未参与电商样本	
	均值	标准差	均值	标准差	均值	标准差
猕猴桃年收入	49 058	44 815	63 929＊＊＊	58 411	39 782	30 208
劳动力投入	22 973	15 108	25 919＊＊＊	19 314	21 135	11 384
农资投入	10 899	7 783	12 658＊＊＊	9 848	9 801	5 901
土地投入	4.782 9	3.124 4	5.250 3＊＊＊	3.848 5	4.491	2.531 5
生产技术效率	0.662 8	0.126 6	0.700 5＊＊＊	0.107 3	0.639 2	0.132 0
样本数	1 036		398		638	

注：＊＊＊代表变量在参与电商样本和未参与电商样本之间差异的 t 检验值在 1% 的统计水平上显著。

表 7-8　猕猴桃种植户生产技术效率分组统计

绿色生产效率	总样本		参与电商样本		未参与电商样本	
	频数（户）	频率（%）	频数（户）	频率（%）	频数（户）	频率（%）
（0，0.5]	41	3.96	2	0.50	39	6.11
（0.5，0.6]	82	7.92	23	5.78	59	9.25
（0.6，0.7]	159	15.35	43	10.80	116	18.18
（0.7，0.8]	300	28.96	107	26.88	193	30.25
（0.8，0.9]	323	31.18	149	37.44	174	27.27
（0.9，1）	131	12.64	74	18.59	57	8.93
（0，1）	1 036	100	398	100	638	100

（二）参与电商决策对生产效率影响中绿色生产技术采纳的中介作用

为了检验参与电商决策、绿色生产技术采纳对绿色生产效率的影响，本章在前文测度生产技术效率的基础上，采用层级回归法对参与电商决策对生产效率的影响中绿色生产技术采纳的中介作用进行检验。表7-9方程（1）为参与电商决策对生产技术效率的影响，方程（2）为参与电商决策对绿色生产技术采纳的影响，方程（3）为参与电商决策、绿色生产技术采纳对生产技术效率的影响。

由表7-9的中介效应检验结果可知，参与电商决策对生产技术效率的影响在1%的显著性水平上通过检验，系数为0.032 8，说明参与电商决策对生产技术效率有显著正向影响，即与未参与电商的猕猴桃种植户相比，参与电商的猕猴桃种植户生产技术效率更高。由表7-9方程（2）结果可知，参与电商决策对绿色生产技术采纳的影响在1%的水平上显著，系数为4.302 3，说明参与电商决策对绿色生产技术采纳有显著正向影响，即参与电商的猕猴桃种植户有更高的绿色生产技术采纳水平。由表7-9方程（3）结果可知，在引入绿色生产技术采纳变量后，参与电商决策对生产技术效率的影响依旧通过1%的显著性检验，系数为0.031 2。与方程（1）相比，方程（3）中参与电商决策的系数有所下降（0.031 2＜0.032 8），说明绿色生产技术采纳在参与电商决策影响生产技术效率中发挥部分中介作用。综上所述，参与电商决策在直接影响猕猴桃种植户生产技术效率的同时，还通过促进猕猴桃种植户绿色生产技术采纳，提升生产技术效率，即参与电商决策在绿色生产技术采纳提升生产技术效率效果中有显著促进作用。

户主年龄在三个方程中均通过检验，方向均为负，说明户主年龄越大，绿色生产技术采纳程度越低，猕猴桃生产技术效率也越低。户主受教育程度对绿色生产技术采纳的影响在1%的水平上显著，表明户主受教育程度越高，对绿色生产技术的认知程度越高，越倾向于采纳绿色生产技术。经营规模变量在方程（1）和方程（3）中均有显著负向影响，且均在1%的显著性水平下通过检验，但在方程（2）中有显著正向影响，且在10%的显著性水平上通过检验，说明经营规模越大的猕猴桃种植户越倾向于采纳绿色生产技术，但总体而言，经营规模较大的猕猴桃种植户精力有限，生产技术效率有所降低。劳动力人数变量在方程（1）和方程（3）中均有显著正向影响，且均在1%的水平上显著，说明猕猴桃种植户家庭劳动力越多，生产技术效率更高。种植专业化变量在方程（1）和方程（3）中均有显著正向影响，且均在1%的显著性水平上通过检验，说明猕猴桃种植户经营猕猴桃占比越高，生产技术效率越高。加入合作社变量在三列中均有显著正向影响，均在1%的显著性水平上通过检验，说明加入合作社能够促进猕猴桃种植户绿色生产技术采纳，随之生产技术效率也有所提升。种植年限变量在方程（2）中通过1%的显著性检验，且符号为正。地块平均面积变量对三列的影响均显著为正，说明地块平均面积在提升绿色生产技术采纳和改进生产技术效率方面有积极作用。有效灌溉率、地力情况、获取农业信息及时性变量在方程（1）和方程（3）中均有显著正向影响，说明有效灌溉率、地力情况和获取农业信息及时性会提升生产技术效率。

表7-9　参与电商决策对生产效率的影响中绿色生产技术采纳的中介作用

变量名称	（1） 生产技术效率	（2） 绿色生产技术采纳程度	（3） 生产技术效率
	Tobit	OLS	Tobit
参与电商决策	0.032 8***	4.302 3***	0.031 2***
	(0.006 7)	(1.219 6)	(0.006 7)
绿色生产技术采纳程度			0.000 4**
			(0.000 2)
户主年龄	−0.001 3***	−0.160 1**	−0.001 2***
	(0.000 4)	(0.070 1)	(0.000 4)
户主受教育程度	0.000 8	1.271 1***	0.000 3
	(0.001 1)	(0.204 8)	(0.001 1)
经营规模	−0.090 6***	2.872 7*	−0.091 6***
	(0.008 3)	(1.503 9)	(0.008 3)
劳动力人数	0.030 3***	0.902 9	0.030 0***
	(0.003 7)	(0.678 9)	(0.003 7)
种植专业化	0.005 4***	0.088 8	0.005 3***
	(0.000 3)	(0.058 2)	(0.000 3)
农技培训次数	0.000 3	0.088 9	0.000 2
	(0.000 6)	(0.107 7)	(0.000 6)
加入合作社	0.005 4***	0.849 1***	0.005 1***
	(0.001 4)	(0.256 1)	(0.001 4)
种植年限	−0.001 6	5.984 0***	−0.003 7
	(0.010 5)	(1.909 4)	(0.010 5)
地块平均面积	0.014 0***	0.711 6*	0.013 8***
	(0.002 2)	(0.394 4)	(0.002 2)
有效灌溉率	0.000 8***	−0.024 4	0.000 8***
	(0.000 1)	(0.025 1)	(0.000 1)

（续）

变量名称	（1） 生产技术效率	（2） 绿色生产技术采纳程度	（3） 生产技术效率
	Tobit	OLS	Tobit
地力情况	0.023 7***	0.099 6	0.023 7***
	(0.003 7)	(0.664 1)	(0.003 6)
获取农业信息及时性	0.007 9***	0.562 8	0.007 7***
	(0.002 4)	(0.438 4)	(0.002 4)
乡镇距离	−0.001 2	−0.245 1	−0.001 1
	(0.001 2)	(0.220 2)	(0.001 2)
省份	−0.054 4***	−4.032 7***	−0.052 9***
	(0.007 3)	(1.334 1)	(0.007 4)
常数项	0.466 2***	48.715 5***	0.448 5***
	(0.035 1)	(6.387 9)	(0.036 0)
对数似然比	931.090 6	—	933.314 5
R^2（伪R^2）	0.387 0	0.171 1	0.390 3
样本量	1 036	1 036	1 036

注：*、**、***分别表示在10％、5％、1％的水平上显著；括号内为稳健标准误。

（三）参与电商模式对生产效率影响中绿色生产技术采纳的中介作用

为了对比不同参与电商模式下绿色生产技术采纳中介作用的差异，本部分剔除传统销售模式下猕猴桃种植户的数据，以社交电商模式为对照组，探究平台电商模式通过绿色生产技术采纳对生产技术效率的影响。

表7-10方程（1）中平台电商模式变量通过了1％的显著性检验，系数为0.063 7，表明与社交电商模式相比，平台电商模式更能提升生产技术效率。在表7-10方程（2）中平台电商模式变量通过了显著性检验，且系数为8.337 7，表明与社交电商模式相比，平台电商模式对绿色生产技术采纳有显著正向影响。在表7-10方程（3）中引入了绿色生产技术采纳变量后，平台电商模式变量依然在1％的水平上显著，且系数为0.055 2。与方程（1）的回归系数相比，方程（3）中平台电商模式变量的系数明显降低（0.055 2＜0.063 7），表明绿色生产技术采纳在平台电商模式影响猕猴桃种植户生产技术效率过程中发挥部分中介作用。综上所述，与社交电商模式相比，平台电商模

式更能促进生产技术效率提升，也可以通过绿色生产技术采纳，提高生产技术效率，即平台电商模式更能通过影响绿色生产技术采纳提升猕猴桃种植户生产技术效率。控制变量的结果与上一节的结果较为相似，在此不再赘述。

表 7 - 10　参与电商模式对生产效率的影响中绿色生产技术采纳的中介作用

变量名称	(1) 生产技术效率	(2) 绿色生产技术采纳程度	(3) 生产技术效率
	Tobit	OLS	Tobit
平台电商模式（以社交电商模式为对照组）	0.063 7***	8.337 7***	0.055 2***
	(0.011 5)	(2.351 3)	(0.011 4)
绿色生产技术采纳程度			0.001 0***
			(0.000 2)
户主年龄	−0.000 6	−0.028 1	−0.000 6
	(0.000 6)	(0.117 0)	(0.000 6)
户主受教育程度	0.000 2	1.513 9***	−0.001 4
	(0.001 8)	(0.371 0)	(0.001 8)
经营规模	−0.084 6***	3.263 2	−0.087 9***
	(0.010 7)	(2.189 0)	(0.010 5)
劳动力人数	0.020 0***	1.575 5	0.018 3***
	(0.005 1)	(1.038 4)	(0.005 0)
种植专业化	0.004 6***	0.086 9	0.004 5***
	(0.000 4)	(0.091 6)	(0.000 4)
农技培训次数	0.001 6	0.824 2**	0.000 8
	(0.001 8)	(0.363 9)	(0.001 7)
加入合作社	−0.003 7	6.628 8***	−0.010 5
	(0.011 3)	(2.310 8)	(0.011 1)
种植年限	−0.000 6	0.105 6	−0.000 7
	(0.000 7)	(0.141 9)	(0.000 7)
地块平均面积	0.009 1***	0.557 6	0.008 5***
	(0.002 1)	(0.435 6)	(0.002 1)
有效灌溉率	0.000 6***	0.022 7	0.000 6***
	(0.000 2)	(0.038 2)	(0.000 2)
地力情况	0.016 4***	1.232 9	0.015 2***
	(0.005 1)	(1.040 8)	(0.005 0)

（续）

变量名称	（1） 生产技术效率	（2） 绿色生产技术采纳程度	（3） 生产技术效率
	Tobit	OLS	Tobit
获取农业信息及时性	0.013 1***	0.557 8	0.012 5***
	(0.003 3)	(0.685 7)	(0.003 3)
乡镇距离	−0.000 4	−0.044 1	−0.000 4
	(0.001 7)	(0.348 1)	(0.001 7)
省份	−0.053 8***	−5.700 9***	−0.048 0***
	(0.009 8)	(2.003 7)	(0.009 7)
常数项	0.546 9***	33.142 4***	0.513 0***
	(0.050 4)	(10.336 7)	(0.050 0)
对数似然比	442.132 2	—	450.715 9
R^2（伪 R^2）	0.364 3	0.226 9	0.390 8
样本量	398	398	398

注：*、**、***分别表示在10%、5%、1%的水平上显著；括号内为稳健标准误。

（四）参与电商程度对绿色生产效率影响中绿色生产技术采纳的中介作用

为了研究参与电商程度对绿色生产效率的影响，本部分以 398 户电商户为样本，采用层级回归法，探究参与电商程度对绿色生产效率的影响中绿色生产技术采纳的中介作用。研究结果如表 7-11 所示，方程（1）为参与电商程度对绿色生产效率的影响，方程（2）为参与电商程度对绿色生产技术采纳程度的影响，方程（3）为参与电商程度、绿色生产技术采纳程度对绿色生产效率的影响。

表 7-11 方程（1）显示参与电商程度在 1% 的水平上显著为正，且系数为 0.066 4，表明参与电商程度对绿色生产效率有显著正向影响。参与电商程度在方程（2）中的估计系数为 7.676 4，且通过了 1% 的显著性检验，表明参与电商程度正向影响绿色生产技术采纳程度。将绿色生产技术采纳程度变量引入方程（3）后，参与电商变量的估计系数为 0.062 5，且通过 1% 的显著性检验。同时，与方程（1）的回归系数相比，方程（3）中参与电商程度的估计系数有所降低（0.062 5＜0.066 4），表明绿色生产技术采纳在参与电商程度影响生产效率过程中发挥部分中介作用。据此，假说 21 得到验证。

表 7-11 参与电商程度对生产效率的影响中绿色生产技术采纳的中介作用

变量名称	(1) 绿色生产效率 Tobit	(2) 绿色生产技术采纳程度 OLS	(3) 绿色生产效率 Tobit
参与电商程度	0.066 4*** (0.005 7)	7.676 4*** (1.263 0)	0.062 5*** (0.005 9)
绿色生产技术采纳程度			0.000 5** (0.000 2)
户主年龄	−0.000 6 (0.000 5)	−0.027 7 (0.113 5)	−0.000 5 (0.000 5)
户主受教育程度	−0.000 8 (0.001 6)	1.411 3*** (0.360 7)	−0.001 5 (0.001 6)
经营规模	−0.090 9*** (0.009 6)	2.474 3 (2.121 6)	−0.092 2*** (0.009 5)
劳动力人数	0.014 3*** (0.004 6)	0.930 1 (1.014 1)	0.013 8*** (0.004 5)
种植专业化	0.003 8*** (0.000 4)	−0.002 5 (0.090 5)	0.003 8*** (0.000 4)
农技培训次数	−0.000 0 (0.001 6)	0.658 6* (0.353 9)	−0.000 4 (0.001 6)
加入合作社	−0.000 4 (0.010 0)	7.183 5*** (2.210 7)	−0.004 2 (0.010 0)
种植年限	−0.000 2 (0.000 6)	0.164 7 (0.136 3)	−0.000 3 (0.000 6)
地块平均面积	0.006 6*** (0.001 9)	0.273 2 (0.426 1)	0.006 4*** (0.001 9)
有效灌溉率	0.000 3 (0.000 2)	−0.018 7 (0.037 8)	0.000 3 (0.000 2)
地力情况	0.010 4** (0.004 6)	0.547 4 (1.017 9)	0.010 1** (0.004 6)
获取农业信息及时性	0.009 3*** (0.003 0)	0.120 2 (0.668 7)	0.009 3*** (0.003 0)

（续）

变量名称	（1）绿色生产效率	（2）绿色生产技术采纳程度	（3）绿色生产效率
	Tobit	OLS	Tobit
乡镇距离	−0.000 7	−0.075 0	−0.000 7
	(0.001 5)	(0.337 9)	(0.001 5)
省份	−0.019 0**	−1.479 5	−0.018 3**
	(0.008 7)	(1.930 3)	(0.008 6)
常数项	0.584 1***	37.289 4***	0.564 9***
	(0.045 3)	(10.065 5)	(0.045 8)
对数似然比	485.937 6	—	488.466 7
R^2（伪 R^2）	0.499 5	0.271 8	0.507 3
样本量	398	398	398

注：*、**、***分别表示在10%、5%、1%的水平上显著；括号内为稳健标准误。

五、本章小结

本章在前述研究的基础上，从绿色生产效益和绿色生产效率两个方面探究参与电商对绿色生产绩效的影响。在生产效益方面，首先，考察参与电商、绿色生产技术采纳对猕猴桃种植户的家庭年收入、猕猴桃年收入、家庭人均收入及猕猴桃每亩收入的影响；其次，通过索贝尔检验验证绿色生产技术采纳在参与电商影响猕猴桃种植户收入中的作用。得到的主要结论有：①参与电商决策、参与电商模式、参与电商程度均对猕猴桃种植户收入有显著影响，参与电商在猕猴桃种植户的家庭年收入、猕猴桃年收入、家庭人均收入及猕猴桃每亩收入方面均有重要影响，且平台电商模式的收入效应大于社交电商模式，两者均大于传统销售模式。②绿色生产技术采纳在参与电商与猕猴桃种植户收入中发挥重要中介作用，对猕猴桃年收入的增长效果最大，达到11.18%。

在生产效率方面，首先，选取随机前沿生产函数对猕猴桃种植户的绿色生产效率进行测算；其次，采用 Tobit 模型探究参与电商决策、参与电商模式、参与电商程度对猕猴桃种植户绿色生产效率的影响，并依据层级回归法验证绿色生产技术采纳在参与电商影响猕猴桃种植户绿色生产效率中的中介作用。得到的主要结论有：①猕猴桃种植户绿色生产效率平均值为 0.639 2。其中，参与电商的猕猴桃种植户绿色生产效率均值为 0.700 5，而未参与电商的猕猴桃种植户绿色生产效率均值为 0.639 2，二者有显著差异。②参与电商决策、参与电商模式、参与电商程度对猕猴桃种植户绿色生产效率均有显著正向影响。③绿色生产技术采纳在参与电商影响绿色生产效率中发挥重要的中介作用。

第五篇　对　策　篇

第八章　研究结论、政策建议与展望

本书从猕猴桃种植户绿色生产技术采纳不足、政府推广普及率低及补贴激励不理想等现实背景出发，在对国内外相关研究成果整理与归纳基础上，基于农户行为理论、交易成本理论、信息不对称理论、农业技术采用理论等，利用陕西省、四川省 1 036 户样本猕猴桃种植户的问卷调查数据，采用多种经济计量学方法，实证研究参与电商对猕猴桃种植户绿色农产品价值感知、绿色生产技术采纳、绿色生产转型、绿色生产绩效的影响效应和作用机制。本章在总结前述结论的基础上，有针对性地提出提高猕猴桃种植户电商参与程度、促进猕猴桃种植户绿色生产行为的政策建议，并对本研究的不足和未来研究方向进行总结和展望。

一、主要结论

（一）猕猴桃种植户基本特征

在猕猴桃产业及电商发展方面，本书运用统计分析法，对猕猴桃产业发展、农村电商发展、样本区域内猕猴桃种植户参与电商及绿色生产行为现状进行归纳与总结，然后从参与电商决策、参与电商模式及参与电商程度三个方面探讨猕猴桃种植户参与电商的内在动力。

（1）全球猕猴桃生产规模稳步提升，猕猴桃主产国的产业发展优势突出，猕猴桃进出口贸易总额也在持续上涨，全球猕猴桃产业发展正处于蓬勃发展阶段，其发展潜力正在持续增大；中国猕猴桃生产规模稳步提升，猕猴桃主产区已逐步形成，猕猴桃贸易规模也在持续扩大，伴随着全球化的进程，中国猕猴桃生产规模仍有较大提升空间，但产业竞争力水平较低。

（2）样本区域中，猕猴桃种植户参与电商的有 398 户，未参与电商有 638 户。在参与电商的猕猴桃种植户中，有 70 户参与平台电商模式，有 328 户参与社交电商模式；在 638 个未参与电商的猕猴桃种植户家庭中，有 494 户猕猴桃种植户希望能够通过电商渠道销售猕猴桃，这表明猕猴桃种植户参与电商意愿较高，但参与电商行为有待加强。

（3）样本区域中，猕猴桃种植户间的绿色生产技术认知存在明显差异，且政府对不同绿色生产技术的扶持力度存在差异。从绿色生产技术采纳来看，有机肥施用技术、套袋技术和无公害农药使用技术在样本猕猴桃种植户中得到了一定程度的应用，但物理防治技术和测土配方施肥技术采纳率相对较低。

（4）在参与电商决策的影响因素中，个体特征表现为户主年龄越小、户主受教育程度越高的猕猴桃种植户越倾向于参与电商；家庭特征表现为劳动力人数越多、经营规模越小、种植专业化越高、加入合作社和农技培训次数越多，越能促进猕猴桃种植户参与电商；社会网络特征表现为人情往来支出和亲戚好友数量均显著促进猕猴桃种植户参与电商；互联网普及特征表现为互联网使用、电商培训、电商政策感知和网购经历均对猕猴桃种植户参与电商有显著促进作用；村域环境特征表现为村庄有快递点和乡镇距离远的猕猴桃种植户倾向于参与电商。

（5）在参与电商模式的影响因素中，对于个体特征，户主年龄越小、户主受教育程度越高的猕猴桃种植户越倾向于参与社交电商模式；对于家庭特征，劳动力人数越多、经营规模越小和种植专业化程度越高的猕猴桃种植户越倾向于参与社交电商，而加入合作社和接受农技培训次数较多的猕猴桃种植户倾向于参与平台电商模式；对于社会网络特征，家中有村干部的倾向于参与平台电商模式，而人情往来支出较大和亲戚好友数量较多的猕猴桃种植户倾向于参与社交电商模式；对于互联网普及特征，使用互联网获取信息的猕猴桃种植户倾向于参与平台电商模式，对电商政策感知高和有网购经历的猕猴桃种植户倾向于参与社交电商模式；对于村域环境特征，村庄有快递点的猕猴桃种植户倾向于参与社交电商模式。

（6）在参与电商程度的影响因素中，在纠正样本选择偏差后，猕猴桃种植户的家庭经营规模、种植专业化、家中有无村干部、亲戚好友数量和互联网使用均会对参与电商程度有显著正向影响。

（二）参与电商对猕猴桃种植户绿色农产品价值感知的影响

采用绿色农产品价格感知、销量感知、消费者认可感知、政府支持感知、风险感知五个维度测度猕猴桃种植户绿色农产品价值感知，并通过实证模式检验参与电商对猕猴桃种植户绿色农产品价值感知总维度及五个分维度的影响。

（1）从总维度看，参与电商决策能够提升猕猴桃种植户对绿色农产品的价值感知。从分维度看，参与电商决策能提升猕猴桃种植户对绿色农产品的价格感知、销量感知、消费者认可感知和政府支持感知，降低对绿色农产品的风险感知。

（2）从总维度看，平台电商模式和社交电商模式能够提升猕猴桃种植户对绿色农产品的价值感知。从分维度看，平台电商模式对猕猴桃种植户绿色农产品的价格感知影响不显著，但社交电商模式能显著提升猕猴桃种植户对绿色农产品的价格感知，平台电商模式和社交电商模式均能显著提升猕猴桃种植户对绿色农产品的销量感知、消费者认可感知和政府支持感知，降低对绿色农产品的风险感知。

（3）从总维度看，在参与电商的398户猕猴桃种植户中，随着参与电商程度的加深，猕猴桃种植户对绿色农产品的价值感知有所提升。从分维度看，随着参与电商程度的加深，猕猴桃种植户对绿色农产品的销量、消费者认可和政府支持的信心均有所增强。但农户对绿色农产品的价格感知和风险感知受参与电商程度的影响不大。

（三）参与电商对猕猴桃种植户绿色生产技术采纳的影响

（1）对猕猴桃种植户而言，绿色生产技术的重要性具有差异。按照技术经济收益、化肥农药减量、生态环境保护三个方面的特性对绿色生产技术进行评价，按重要性程度从大到小排序依次为：测土配方施肥技术、物理防治技术、套袋技术、无公害农药使用技术和有机肥施用技术。

（2）猕猴桃种植户的经济资本、人力资本、社会资本和信息资本对于猕猴桃种植户成为电商户的可能性有显著影响。参与电商对猕猴桃种植户绿色生产技术采纳有显著促进作用，在使用倾向得分匹配样本后，种植户如果没有参与电商，其绿色生产技术采纳率为62.07％；但由于参与了电商，其绿色生产技术采纳率增加到65.99％，增加了3.92％，增长率为6.32％。

（3）以传统销售模式作为对照组，选择社交电商模式会促使猕猴桃种植户绿色生产技术采纳率提高5.54％。与平台电商模式相比，选择社交电商模式使猕猴桃种植户绿色生产技术采纳率提高6.62％。

（4）参与电商程度对猕猴桃种植户绿色生产技术采纳程度的影响为正，且在1％的显著性水平上通过检验，电商销售额的对数每增加一个单位，猕猴桃种植户绿色生产技术采纳程度提升82.33％。

（5）参与电商可以通过提升价格预期、提升经济收益、推动产品标准化、追求口碑效应四个中间传导机制促进猕猴桃种植户绿色生产技术采纳。

（6）参与电商对不同资源禀赋的猕猴桃种植户绿色生产技术采纳的影响存在差异，经济资本、人力资本、社会资本和信息资本均在其中发挥重要作用。

（四）参与电商对猕猴桃种植户绿色生产转型的影响

（1）根据猕猴桃种植户的生产指标特性，可以将猕猴桃种植户生产方式划分为绿色生产方式和传统生产方式两类，从描述性统计结果来看，两种生产方式下猕猴桃种植户有机肥施用率、生物农药使用率、节水灌溉设备使用率、物理防治技术投入和包装物回收率均有显著差异，分别在 10％、1％、5％、1％ 和 1％ 的显著性水平上通过检验。

（2）参与电商的猕猴桃种植户比不参与电商的猕猴桃种植户绿色生产转型的可能性高 7.49％，且在 1％ 的显著性水平上通过检验。从参与电商模式来看，平台电商模式的比传统销售模式的猕猴桃种植户绿色生产转型的可能性高 18.71％，且在 1％ 的显著性水平上通过检验。从参与电商程度来看，参与电商程度每增加一个单位，猕猴桃种植户绿色生产转型的可能性提高 4.13％，且在 1％ 的显著性水平上通过检验。

（3）在考虑样本内生性问题后，参与电商决策对猕猴桃种植户绿色生产转型程度的提升作用有所增强，且依旧在 1％ 的水平上有显著正向影响。从不同参与电商模式看，采用平台电商模式和社交电商模式的绿色生产转型程度均高于传统销售模式，并且平台电商模式比社交电商模式的绿色生产转型程度要高。

（4）参与电商程度对不同生产方式下猕猴桃种植户绿色生产转型程度影响具有差异，参与电商程度对生产方式处于 0.25 分位点的猕猴桃种植户影响最大。

（五）参与电商对猕猴桃种植户绿色生产绩效的影响

（1）在控制绿色生产技术采纳异质性后，参与电商可显著提高猕猴桃种植户家庭年收入、猕猴桃年收入、家庭人均收入和猕猴桃每亩收入。总体而言，平台电商模式的收入效应大于社交电商模式的收入效应，且两者均大于传统销售模式的收入效应。

（2）绿色生产技术采纳在参与电商与猕猴桃种植户收入之间发挥重要中介作用，中介效应大小介于 9.62％～11.18％。绿色生产技术采纳在参与电商与猕猴桃年收入之间的中介作用最大，说明参与电商能够显著增加猕猴桃种植户的绿色生产效益。

（3）猕猴桃种植户绿色生产效率普遍偏低，平均值仅为 0.662 8，参与电商的猕猴桃种植户与未参与电商的猕猴桃种植户的绿色生产效率水平在 1% 的显著性水平上具有差异，平均而言，参与电商的猕猴桃种植户绿色生产效率比未参与电商的高 0.061 3。

（4）参与电商决策、参与电商模式和参与电商程度均会显著提升猕猴桃种植户绿色生产效率，且绿色生产技术采纳在其中均发挥重要中介作用。

二、政策建议

（一）树立绿色发展理念，促进绿色生产转型

猕猴桃种植户绿色生产技术采纳测算结果表明，猕猴桃种植户绿色生产技术采纳程度有待提升。当前，中国猕猴桃生产经营模式仍以非绿色化为主，尚未实现全面转型，为促进生产方式从传统粗放向绿色生产转变，在猕猴桃种植过程中秉承绿色发展理念是改变传统守旧思想观念、创造绿色生产氛围和推动政策落实落地的关键。首先，要完善绿色生产技术推广体系，在加大绿色生产技术培训力度的同时，应注重理论与实地教学培训相结合，以扩大培训辐射范围，提升猕猴桃种植户绿色生产技术的认知能力和使用水平。其次，应加强绿色生产技术的示范带动作用，加强科技示范户、规模户、家庭农场及合作组织等经营主体在绿色生产技术方面的引领、带动与辐射效应。最后，应注重猕猴桃种植户间的村民互助与交流渠道，为猕猴桃种植户创造更多沟通交流和学习的机会。

（二）加强电商政策宣传，提高电商参与意识

政府应加大对农产品电商的重视，强化其正面效应，完善电商销售市场运营体系，引导猕猴桃种植户有序参与电商。本研究表明参与电商在提升猕猴桃种植户绿色农产品价值感知、绿色生产技术采纳、绿色生产转型和绿色生产绩效方面有不可替代的作用，政府应充分发挥其促进作用，重视猕猴桃电商销售的宣传与推广。首先，政府可利用互联网信息技术及村级基层自治组织等政策推广途径向猕猴桃种植户宣传参与电商的必要性和重要性，通过对参与电商政策、知识及技能的普及与示范，提高猕猴桃种植户参与电商的感知及应用能力。其次，政府应加大农村电商政策的宣传与推广力度，提高猕猴桃种植户对猕猴桃电商的基本情况及发展趋势的了解程度，改变猕猴桃种植户的传统销售观念，同时应积极宣传典型案例，利用榜样的力量，提高猕猴桃种植户参与电商的积极性。最后，目前猕猴桃电商依旧以社交电商模式为主，监督难度大，

生产难以规范化，政府应创建规范的、有序的电商市场，以引导猕猴桃种植户持续有效参与电商。

（三）适度引导电商参与，注重电商多元发展

猕猴桃种植户参与电商行为是多种因素共同作用的结果，政府应尊重种植户的参与意愿和参与程度，不可为博取政绩盲目或强制其参与电商，也不可采用"一刀切"模式，应注重多元化发展。首先，政府应在充分考虑猕猴桃种植户参与电商意愿的前提下，优先合理引导家庭人口数量较多、种植专业化和拥有较高社会资本的新生代青年加入电子商务队伍中。其次，通过加强电商知识宣传、推介成功典型案例和开展电商培训，提高电商培训质量，降低猕猴桃种植户的学习门槛，增强猕猴桃种植户对电商的了解和认知，促进猕猴桃种植户之间的交流与信息分享，从而鼓励更多合适的猕猴桃种植户自愿参与电商。第三，注重消费者的品牌忠诚度，通过自营品牌营销，突出品质电商自身的优势，通过打造电商品牌提升农产品核心竞争力。最后，鼓励电商发展多元化，有序引导不同资源禀赋的猕猴桃种植户选择适宜自家生产与销售的电商发展模式。本研究表明平台电商模式在提高猕猴桃种植户绿色生产技术采纳、促进猕猴桃种植户绿色生产转型、提升猕猴桃种植户绿色生产效率和带动猕猴桃种植户增收方面均优于社交电商模式，但受多种因素影响，目前猕猴桃种植户参与电商以社交电商模式为主。因此，应重点引导小规模猕猴桃种植户参与平台电商模式，制定猕猴桃种植户参与平台电商的补贴条件和范围，加大补贴力度和补贴范围，降低猕猴桃种植户参与电商的门槛。

（四）优化平台监督机制，打通信息披露机制

信息揭示是消费者知情与监督的关键（何凌霄，2018）。本研究结果显示，电商平台可将消费市场的结构性变化反馈至生产终端，拉近生产与消费的距离，从而激励猕猴桃种植户采取绿色、安全的生产行为。同时，电商平台的质量监督不仅可以缓解猕猴桃生产过程中的信息不对称问题，还可以有效传递质量信息。具体表现为，电商平台可以通过检测与评定猕猴桃质量来促进质量信息的传递与强化，降低猕猴桃买卖双方之间的信息不对称，减少猕猴桃生产过程中的化肥农药滥用等不安全生产行为，改善因质量不透明和信息不对称而导致的猕猴桃市场非效率问题。因此，应在以下方面进一步优化线上监督机制，促进农产品信息披露。首先，积极培育与发展电商平台，加强电商平台质量检测能力。加大电商平台交易农产品的检测和发布，通过专业质量检测与评定披

露市场信息，解决市场信息不对称问题。其次，积极引进信息化管理手段和现代化交易方式，配备先进的信息技术系统和物流设施，促使电商平台不仅成为猕猴桃的重要销售渠道，更是猕猴桃质量的控制管理中心和信息中心，将猕猴桃生产安全性纳入平台管理中。最后，建立第三方农产品质量安全检测平台，实现低成本甚至免费检验，扩大监督覆盖面，有效规避电商交易中生产者与消费者之间的风险。

（五）完善绿色生产监管，优化产品交易环境

虽然电商销售可以带来可观的销售收入，但应从长远发展角度出发，不可盲目追求"电商热"，要重视消费者对农产品绿色化、个性化的需求，大力推进农产品标准化、绿色化、优质化和品牌化。首先，政府部门应加大对猕猴桃生产者绿色安全的宣传教育，改变猕猴桃种植户的错误认知，改善因猕猴桃种植户无知造成的农药过量、施用禁用农药等问题。其次，推动第三方认证机构发展，第三方认证机构对农产品生产过程或产品质量的检测认证能有效消除甚至降低生产者和消费者之间、生产者与电商平台或电商平台与消费者之间的信息不对称。第三，完善诚信体系，解决认证机构杂乱、参差不齐且缺乏权威性的问题。最后，加强农产品市场认证标志监管，确保经营主体发布的真实性。加大绿色生产管理与监管，加强绿色农产品认证标准，明确各个环节的有效监管，注重产业链后期监管。

（六）增强服务体系建设，培育市场竞争能力

政府在关注猕猴桃种植户自身参与能力的同时也要保证公共产品及公共服务的有效供给，让面临资源、资金和能力约束的猕猴桃种植户能够获取公共政策红利。首先，应加大电商基础设施建设，积极铺设电商网点，降低猕猴桃种植户参与电商的成本，利用电商基础设施的辐射功能带动猕猴桃种植户打破传统发展定式，打消猕猴桃种植户参与电商的疑虑与担忧。其次，加强交通和网络的基础设施建设力度，合理规划物流园区，提高发货效率，降低猕猴桃种植户参与电商的物流成本。最后，依托猕猴桃主产区产业优势，建立以地区产业联盟为主的电商模式，通过联盟成员之间的信息服务、资源共享及优惠政策实现产业集群效应，提升地区品牌知名度和市场竞争力。

三、研究不足与未来展望

本书对猕猴桃种植户参与电商的动力、参与电商对猕猴桃种植户绿色生

产行为的内在机理进行深入探讨，得到了较为翔实的研究结论，并提出了相关政策建议，可为猕猴桃产业电商发展及绿色生产提供制度创新思路和政策主张。但因成本和时间有限，本书研究具有一定不足，未来仍有可拓展之处。

（1）数据资料的局限性。本书采用分层抽样与简单随机抽样相结合的方式，抽取了 1 036 户猕猴桃种植户作为研究对象，调查区域涉及陕西省和四川省两大猕猴桃主产区，但是受限于调研区域及调研成本，本书并未对全国范围内的猕猴桃种植户进行调研，更没有对其他高附加值农产品（如苹果、樱桃、芒果等）种植户进行深入研究，研究结论并不一定具有典型性和代表性。实际而言，本书所研究的绿色生产技术大多也适用于这些高附加值农产品，因此，在未来研究中应该拓展研究的涵盖面，更为细致的做法是将研究范围拓展到更多高附加值农产品，以更大范围、更为全面的调研数据深入分析参与电商对绿色生产行为的影响。

（2）未来研究应尽可能获取面板数据。本书基于实地调研数据对问题进行研究，虽然尽可能控制抽样方法，加大抽样容量，使样本具有一定的代表性，但由于无法获得猕猴桃种植户参与电商前后的动态面板数据，只采用静态的截面数据来进行实证检验，难以全面反映猕猴桃种植户参与电商前后的多维动态变化，未来的研究可以在现有调查数据基础上跟踪样本，构建猕猴桃种植户的动态面板数据库，以检验猕猴桃种植户参与电商的动态效果。中国农村电商发展整体处于初级水平，电商模式在不断更新，对于农村电商方面的研究多处于探索阶段，本书的概念界定、机理分析及实证检验均是基于现有电商发展状态下的研究，随着电子商务的不断发展，未来的研究将会更加准确地反映参与电商对生产端的影响与效应。

（3）未来研究应注重反映猕猴桃种植户绿色生产技术采纳及绿色生产转型方面的变量的设计及选择，提高实证分析的科学性与合理性。已有的对农户绿色生产技术采纳的研究，多以是否采用某种绿色生产技术或采纳多种绿色生产技术的数量来表征，即使偶有学者通过赋权求和计算农户绿色生产技术采纳综合水平，但也往往忽略技术之间属性的差异。本研究从猕猴桃种植户对套袋技术、物理防治技术、无公害农药使用技术、有机肥施用技术和测土配方施肥技术五种绿色生产技术的技术经济收益、化肥农药减量、生态环境保护三个方面属性的主观评价出发，在对绿色生产技术属性赋权的基础上计算猕猴桃种植户绿色生产技术采纳水平，能够较为全面地反映猕猴桃种植户绿色生产技术采纳状况。但由于在赋权过程中采用了猕猴桃种植户的主观评价，降低了猕猴桃种植户绿色生产技术采纳测度结果和实证结果的客观性和准确性。另外，在测度猕猴桃种植户绿色生产转型方面，依据猕猴桃种植户的有机肥施用率、生物农药使用率、节水灌溉设备使用率、物理防治技术投入和包装物回收率五个维度进行测度，但上述五个维度并不能囊括猕猴桃种植户实施的所有绿色生产行为，这会在一定程度上影响实证结果的客观性和准确性。因此，在今后的研究中，应更加注重对绿色生产行为变量的选取和测度，尽量使变量选择及测度更加精准客观。

参考文献 REFERENCES

白懿玮，季婷，汪俊，2016. 小农户的电商渠道选择及影响因素分析——基于烟台大樱桃产区的实证调查［J］. 农村经济与科技，27（11）：71-75.

白永秀，宁启，2020. 脱贫攻坚提出的背景、实施及难点破解［J］. 西北大学学报（哲学社会科学版），50（4）：5-15.

蔡键，2014. 风险偏好、外部信息失效与农药暴露行为［J］. 中国人口·资源与环境，24（9）：135-140.

蔡荣，汪紫钰，杜志雄，2019. 示范家庭农场技术效率更高吗？——基于全国家庭农场监测数据［J］. 中国农村经济（3）：65-81.

曹建民，赵立夫，刘森挥，等，2019. 农牧业生产方式转变及其影响因素研究——利用有限混合模型对中国肉牛养殖方式转变的实证分析［J］. 中国农村经济（11）：69-82.

曾亿武，陈永富，郭红东，2019. 先前经验、社会资本与农户电商采纳行为［J］. 农业技术经济（3）：38-48.

曾亿武，郭红东，金松青，2018. 电子商务有益于农民增收吗？——来自江苏沭阳的证据［J］. 中国农村经济（2）：49-64.

曾亿武，万粒，郭红东，2016. 农业电子商务国内外研究现状与展望［J］. 中国农村观察（3）：82-93.

查金祥，黎东升，2006. 当前农产品网络营销的系统架构研究［J］. 农业经济问题（3）：72-74，80.

陈飞，翟伟娟，2015. 农户行为视角下农地流转诱因及其福利效应研究［J］. 经济研究，50（10）：163-177.

陈欢，周宏，孙顶强，2017. 信息传递对农户施药行为及水稻产量的影响——江西省水稻种植户的实证分析［J］. 农业技术经济（12）：23-31.

陈林兴，黄祖辉，2014. 中国省际农村居民收入趋同性分析［J］. 中国农村经济（4）：20-31，57.

陈强，2014. 高级计量经济学及 Stata 应用［M］. 2版. 北京：高等教育出版社.

陈新忠，李芳芳，2014. 我国农业技术推广的研究回溯与展望［J］. 华中农业大学学报（社会科学版）（5）：24-33.

陈秀兰，章政，张喜才，2019. 中国农产品批发市场提档升级的模式与路径研究——基于世界农产品批发市场五大通行原则的经验借鉴［J］. 中国流通经济，33（2）：30－37.

陈幼红，2011. 完善农产品质量安全监管体系的探索与研究［J］. 科技管理研究，31（16）：215－218.

程红莉，2014. 农村电子商务发展模式的分析框架以及模式选择——农户为生产者的研究视角［J］. 江苏商论（11）：28－31.

程欣炜，林乐芬，2020. 农产品电商对小农户有机衔接现代农业发展效率的影响研究［J］. 华中农业大学学报（社会科学版）（6）：37－47，162.

褚彩虹，冯淑怡，张蔚文，2012. 农户采用环境友好型农业技术行为的实证分析——以有机肥与测土配方施肥技术为例［J］. 中国农村经济（3）：68－77.

崔丽丽，王骊静，王井泉，2014. 社会创新因素促进"淘宝村"电子商务发展的实证分析——以浙江丽水为例［J］. 中国农村经济（12）：50－60.

戴国良，2019. 不同促销方式对网络口碑传播意愿的影响［J］. 中国流通经济，33（10）：43－50.

董坤祥，侯文华，丁慧平，等，2016. 创新导向的农村电商集群发展研究——基于遂昌模式和沙集模式的分析［J］. 农业经济问题，37（10）：60－69，111.

杜永红，2019. 乡村振兴战略背景下网络扶贫与电子商务进农村研究［J］. 求实（3）：97－108，112.

杜运伟，景杰，2019. 乡村振兴战略下农户绿色生产态度与行为研究［J］. 云南民族大学学报（哲学社会科学版），36（1）：95－103.

段禄峰，唐文文，2017. 陕西农村电子商务准备度水平测度［J］. 西安邮电大学学报（5）：105－113.

樊根耀，张襄英，2005. 农产品认证制度及其信号传递机制［J］. 西北农林科技大学学报（社会科学版）（5）：94－98.

伏佳敏，王明宇，2014. 生鲜电商，电商的第三波蓝海吗？［J］. 电子商务（1）：1－2.

高鸣，马铃，2015. 贫困视角下粮食生产技术效率及其影响因素——基于EBM－Goprobit二步法模型的实证分析［J］. 中国农村观察（04）：49－60，96－97.

高启杰，2008. 农业科技企业技术创新能力及其影响因素的实证分析［J］. 中国农村经济（7）：32－38.

高雪萍，2013. 水稻种植大户应用低碳农业技术的行为研究［J］. 科技管理研究，33（14）：113－116.

耿宇宁，郑少锋，陆迁，2017. 经济激励、社会网络对农户绿色防控技术采纳行为的影响——来自陕西猕猴桃主产区的证据［J］. 华中农业大学学报（社会科学版）（6）：59－69，150.

郭承龙，2015. 农村电子商务模式探析——基于淘宝村的调研［J］. 经济体制改革（5）：110－115.

郭利京，王少飞，2016. 基于调节聚焦理论的生物农药推广有效性研究［J］. 中国人口·

资源与环境，26（4）：126－134.

郭亮，杨勇，2014. 农户采用蔬菜 IPM 技术的调查与评析——以四川省为例［J］. 西安财经学院学报，27（2）：97－102.

郭美荣，李瑾，冯献，2017. 基于"互联网＋"的城乡一体化发展模式探究［J］. 中国软科学（9）：10－17.

郭娜，刘东英，2009. 农产品网上交易模式的比较分析［J］. 农业经济问题（3）：75－80，112.

郭耀辉，刘强，何鹏，2020. 我国猕猴桃产业现状、问题及对策建议［J］. 贵州农业科学，48（7）：69－73.

何飞，黄体允，李英艳，2009. 电子商务下农产品物流体系研究［J］. 市场论坛（9）：40－42.

何婧，李庆海，2019. 数字金融使用与农户创业行为［J］. 中国农村经济（1）：112－126.

何凌霄，2018. 基于消费者视角的食品安全规制效应研究［D］. 杭州：浙江大学.

何蒲明，魏君英，2003. 试论农户经营行为对农业可持续发展的影响［J］. 农业技术经济（2）：24－27.

贺梅英，庄丽娟，2014. 市场需求对农户技术采用行为的诱导：来自荔枝主产区的证据［J］. 中国农村经济（2）：33－41.

侯胜鹏，2013. 中部地区现代农业的发展模式及运行机理研究［D］. 长沙：湖南农业大学.

侯振兴，2018. 区域农户农企采纳农产品电子商务的影响因素［J］. 西北农林科技大学学报（社会科学版），18（1）：66－74.

胡天石，傅铁信，2005. 中国农产品电子商务发展分析［J］. 农产品市场周刊，26（5）：23－27.

胡逸文，霍学喜，2017. 不同规模农户粮食生产效率研究［J］. 统计与决策（17）：105－109.

胡银根，杨春梅，董文静，等，2020. 基于感知价值理论的农户宅基地有偿退出决策行为研究——以安徽省金寨县典型试点区为例［J］. 资源科学，42（4）：685－695.

黄季焜，Scott Rozelle，1993. 技术进步和农业生产发展的原动力——水稻生产力增长的分析［J］. 农业技术经济（6）：21－29.

黄炎忠，罗小锋，李容容，等，2018. 农户认知、外部环境与绿色农业生产意愿——基于湖北省 632 个农户调研数据［J］. 长江流域资源与环境，27（3）：680－687.

黄炎忠，罗小锋，唐林，等，2020. 市场信任对农户生物农药施用行为的影响——基于制度环境的调节效应分析［J］. 长江流域资源与环境，29（11）：2488－2497.

黄宗智，2008. 中国小农经济的过去和现在——舒尔茨理论的对错［J］. 中国乡村研究（1）：21.

黄祖辉，张静，Keving Chen，2008. 交易费用与农户契约选择——来自浙冀两省 15 县 30 个村梨农调查的经验证据［J］. 管理世界（9）：76－81.

孔祥智，方松海，庞晓鹏，等，2004. 西部地区农户禀赋对农业技术采纳的影响分析 [J].
经济研究（12）：85－95.

李芬妮，张俊飚，何可，2019. 非正式制度、环境规制对农户绿色生产行为的影响——基
于湖北 1105 份农户调查数据 [J]. 资源科学，41（7）：1227－1239.

李昊，李世平，南灵，等，2018. 中国农户环境友好型农药施用行为影响因素的 Meta 分析
[J]. 资源科学，40（1）：74－88.

李昊，李世平，南灵，2017. 农药施用技术培训减少农药过量施用了吗？ [J]. 中国农村经
济（10）：80－96.

李昊，2020. 农业环境污染跨学科治理：冲突与化解 [J]. 农业经济问题（11）：108－119.

李霖，郭红东，2017. 产业组织模式对农户种植收入的影响——基于河北省、浙江省蔬菜
种植户的实证分析 [J]. 中国农村经济（9）：62－79.

李霖，王军，郭红东，2019. 产业组织模式对农户生产技术效率的影响——以河北省、浙
江省蔬菜种植户为例 [J]. 农业技术经济（7）：40－51.

李霖，2018. 蔬菜产业组织模式选择及其对农户收入和效率的影响研究 [D]. 杭州：浙江
大学.

李琪，唐跃桓，任小静，2019. 电子商务发展、空间溢出与农民收入增长 [J]. 农业技术
经济（4）：119－131.

李莎莎，朱一鸣，马骥，2015. 农户对测土配方施肥技术认知差异及影响因素分析——基
于 11 个粮食主产省 2172 户农户的调查 [J]. 统计与信息论坛，30（7）：94－100.

李晓静，陈哲，刘斐，等，2020. 参与电商会促进猕猴桃种植户绿色生产技术采纳
吗？——基于倾向得分匹配的反事实估计 [J]. 中国农村经济（3）：118－135.

李晓静，刘斐，夏显力，2019. 信息获取渠道对农户电商销售行为的影响研究——基于四
川、陕西两省猕猴桃主产区的微观调研数据 [J]. 农村经济（8）：119－126.

李雅楠，谢倩芸，2017. 互联网使用与工资收入差距——基于 CHNS 数据的经验分析 [J].
经济理论与经济管理（7）：87－100.

李昇菲，张德亮，2007. 对我国农村电子商务发展的思考 [J]. 云南农业大学学报（社会
科学）（2）：14－17.

李长生，刘西川，2020. 土地流转的创业效应——基于内生转换 Probit 模型的实证分析
[J]. 中国农村经济（5）：96－112.

林文声，王志刚，王美阳，2018. 农地确权、要素配置与农业生产效率——基于中国劳动
力动态调查的实证分析 [J]. 中国农村经济（8）：64－82.

林毅夫，沈明高，1991. 我国农业科技投入选择的探析 [J]. 农业经济问题（7）：9－13.

刘道贵，2005. 实施棉花 IPM 项目对池州市贵池区棉花生产及棉农行为的影响 [J]. 现代
农业科技（1）：51－52.

刘红梅，王克强，黄智俊，2008. 影响中国农户采用节水灌溉技术行为的因素分析 [J].
中国农村经济（4）：44－54.

刘辉，刘瑾，2012. 标准化对浙江产业集群技术创新影响机理研究 [J]. 科技进步与对策，29（19）：63-66.

刘可，2008. 农村电子商务发展探析 [J]. 经济体制改革（6）：171-174.

刘笑明，李同升，2006. 农业技术创新扩散的国际经验及国内趋势 [J]. 经济地理（6）：931-935，996.

芦千文，姜长云，2016. 我国农业生产性服务业的发展历程与经验启示 [J]. 南京农业大学学报（社会科学版），16（5）：104-115，157.

鲁钊阳，廖杉杉，2016. 农产品电商发展的增收效应研究 [J]. 经济体制改革（5）：86-92.

路征，宋丽敏，2015. 我国"农民网商"发展现状、问题与对策建议 [J]. 科技管理研究，35（5）：131-134.

罗万纯，2013. 农户农产品销售渠道选择及影响因素分析 [J]. 调研世界（1）：35-37.

罗小娟，冯淑怡，石晓平，等，2013. 太湖流域农户环境友好型技术采纳行为及其环境和经济效应评价——以测土配方施肥技术为例 [J]. 自然资源学报（11）：1891-1902.

马俊龙，宁光杰，2017. 互联网与中国农村劳动力非农就业 [J]. 财经科学（7）：50-63.

马志雄，丁士军，2013. 基于农户理论的农户类型划分方法及其应用 [J]. 中国农村经济（4）：28-38.

梅燕，蒋雨清，2020. 乡村振兴背景下农村电商产业集聚与区域经济协同发展机制——基于产业集群生命周期理论的多案例研究 [J]. 中国农村经济（6）：56-74.

米建伟，黄季焜，陈瑞剑，等，2012. 风险规避与中国棉农的农药施用行为 [J]. 中国农村经济（7）：60-71，83.

苗珊珊，2014. 社会资本多维异质性视角下农户小型水利设施合作参与行为研究 [J]. 中国人口·资源与环境，24（12）：46-54.

穆燕鸿，王杜春，迟凤敏，2016. 基于结构方程模型的农村电子商务影响因素分析——以黑龙江省15个农村电子商务示范县为例 [J]. 农业技术经济（8）：106-118.

潘建伟，张立中，胡天石，2018. 基于流通视角的农产品价格传导机制研究 [J]. 农业技术经济（6）：106-115.

潘勇，乔晓东，2012. 逆向选择与中国电子商务市场声誉机制的本土性研究——以淘宝网为例 [J]. 商业经济与管理（1）：13-18.

彭小珈，周发明，2018. 农村电商经营效率研究——基于消费品下行的模型分析 [J]. 农业技术经济（12）：111-118.

綦方中，郑婷婷，潘凤钗，2012. 基于第三方电子商务平台的农产品物流模式分析 [J]. 农业经济（11）：106-108.

邱淑英，纪晓萃，2012. 基于农村经济发展新思路中电子商务的应用研究 [J]. 企业导报（4）：155-156.

曲朦，赵凯，2020. 家庭社会经济地位对农户环境友好型生产行为的影响 [J]. 西北农林科技大学学报（社会科学版），20（3）：135-143，153.

冉建宇，童洪志，2021. 乡村振兴战略下创业环境认知对外出农民工返乡创业意愿的影响——掌握目标与创业榜样的调节效应［J］. 四川轻化工大学学报（社会科学版），36（1）：21-33.

任重，薛兴利，2016. 粮农无公害农药使用意愿及其影响因素分析——基于609户种粮户的实证研究［J］. 干旱区资源与环境，30（7）：31-36.

沈小静，王燕，2013. 基于质量安全的食品电子商务平台运行模式分析［J］. 中国流通经济，27（12）：53-57.

宋彦蓉，张宝元，2015. 基于地区现代化评价的客观赋权法比较［J］. 统计与决策（11）：82-86.

速水佑次郎，弗农·拉坦，2000. 农业发展的国际分析［M］. 北京：中国社会科学出版社.

孙小龙，廖小静，葛灿药，等，2021. 后疫情时代中国农业技术经济发展的机遇与挑战——中国农业技术经济学会2020年学术研讨会会议综述［J］. 农业技术经济（2）：140-144.

孙小燕，刘雍，2019. 土地托管能否带动农户绿色生产？［J］. 中国农村经济（10）：60-80.

谭永风，陆迁，2021. 风险规避、社会学习对农户现代灌溉技术采纳行为的影响——基于Heckman样本选择模型的实证分析［J］. 长江流域资源与环境，30（1）：234-245.

唐博文，罗小锋，秦军，2010. 农户采用不同属性技术的影响因素分析——基于9省（区）2110户农户的调查［J］. 中国农村经济（6）：49-57.

唐红涛，郭凯歌，2020. 农产品电商模式能实现最优生产效率吗？［J］. 商业经济与管理（2）：5-16.

唐立强，周静，2018. 社会资本、信息获取与农户电商行为［J］. 华南农业大学学报（社会科学版），17（3）：73-82.

唐立强，2017. 农户社会资本与电商交易平台的选择［J］. 华南农业大学学报（社会科学版），16（4）：75-86.

唐跃桓，杨其静，李秋芸，等，2020. 电子商务发展与农民增收——基于电子商务进农村综合示范政策的考察［J］. 中国农村经济（6）：75-94.

万媛媛，苏海洋，刘娟，2020. 农村电子商务发展影响因素及对策建议［J］. 商业经济研究（2）：140-142.

汪向东，梁春晓，2014. 新三农与电子商务［M］. 北京：中国农业科学技术出版社.

汪向东，2011. 衡量我国农村电子商务成败的根本标准［J］. 中国信息界（3）：5-7.

汪旭晖，乌云，2020. 平台型电商声誉管理模式研究——基于声誉分享机制与责任追索策略协同匹配视角［J］. 财经问题研究（8）：92-100.

汪旭晖，张其林，2016. 电子商务破解生鲜农产品流通困局的内在机理——基于天猫生鲜与沱沱工社的双案例比较研究［J］. 中国软科学（2）：39-55.

汪旭晖，赵博，王新，2020. 数字农业模式创新研究——基于网易味央猪的案例［J］. 农业经济问题（8）：115-130.

王常伟，顾海英，2013. 市场 VS 政府，什么力量影响了我国菜农农药用量的选择？[J]. 管理世界（11）：50 - 66，187 - 188.

王定祥，谭进鹏，2015. 论现代农业特征与新型农业经营体系构建 [J]. 农村经济（9）：23 - 28.

王建军，王玲玉，王蒙蒙，2019. 网络口碑、感知价值与消费者购买意愿：中介与调节作用检验 [J]. 管理工程学报，33（4）：80 - 87.

王金霞，张丽娟，2010. 保护性耕作技术对农业生产的影响：黄河流域的实证研究 [J]. 管理评论（6）：77 - 84.

王可山，郝裕，秦如月，2020. 农业高质量发展、交易制度变迁与网购农产品消费促进——兼论新冠肺炎疫情对生鲜电商发展的影响 [J]. 经济与管理研究，41（4）：21 - 31.

王胜，丁忠兵，2015. 农产品电商生态系统——一个理论分析框架 [J]. 中国农村观察（4）：39 - 48，70，96.

王秀丽，王士海，2018. 农户农业清洁生产行为的影响因素和实施效果对比分析——以测土配方施肥和高效低毒农药技术为例 [J]. 新疆农垦经济（5）：16 - 23.

王瑜，2019. 电商参与提升农户经济获得感了吗？——贫困户与非贫困户的差异 [J]. 中国农村经济（7）：37 - 50.

魏来，陈宏，2007. 绿色农产品电子商务平台对于供应链垂直协作体系的影响研究 [J]. 软科学，21（5）：68 - 71.

魏然，2015. 黑龙江省农产品销售渠道问题分析及对策研究 [J]. 理论观察（3）：83 - 84.

魏晓蓓，王淼．2018. "互联网＋"背景下全产业链模式助推农业产业升级 [J]. 山东社会科学（10）：167 - 172.

魏欣，李世平，2012. 蔬菜种植户农药使用行为及其影响因素研究 [J]. 统计与决策（24）：116 - 118.

乌云花，黄季焜，Scott Rozelle，2009. 水果销售渠道主要影响因素的实证研究 [J]. 系统工程理论与实践，29（4）：58 - 66.

吴丽丽，李谷成，周晓时，2017. 家庭禀赋对农户劳动节约型技术需求的影响——基于湖北省 490 份农户调查数据的分析 [J]. 湖南农业大学学报（社会科学版），18（4）：1 - 7.

吴雪莲，张俊飚，丰军辉，2017. 农户绿色农业技术认知影响因素及其层级结构分解——基于 Probit - ISM 模型 [J]. 华中农业大学学报（社会科学版）（5）：36 - 45.

吴永红，李辰，2013. 基于 SWOT 比较的中国猕猴桃产业发展现状分析及对策建议 [J]. 农村经济（2）：60 - 63.

夏雯雯，杜志雄，郜亮亮，2019. 家庭农场经营者应用绿色生产技术的影响因素研究——基于三省 452 个家庭农场的调研数据 [J]. 经济纵横（6）：101 - 108.

谢瑾岚，2020. 居民食物消费升级与我国农业转型发展 [J]. 农村经济（6）：66 - 73.

徐静，姚冠新，戴盼倩，等，2016. 生鲜电子供应链参与主体质量决策行为研究——基于

信息可追溯视角 [J]. 华东经济管理，30（3）：155-160.

许竹青，郑风田，陈洁，2013. "数字鸿沟"还是"信息红利"？信息的有效供给与农民的销售价格——一个微观角度的实证研究 [J]. 经济学（季刊），12（4）：1513-1536.

薛宝飞，郑少锋，2019. 农产品质量安全视阈下农户生产技术选择行为研究——以陕西省猕猴桃种植户为例 [J]. 西北农林科技大学学报（社会科学版），19（1）：104-110.

杨会全，2014. 农村电子商务发展研究述评 [J]. 安徽农业科学，5（5）：1539-1541.

杨立，汤尚颖，2013. 基于组合赋权灰色关联的湖北农村水利保障能力研究 [J]. 统计与决策（23）：93-96.

杨兴杰，齐振宏，陈雪婷，等，2020. 社会资本对农户采纳生态农业技术决策行为的影响——以稻虾共养技术为例 [J]. 中国农业大学学报，25（6）：183-198.

杨志海，王洁，2020. 劳动力老龄化对农户粮食绿色生产行为的影响研究——基于长江流域六省农户的调查 [J]. 长江流域资源与环境，29（3）：725-737.

杨志海，2018. 老龄化、社会网络与农户绿色生产技术采纳行为——来自长江流域六省农户数据的验证 [J]. 中国农村观察（4）：44-58.

杨子，张建，诸培新，2019. 农业社会化服务能推动小农对接农业现代化吗——基于技术效率视角 [J]. 农业技术经济（9）：16-26.

叶秀敏，汪向东，2016. 东风村调查：农村电子商务的"沙集模式" [M]. 北京：中国社会科学出版社.

尹志超，宋全云，吴雨，等，2015. 金融知识、创业决策和创业动机 [J]. 管理世界（1）：87-98.

余威震，罗小锋，李容容，等，2017. 绿色认知视角下农户绿色技术采纳意愿与行为悖离研究 [J]. 资源科学，39（8）：1573-1583.

岳跃，2000. 论我国人力资本的开发 [J]. 邢台职业技术学院学报（3）：39-42.

昝梦莹，陈光，王征兵，2020. 我国生鲜电商发展历程、现实困境与应对策略 [J]. 经济问题（12）：68-74.

张兵，周彬，2006. 欠发达地区农户农业科技投入的支付意愿及影响因素分析——基于江苏省灌南县农户的实证研究 [J]. 农业经济问题（1）：40-44.

张灿强，王莉，华春林，等，2016. 中国主要粮食生产的化肥削减潜力及其碳减排效应 [J]. 资源科学，38（4）：790-797.

张成玉，肖海峰，2009. 我国测土配方施肥技术增收节支效果研究——基于江苏、吉林两省的实证分析 [J]. 农业技术经济（3）：44-51.

张聪颖，冯晓龙，霍学喜，2017. 我国苹果主产区测土配方施肥技术实施效果评价——基于倾向得分匹配法的实证分析 [J]. 农林经济管理学报，16（3）：343-350.

张复宏，宋晓丽，霍明，2017. 果农对过量施肥的认知与测土配方施肥技术采纳行为的影响因素分析——基于山东省9个县（区、市）苹果种植户的调查 [J]. 中国农村观察（3）：117-130.

张海霞，王明月，庄天慧，2020. 贫困地区小农户农业技术采纳意愿及其异质性分析——基于"信息—动机—行为技巧"模型 [J]. 贵州财经大学学报（3）：81 - 90.

张舰，韩纪江，2002. 有关农业新技术采用的理论及实证研究 [J]. 中国农村经济（11）：54 - 60.

张社梅，陈锐，罗娅，2020. 公证嵌入下农业高质量发展的路径探讨——基于新型农业生产经营主体微观视角 [J]. 农业经济问题（6）：66 - 74.

张童朝，颜廷武，何可，等，2017. 资本禀赋对农户绿色生产投资意愿的影响——以秸秆还田为例 [J]. 中国人口·资源与环境，27（8）：78 - 89.

张喜才，2015. 电子商务进农村的现状、问题及对策 [J]. 农业经济与管理（3）：71 - 80.

张益丰，2016. 生鲜果品电商销售、农户参与意愿及合作社嵌入——来自烟台大樱桃产区农户的调研数据 [J]. 南京农业大学学报（社会科学版）（1）：49 - 58.

张云华，马九杰，孔祥智，等，2004. 农户采用无公害和绿色农药行为的影响因素分析——对山西、陕西和山东15县（市）的实证分析 [J]. 中国农村经济（1）：41 - 49.

张在一，毛学峰，2020. "互联网＋"重塑中国农业：表征、机制与本质 [J]. 改革（7）：134 - 144.

赵丹丹，周宏，高富雄，2020. 农户分化、技术约束与耕地保护技术选择差异——基于不同约束条件下的农户技术采纳理论分析框架 [J]. 自然资源学报，35（12）：2956 -2967.

赵建英，2019. 耕地生态保护激励政策对农户行为的影响研究 [D]. 北京：中国地质大学.

赵连阁，蔡书凯，2013. 晚稻种植农户 IPM 技术采纳的农药成本节约和粮食增产效果分析 [J]. 中国农村经济（5）：78 - 87.

郑旭媛，王芳，应瑞瑶，2018. 农户禀赋约束、技术属性与农业技术选择偏向——基于不完全要素市场条件下的农户技术采用分析框架 [J]. 中国农村经济（3）：105 - 122.

周冬，叶睿，2019. 农村电子商务发展的影响因素与政府的支持——基于模糊集定性比较分析的实证研究 [J]. 农村经济（2）：110 - 116.

周荣，喻登科，金恩涛，2018. 农户间知识共享、农业技术扩散与农业科技成果转化的作用关系：一个研究框架 [J]. 农业图书情报学刊，30（2）：28 - 34.

周绍东，2016. "互联网＋"推动的农业生产方式变革——基于马克思主义政治经济学视角的探究 [J]. 中国农村观察（6）：75 - 85，97.

朱利群，王珏，王春杰，等，2018. 有机肥和化肥配施技术农户采纳意愿影响因素分析——基于苏、浙、皖三省农户调查 [J]. 长江流域资源与环境，27（3）：671 - 679.

朱月季，2016. 社会网络视角下的农业创新采纳与扩散 [J]. 中国农村经济（9）：58 - 71.

恰亚诺夫，1996. 农民经济组织 [M]. 萧正洪，译. 北京：中央编译出版社.

西奥多·舒尔茨，2009. 改造传统农业 [M]. 梁小民，译. 北京：商务印书馆.

詹姆斯·斯科特，2001. 农民的道义经济学：东南亚的反叛与生产 [M]. 程立显，等译. 南京：译林出版社.

波兰尼，2007. 大转型：我们时代的政治与经济起源 [M]. 冯钢，刘阳，译. 杭州：浙江人民出版社.

Abdulai A，Huffman W，2014. The adoption and impact of soil and water conservation technology：an endogenous switching regression application [J]，Land Economics，90（1）：26 - 43.

Aker J C，2011. Dial "A" for agriculture：a review of information andcommunication technologies for agricultural extension in developing countries [J]. Agricultural Economics，42（6）：631 - 647.

Akerlof G A，1970. The market for "Lemons"：quality uncertainty and the market mechanism [J]. Journal of Economics，84（3）：488 - 500.

Arrow K J，1969. The organisation of economic activity：issues pertinent to the choice of market versus non - market allocation，in The Analysis and Evaluation of Public Expenditure：The PPB System US joint economic committee，91st Congress [J]. U. S. Government Printing Office，1：59 - 73.

Barham B L，Chavas J P，Fitz D，et al. ，2015. Receptiveness to advice，cognitive ability，and technology adoption [J]. Journal of Economic Behavior & Organization，149（5）：239 -268.

Baron，R M，Kenny DA，1986. The moderator - mediator variable distinction in social psychological research：conceptual，strategic，and statistical considerations [J]. Journal of Personality and Social Psychology，51（6）：1173 - 1182.

Birru W T，2012. A review of "conservation agriculture and livelihoods of smallholder farmers in central mozambique" [J]. Journal of Agricultural Education & Extension，18（2）：191 - 193.

Bosona T G，Gebresenbet G，2010. Cluster building and logistics network integration of local food supply chain [J]. Biosystems Engineering，108（4）：293 - 302.

Botha J J，Anderson J J，Staden P V，2015. Rainwater harvesting and conservation tillage increase maize yields in South Africa [J]. Water Resources & Rural Development，6：66 - 77.

Boubacar O，Zhou H Q，Rana M A，et al. ，2016. Analysis on technical efficiency of rice farms and its influencing factors in south - western of niger [J]. Journal of Northeast Agricultural University（English Edition），23（4）：67 - 77.

Caswell M，Fuglie K O，Ingram C，et al. ，2001. Adoption of agricultural production practices：lessons learned from the U. S. Department of Agriculture Area Studies Project [R]. Agricultural Economics Report U. S. Department of Agriculture，Economic Research Serveice，Washington，DC，792：110.

Cattaneo M，2010. Efficient semi - parametric estimation of multi - valued treatment effects under ignorability [J]. Journal of Econometrics，155（2）：138 - 154.

Parker C，Ramdas K，Savva N，2016. Is it enough? evidence from a natural experiment in India's agriculture markets [J]. Management Science，2016，62 (9)：2481 - 2503.

Coase R H，1937. The nature of the firm [J]. Economica，4 (16)：386 - 405.

Conley T G，Udry C R，2010. Learning about a new technology：pineapple in Ghana [J]. American Economic Review，100 (1)：35 - 69.

Cui J，Wang J，Wang Q，et al.，2011. Study on traceability coding of wheat quality and distributed object name service [J]. Sensor Letters，9 (3)：1088 - 1093.

Daku B，Hawkins W，Prugger A F，2002. Channel measurements in mine tunnels [J]. IEEE Vehicular Technology Conference. 2002，20 (1)：380 - 383.

Davis F D，1989. Perceived usefulness，perceived ease of use，and user acceptance of information [J]. MIS Quarterly，13 (3)：319 - 339.

Donis - Gonzalez I R，Guyer D E，Pease A，et al.，2014. Internal characterisation of fresh agricultural products using traditional and ultrafast electron beam X - ray computed tomography imaging [J]. Biosystems Engineering，117：104 - 113.

Edwards - Jones G，2006. Modelling farmer decision - making：concepts，progress and challenges [J]. Animal Science，82 (6)：783 - 790.

Espinosa - Goded M J. Barreiro - Hurle，and E. Ruto，2010. What do farmers want from agri - environmental scheme design? A choice experiment approach [J]. Journal of Agricultural Economics，61 (2)：259 - 273.

Everitt B S，Hand D J，1981. Mixtures of discrete distributions [M]. New York：Chapman and Hall Ltd.

RE Goodhue，K Klonsky，2010. Can an education program be a substitute for a regulatory program that bans pesticides? evidence from a panel selection model [J]. American Journal of Agricultural Economics，92 (4)：956 - 971.

Griliches Z，1957. Hybrid corn：an exploration in the economics of technological change [J]. Econometrica，25 (4)：501 - 522.

Grover V，Malhotra M K，2004. Transaction cost framework in operations and supply chain management research：theory and measurement [J]. Journal of Operations Management，21 (4)：457 - 473.

Hare D，2008. The origins and influence of land property rights in Vietnam [J]. Development Policy Review，26 (3)：339 - 361.

He J，Li H W，Wang X Y，et al.，2007. The adoption of annual subsoiling as conservation tillage in dryland maize and wheat cultivation in northern China [J]. Soil and Tillage Research，94 (2)：493 - 502.

Hobbs J E，1997. Measuring the importance of transaction costs in cattle marketing [J]. American Journal of Agricultural Economics，(4)：1083 - 1095.

Hou X，Rong L，Jia Z，et al.，2012. Effects of rotational tillage practices on soil proper-
ties，winter wheat yields and water – use efficiency in semi – arid areas of north – west Chi-
na [J]. Field Crops Research，129：7 – 13.

Jallow M，Awadh D G，Albaho M S，et al.，2017. Pesticide risk behaviors and factors in-
fluencing pesticide use among farmers in Kuwait [J]. Science of the Total Environment，
574：490 – 498.

Joyous T，Paul M N，2016. Social factors that influence use of ICT in agricultural extension
in southern Africa [J]. Agriculture，6 (2)：15.

Lai K and Li Y，2002. Core – periphery structure of destination image：concept，evidence and
implication [J]. Annals of Tourism Research，29 (1)：56 – 78.

Lansink A O，Mirella V，Huirne R，2003. Analysis of strategic planning of Dutch pig farm-
ers using a multivariate probit model [J]. Agricultural Systems，78 (1)：73 – 84.

Li W，Ruiz – Menjivar J，Zhang L，et al.，2021. Climate change perceptions and the adop-
tion of low – carbon agricultural technologies：Evidence from rice production systems in the
Yangtze River Basin [J]. Science of The Total Environment：759.

Lohmar B，Wang J，Rozelle S，et al.，2002. Investment，conflicts and incentives：The role
of institutions and policies in China's agricultural water management on the North China
Plain [J]. IWMI Books，Reports，7 (3)：543 – 66.

Lohr L，Salomonsson L，2015. Conversion subsidies for organic production：results from
Sweden andlessons for the United States [J]. Faculty，22 (2)：133 – 146.

Lokshin M，Sajaia Z，2011. Impact of interventions on discrete outcomes：maximum likeli-
hood estimation of the binary choice models with binary endogenous regressors [J]. The
Stata Journal，11 (3)：368 – 385.

Maddala G S，1983. Limited – dependent and qualitative variables in econometrics [J]. Cam-
bridge England Cambridge University Press，79 (387)：80 – 81.

Martin M A，Schreiber M M，Riepe J R，et al.，1991. The economics of alternative tillage
systems，crop rotations，and herbicide use on three representative East – Central Corn Belt
farms [J]. Weed Science，39 (2)：299 – 307.

Mcnamara J A，Kramer K L，Juenker J P，1985. Invisible retainers [J]. Journal of Clinical
Orthodontics Jco，19 (8)：570.

Michael S，1976. Product selection，fixed costs，and monopolistic competition [J]. Review
of Economic Studies，(2)：217 – 235.

Miracle M P. Schultz，Theodore W，1969. Economic growth and agriculture [J]. American
Journal of Agricultural Economics，(3)：717 – 719.

Mok W K，Tan Y X，Chen W N，2020. Technology innovations for food security in Singa-
pore：A case study of future food systems for an increasingly natural resource – scarce

world [J]. Trends in Food Science & Technology, 102.

Orea L, Kumbhakar S C, 2004. Efficiency measurement using a latent class stochastic frontier model [J]. Empirical Economics, 29 (1): 169 – 183.

Pearson K, 1893. Contributions to the mathematical theory of evolution [J]. Journal of the Royal Statistical Society, 56 (4): 675 – 679.

Pietola K S, Lansink A O, 2001. Farmer response to policies promoting organic farming technologies in Finland [J]. European Review of Agricultural Economics, (1): 1 – 15.

Poole B, 2001. How will agricultural E – Markets evolve? [C]. Washington DC: Paper Presented at the USDA Outlook Forum, 22 – 23.

Prokopy, Stalker L, Carlton, et al. , 2015. Extension's role in disseminating information about climate change to agricultural stakeholders in the United States [J]. Climatic Change, 130 (2): 261 – 272.

Ray A J, Dillon K S, Lotz J M, 2011. Water quality dynamics and shrimp (*Litopenaeus vannamei*) production in intensive, mesohaline culture systems with two levels of biofloc management [J]. Aquacultural Engineering, 45 (3): 127 – 136.

Rezaei R, Safa L, Gan J Khanloo M M, 2021. Understanding farmers' ecological conservation behavior regarding the use of integrated pest management – an application of the technology acceptance model [J]. Global Ecology and Conservation, 22.

Rogers E M, 1983. Diffusion of innovations [M]. New York: The Free Press.

Saenger C, Qaim M, Torero M, 2013. Contract farming and smallholder incentives to produce high quality: experimental evidence from the Vietnamese dairy sector [J]. Agricultural Economics, 44 (3): 297 – 308.

Schmookler J, 1966. Invertion andeconomic growth [M]. Cambridge: Harvard University Press.

Stiglitz J, 1974. Growth with exhaustible natural resources: efficient and optimal growth paths [J]. Review of Economic Studies, 41: 123 – 137.

Tambo J A, Mockshell J, 2018. Differential impacts of conservation agriculture technology options onhousehold income in sub – Saharan Africa [J]. Ecological Economics, 151: 95 – 105.

Tey Y S, Li E, Bruwer J, et al. , 2014. The relative importance of factors influencing the adoption of sustainable agricultural practices: a factor approach for Malaysian vegetable farmers [J]. Sustainability Science, 9 (1): 17 – 29.

UNEP, 2011. Green economy: pathways to sustainable development and poverty eradication [M]. Nairobi: United Nations Environment Program.

Utterback J M, Abernathy W J, 1975. A dynamic model of process and product innovation [J]. Omega, 3 (6): 639 – 656.

Václav, Vabera, Radek, et al., 2013. Winter wheat yield and quality related to tillage practice, input level and environmental conditions - Science Direct [J]. Soil & Tillage Research, 132 (4): 77 - 85.

Wang L, Watanabe T, 2016. Factors affecting farmers' risk perceptions regarding biomass supply: A case study of the national bioenergyindustry in northeast China [J]. Journal of Cleaner Production, 139: 517 - 526.

Wen W, 2007. A knowledge - based intelligent electronic commerce system for selling agricultural products [J]. Computers & Electronics in Agriculture, 57 (1): 33 - 46.

Williamson O E, 1975. Markets and hierarchies: analysis and antitrust implications [M]. New York: Free Press.

Yan F F, Qi W E, Ouyang X, 2017. Fluctuation traits of litchi wholesale price in China [J]. IOP Conference Series Earth and Environmental Science, 77 (1): 12 - 16.

Yang Z, Aydin G, Babich V, et al., 2009. Supply disruption, asymmetric information, and a backup production option [J]. Management Science, 55 (2): 192 - 209.

Zeithaml V A, 1988. Consumer perceptions of price, quality, and value: a means - end model and synthesis of evidence [J]. Journal of Marketing, 52 (3): 2 - 22.

Zheng H, MaW, Li G, 2021. Adoption of organic soil amendments and its impact on farm performance: evidence from wheat farmers in China [J]. Australian Journal of Agricultural and Resource Economics, 65 (2): 367 - 390.

Zhou D, Yu X, 2016. Calorie elasticities with income dynamics: evidence from the literature [J]. Applied Economic Perspective and Policy, 38 (1): 50 - 72.

猕猴桃主产区农户调研问卷

问卷编号_____ 调查时间_____ 调查地点_____ 省_____ 市（县）_____ 镇（乡）_____ 村_____
问卷类型_____ 1 电商农户，0 非电商户

检查员_____ 受访者 PID_____ 调查员_____

A 农户家庭基本情况（2017 年）

个人编码 PID	A1 与户主的关系	A2 性别	A3 年龄	A4 婚姻状况	A5 受教育	A6 健康状况	A7 就业类型	A8 每年务农时长	A9 每年外出务工时长	A10 务工月平均工资	A11 劳动力流向	A12 加过农技培训	A13 社会经历（多选）	A14 是否家中的决策者
代码 1		1 男 0 女	周岁	1 已婚 2 未婚 3 丧偶 4 离婚	年	1 非常不健康 2 比较不健康 3 一般 4 比较健康 5 非常健康	1 专业务农 2 兼业务农 3 个体工商户 4 专业务工 5 企事业单位职工 6 其他（请注明）	月	月	元	1 本乡 2 本县 3 本省 4 外省 （___省份___）	1 是 0 否	0 无 1 党员 2 村委会干部 3 合作社干部 4 农业经纪人 5 农技人员 6 其他	1 是 0 否
1 户主														

（续）

2									
3									
4									
5									
6									
7									
8									

代码1：1 户主；2 配偶；3 儿子；4 女儿；5 父亲；6 母亲；7 爷爷；8 奶奶；9 儿媳；10 女婿；11 孙子；12 孙女；13 外孙子；14 外孙女；15 其他（请说明）。

A15 家庭总共＿＿＿人，其中劳动力＿＿＿人、本地务工＿＿＿人、外出打工＿＿＿人，人口负担数（儿童、在校学生、65岁以上老人）＿＿＿人。

A16 您家是否科技示范户？＿＿＿1是；0否。

B 农户家庭收支及基础设施情况

农户家庭收入	收入（元）	农户家庭支出	支出（元）
B1 种植粮食作物收入		B14 种植粮食作物投入	
B2 种植经济作物（水果等）		B15 种植经济作物（水果等）	
B3 养殖收入		B16 养殖投入	
B4 企事业单位工资收入		B17 食品烟酒支出	
B5 外出务工收入		B18 衣着支出	

（续）

农户家庭收入	收入（元）	农户家庭支出		支出（元）
B6 自营工商收入（做生意）		B19 居住支出（房租）		
B7 财产性收入（地租、房租等）		B20 生活用品及服务支出（包括水电暖）		
B8 养老金、低保、高龄补贴等收入		B21 交通通信支出		
B9 农业补贴等收入		B22 教育文化娱乐支出		
B10 人情往来收入		B23 人情往来支出		
B11 子女补贴接济		B24 婚丧嫁娶		
B12 其他，请说明		B25 医疗保健支出		
		B26 保险支出	农业保险	
			其他类型保险	
		B27 其他，请说明		
B13 总收入		B28 总支出		

B30 2017年您家拥有的农用机械数量_____台（拖拉机、灌溉设备、播种机、采摘机等），您认为总价值为_____元。您家是否使用滴灌、喷灌等节水灌溉设备？1是；0否。若是，覆盖种植面积_____亩。

B31 2017年您家拥有的家用电器数量_____台（电视、冰箱、洗衣机、电脑、空调、热水器等），您认为总价值为_____元。

B32 您家有汽车_____辆，价值_____元。

B33 你家住房_____层，共_____间，建筑面积为_____平方米，目前价值为_____元。您家住房类型是？1混凝土楼房；2砖混；3砖瓦房；4砖房；5土木房；6草房；7其他

B34 您家厕所是？1水冲式厕所；2旱厕；3无厕所。

C 农户家庭种植及销售情况

C01 您家经营猕猴桃____年。您家2014年耕地面积____苗，猕猴桃种植面积____苗，其中挂果土地面积____苗。2017年耕地面积____苗，猕猴桃种植面积____苗，其中挂果土地面积____苗。

C02 您家猕猴桃耕地土壤质量在您村中？____ 1 最差；2 比较差；3 一般；4 比较好；5 最好。灌溉水源是？____ 1 井水；2 渠水；3 河水；4 不浇水（雨水）；5 其他（请注明）____ 。家庭饮用水水质如何？____ 1 非常差；2 比较差；3 一般；4 比较好；5 非常好。

C03 猕猴桃生产性投入

年份	普通化肥（元）(a)	商品有机肥（元）	农家肥（元）	普通农药（元）	低毒无残留农药（元）	杀虫板、幼虫灯投入费用（元）	灌溉支出（元）	雇工支出（元）	套袋支出（元）	其他支出（元）	总支出（元）
2014											
2017											

C04 您家参与电商的方式有____ 1 入驻淘宝、京东等电商平台；2 独立网站电商；3 微博微商微信等；4 QQ空间；5 抖音、快手等直播平台；6 其他____ 。

C05 猕猴桃销售及收入情况

品种	种植面积（亩）	总产量（斤*）	总收入（元）	淘宝店铺销售		微商销售		零散销售		卖给中间商		其他（请说明）	
				售价	收入	售价	收入	售价	收入	售价	收入	售价	收入
2014年													

* 斤为非法定计量单位，1斤＝500克。——编者注

（续）

品种 （a）	种植面积（亩）	总产量（斤）	总收入（元）	淘宝店铺销售		微商销售		零散销售		卖给中间商		其他（请说明）	
				售价	收入	售价	收入	售价	收入	售价	收入	售价	收入
2017年 ———	———	———											
———	———	———											
———	———	———											

注：（a）1 徐香；2 翠香；3 海沃德；4 秦美；5 红阳；6 哑特；7 金艳；8 其他（请注明）。

C06 您获取本地猕猴桃销售市场信息困难程度_____ 1 非常困难；2 比较不困难；3 一般；4 比较困难；5 非常困难。

C07 您认为预期价格与最终成交价格差异程度_____ 1 没有差异；2 差异较小；3 一般；4 差异较大；5 非常有差异。

C08 您认为与买家商定的销售价格公平程度_____ 1 非常不公平；2 比较不公平；3 一般；4 比较公平；5 非常公平。

C09 您与收购商/中介组织交涉过程中，您是否可以议价？_____ 1 可以议价；0 不能议价。若可以，议价_____次。

C10 收购商/中介组织对产品质量安全要求是否严格_____ 1 非常不严格；2 比较不严格；3 一般；4 比较严格；5 非常严格。

C11 收购商/中介组织对产品标准化要求_____ 1 非常低；2 比较低；3 一般；4 比较高；5 非常高。

C12 购买者违约情况_____ 1 不履约；2 偶尔履约；3 一般；4 经常履约；5 全部履约。

C13 消费者对您家猕猴桃的总体评价_____ 1 非常差；2 比较差；3 一般；4 比较好；5 非常好。

D 农户农村电商参与情况

D01 您是否愿意通过电商销售猕猴桃？_____ 1 是；0 否。您认为阻止您参与电商销售的主要原因是_____ 1 上网条件限制；2 物流不便；3 缺乏领头人；4 缺乏资金；5 产品无竞争力；6 人脉关系缺乏；7 其他_____。

D02 您认为当地政府对农村电商的推广力度？_____ 1 完全不了解；2 很少了解；3 一般；4 比较了解；5 非常了解。 您是否了解电商政策？_____ 1 非常低；2 比较低；3 一般；4 比较高；5 非常高。

D03 您是否有过网购经历？_____ 1 是；0 否。 您参加电商培训次数_____次。

D04 采用电商销售后，猕猴桃价格与一般市场相比？_____ 1 远远低于市场；2 比市场低一点；3 差不多；4 比市场高一点；5 远远高于市场，大约高_____元/斤。

D05 您获取电商销售信息的渠道（多选）_____ 1 大众传媒；2 亲朋好友介绍；3 政府宣传；4 村委会宣传；5 合作社、农协等组织；

参加农村电商销售的回答★

6 涉农企业；7 其他_____。

D06 您通过电商销售是否有额外投资？_____ 1 是；0 否。若是，电子设备投资_____元，平台投资_____元，客户拓展投资_____元、其他_____元。

D07 您是否签订电商销售协议？_____ 1 无协议；2 口头协议；3 书面协议。

D08 您家猕猴桃是否有统一包装？_____ 1 是；0 否。您家猕猴桃是否包售后_____ 1 包售后；2 那是快递的问题，不负责。

D09 消费者主要通过问种渠道了解到您家猕猴桃？_____ 1 亲戚好友帮忙推荐；2 自己广告宣传；3 购买过的人帮忙推荐；4 其他_____。

D10 今年您家电商客户一共有_____个，其中代理商有_____个、中介组织_____个、亲戚朋友_____个、陌生人_____个；

今年新增的_____个；去年买过的_____个。

D11 您是否想扩大电商销售规模_____ 1 是；0 否。

D12 您与消费者互动频率_____ 1 从不；2 偶尔；3 有时；4 经常；5 总是。

D13 您与消费者从谈判交涉开始到最终成交的实际交涉（包括价格、品质、运输、售后）平均次数_____次。

D14 电商消费者是否关注您家猕猴桃质量安全_____ 1 非常不关注；2 比较不关注；3 一般；4 比较关注；5 非常关注。

D15 电商消费者对您家产品的满意度_____ 1 非常不满意；2 不满意；3 一般；4 满意；5 非常满意。

D16 您在交易前是否能够掌握市场价格信息_____ 1 能；0 不能，交易时才掌握市场价格信息。

D17 电商销售是否提升了您的信息获取能力？_____ 1 几乎没有提升；2 有一点提升；3 有很大的提升。

D18 政府对电商是否有补贴？_____ 1 是；0 否。若是，补贴形式为_____，折现为_____元。

D19 您对网络销售猕猴桃的评价_____ 1 非常差；2 比较差；3 一般；4 比较好；5 非常好。是否会继续网络销售？_____ 1 是；0 否。

E 农户家庭经营组织形式

E01 您经营猕猴桃的组织模式是_____ 1 市场交易型；2 合作社（或协会）+农户型；3 公司+农户型；4 公司+合作社（或协会）+农户型

您参与的组织是否通过电商渠道销售猕猴桃？_____ 1 是；0 否。

若为新型经营组织（2、3、4），回答 E02-E13★

E02 您所加入组织的具备哪些功能（多选）_____ 1 统一经营；2 销售农资；3 统一销售；4 代耕；5 代管（灌溉、打药等）；6 承包给大户经营；7 其他。

E03 您从中的获利方式为（多选）_____ 1 固定租金；2 固定租金+分红；3 资金分红；4 收益分红；5 雇工工资；6 其他。

E04 您认为加入组织的好处（多选）_____ 1 种地不操心；2 节省成本；3 销路畅通；4 销售价格有保障；5 增加产量；6 可外出打工；7 其他。

E05 您从组织中获得的服务包括（多选）_____ 1 农资供应；2 农产品销售；3 育种；4 灌溉；5 耕种；6 培训/技术服务；7 信贷；8 其他。

E06 您认为组织是否发挥了作用_____ 1 基本没作用，挂牌而已；2 作用较小；3 作用一般；4 作用较大；5 作用非常大。

E07 您对组织的满意度_____ 1 不满意；2 比较不满意；3 一般；4 满意；5 非常满意。

E08 您通过新型经营组织销售的猕猴桃销售份额占比_____%。

E09 您所加入组织是否规定了农药禁用规定_____ 1 是；0 否。

E10 您所加入组织是否明确规定猕猴桃质量标准？_____ 1 是；0 否。

E11 您所加入组织对不规范生产是否有惩罚？_____ 1 是；0 否。惩罚方式为（多选）_____ 1 退出组织；2 拒收产品；3 罚款；4 其他。

E12 您所加入组织是否出现过违约？_____ 1 是；0 否。若是，是否有补偿？_____ 1 是；0 否。补偿金额（或折算金额）为_____元。

E13 您所加入组织是否开展电商销售？___ 1是；0否。

E14 您家猕猴桃是否通过三品一标认证？___ 1是；0否。认证项目为（多选）___ 1无公害；2绿色；3有机；4地理保护标志。目前认证项目截止到___年。最早认证项目___年。

E15 您是否和合作社/协会等其他经销组织签订猕猴桃销售合同？___ 1是；0否。若是，契约形式为___ 1书面契约；0口头契约。契约期限为___ 1=1年以内；2=1~2年；3=2~3年；4=3年以上。契约价格的确定为___ 1固定价格；2保底价格；3随行就市。货款支付方式为___ 1销售后支付现金；2预付定金，交易后现金支付；3交易时现金支付。签约对象为（多选）___ 1合作社；2涉农企业；3农业技术协会；4经销商；5其他

F 农户农药化肥等安全生产认知情况

F01 您认为不合理使用农药是否会造成农药残留？___ 1完全不会；2通常不会；3通常会；4应该会；5一定会。

F02 您认为农药残留是否有食品安全风险？___ 1完全不会；2通常不会；3不清楚；4应该会；5一定会。1没有风险；2风险较小；3风险一般；4风险较大；5风险非常大。您家对农药包装废弃物通常的处理办法是___ 1随意丢弃；2扔垃圾箱；3有专业部门回收（若此项，回收率___%）；4其他 环境造成污染？___ 1完全不会；2通常不会；3不清楚；4应该会；5一定会。

F03 您是否按安全间隔期配药？___ 1完全不按照；2通常不按照；3不一定；4通常按照；5一定按照。

F04 您家是否使用膨大剂？___ 1是；0否。若是，施用次数为___次/年。

F05 您是否了解施用过量化肥的危害？___ 1完全不了解；2基本不了解；3一般；4比较了解；5完全了解。您是否知道化肥减量化行动？___ 1是；0否。

F06 您在种植过程中是否有部门进行农产品质量安全监管？___ 1是；0否。若是，2017年监管___次，监管部门为（多选）___ 1政府；2电商平台；3农协；4村集体；5农业合作社；6龙头企业；7其他

F07 农产品售前检测的频率为___ 1从不检测；2偶尔检测；3有时检测；4经常检测；5总是检测。检测是否严格？___ 1不严格；2不太严格；3一般；4比较严格；5非常严格。检测部门为（多选）___ 1政府；2电商平台；3农协；4村集体；5农业合作社；6龙头企业；7其他

F08 您是否会进行农产品生产记录？___ 1是；0否。

F09 您是否会关注食品安全？___ 1根本不了解；2了解关注___ 1非常不关注；2比较不关注；3一般；4比较关注；5非常关注。您是否了解绿色食品标志？___ 1完全不了解；2了解一点；3一般；4比较了解；5非常了解。您认为农业绿色生产重要吗？___ 1完全不重要；2不重要；

3一般；4比较重要；5非常重要。

F10 您认为目前猕猴桃质量是否安全？_____ 1非常不安全；2不太安全；3一般；4比较安全；5非常安全。您认为是否有必要加强猕猴桃质量监管？_____ 1完全没必要；2没大有必要；3一般；4有必要；5非常有必要。您认为是否有必要对农产品进行检测？_____ 1完全没必要；2没大有必要；3一般；4有必要；5非常有必要。

F11 您参加猕猴桃质量安全培训的次数_____次，参加农业技术培训的总次数_____次，参加施肥技术相关培训的次数_____次，参加农药使用技术培训的次数_____次。

F12 如果可以，您是否愿意发展无公害、绿色或有机认证的猕猴桃？_____ 1非常不愿意；2比较不愿意；3一般；4比较愿意；5非常愿意。

F13 您认为经营绿色农产品能卖出较好的价格_____ 1非常不同意；2比较不同意；3一般；4比较同意；5非常同意。绿色农产品销路比较好_____ 1非常不同意；2比较不同意；3一般；4比较同意；5非常同意。消费者对绿色农产品有较高认可_____ 1非常不同意；2比较不同意；3一般；4比较同意；5非常同意。政府对绿色农产品支持力度比较大_____ 1非常不同意；2比较不同意；3一般；4比较同意；5非常同意。发展绿色农产品有比较大的市场风险_____ 1非常不同意；2比较不同意；3一般；4比较同意；5非常同意。

G 绿色生产技术

G1 是否采用	G2 技术有用性			G3 技术易用性			G4 外界条件		G5 行为意愿		
1是；0否	a	b	c	a	b	c	a	b	a	b	c
套袋技术											
诱虫灯、糖醋液等物理防治技术											
人工释放赤眼蜂、助迁和保护瓢虫、捕食螨等天敌											
无公害农药使用技术											

（续）

	G1 是否采用	G2 技术有用性			G3 技术易用性			G4 外界条件		G5 行为意愿		
	1 是；0 否	a	b	c	a	b	c	a	b	a	b	c
有机肥施用技术												
测土配方施肥技术												

技术有用性（分别打分 1—5）：a 采用此技术能让我有较好的收益；b 采用此技术能够降低化肥农药的使用；c 采用此技术能够保护生态环境。

技术易用性（分别打分 1—5）：a 关于此技术的信息获取容易；b 学习采纳此技术对我来说很简单；c 我能搞懂该技术的基本原理。

外界条件（分别打分 1—5）：a 此技术有政府补贴；b 此技术有农业技术指导员。

行为意愿（分别打分 1—5）：a 我会采纳/持续采纳；b 会建议他人采纳技术；c 会持续关注该技术的动向。

H 农户信息资源情况

H01 您家是否接入互联网？_____ 1 是；0 否。若是，您家网费为_____元/年。

H02 您家拥有手机的数量_____部。若有，您手机共有_____位联系人、电话费为_____元/月。您是否使用微信_____1 是；0 否。

H03 您是否关注农业生产方面的公众号？_____1 是；0 否。您是否参加入农业生产交流咨询方面聊天群？_____1 是；0 否。

H04 您是否通过网络花钱咨询农业生产方面的信息？_____1 是；0 否。若是，花费_____元。

您获取农业信息的主要渠道为_____（选 3 项主要的），请为以下信息获取渠道的使用情况打分（1 从不；2 很少；3 有时；4 经常；5 非常频繁）

1 报纸、杂志	3 广播	4 电视	5 互联网	6 亲友相邻	7 企业	8 农资销售人员	9 合作社	10 农技人员	11 农业大户和示范户	12 其他（请说明）

H05 您是否能获取到您需要的农业信息？_____ 1是；0否。您认为您最需要获取的农业信息是（多选）_____ 1农产品价格信息或销售信息；2农产品种植知识或种植技术；3农资采购信息；4农产品政策，如补贴、食品安全规定等；5其他_____。

H06 您家是否有农技人员指导？_____ 1是；0否。若是，您对获取的农业技术指导的满意度_____ 1完全不满意；2不太满意；3一般；4比较满意；5非常满意。

H07 您所在村庄是否有_____个快递服务站，村庄互联网普及率_____%，村庄电商销售率_____%，村庄猕猴桃种植率_____%。

H08 您家到最近的快递点的距离_____千米，最大种植猕猴桃地块离家的距离_____千米，您家到所在县城的距离_____千米，您家到集市的距离_____千米，您家到乡镇的距离_____千米。

H09 您认为所在村庄的快递物流便利程度_____ 1非常不便利；2比较不便利；3一般；4比较便利；5非常便利。您认为当地物流成本_____ 1非常低；2比较低；3一般；4比较高；5非常高。

I 农户融资状况

I01 您家借款难易程度_____ 1非常容易；2比较容易；3一般；4比较难；5非常难。

I02 您认为能借给您钱的亲朋好友数量_____人。

I03 近3年，您是否向信用社等金融机构申请过农业生产贷款？_____ 1是；0否。若是，申请金额为_____万元，实际贷到的金额为_____万元，是否是抵押贷款_____ 1是；0否。

J 农户社会网络调查

J01 春节期间，您以各种方式相互拜年的人数_____人，平时经常走动的亲戚数量_____个，平时经常走动的朋友数量_____个。

J02 您在生产中是否能顺利解决技术难题？_____ 1是；0否。如果不能，您会向谁寻求帮助？_____ 1邻里；2亲戚朋友；3村干部；4政府指派的专业技术人员；5其他_____。

J03 您经常与朋友吃饭、聚会吗？

1很少	2比较少	3一般	4较多	5很多

（续）

	1 很少	2 比较少	3 一般	4 较多	5 很多
J04 您与亲戚、家人交流的频繁程度？					
J05 您与邻里交流的频繁程度？					
J06 您与农技人员或农业专家交流的频繁程度？					
J07 您与猕猴桃种植大户的频繁程度？					
J08 您与村干部交流的频繁程度？					
J09 您和亲戚家人交流绿色生产技术的频率？					
J10 您和朋友交流绿色生产技术的频率？					
J11 您和亲属间的信任程度？					
J12 您对朋友邻居的信任程度？					
J13 您对村委会的信任程度？					
J14 您对本地政府的信任程度？					
J15 您认为周围人对您的信任程度？					
J16 农忙时亲戚朋友帮忙的频繁程度？					
J17 您遇到困难时是否有很多人想办法帮您解决？					
J18 您平时对于朋友邻居的帮助？					
J19 您认为与本村村民间联系密切？					
J20 您参与村里活动的频率？					

（续）

	1 很少	2 比较少	3 一般	4 较多	5 很多
J21 您参与村委会投票选举情况？					
J22 您在村里的声望程度？					
J23 您会主动扩展自己的交际网络？					
J24 您采用新技术是否考虑村干部意见？					
J25 您采用新技术是否考虑乡邻意见？					
J26 您采用新技术是否考虑种植能手意见？					
J27 您采用新技术是否受政府推广力度影响？					